坦克战

陆战之王的直接对话

TANK BATTLES

战典

「战典丛书」编写组◎编著

哈尔滨出版社
HARBIN PUBLISHING HOUSE

图书在版编目（CIP）数据

坦克战：陆战之王的直接对话/《战典丛书》编写组
编著. — 哈尔滨：哈尔滨出版社，2017.4（2021.3重印）
（战典丛书：典藏版）
ISBN 978-7-5484-3123-7

Ⅰ. ①坦… Ⅱ. ①战… Ⅲ. ①坦克－装甲兵部队－战
争史－世界－通俗读物 Ⅳ. ①E19-49

中国版本图书馆CIP数据核字（2017）第024950号

书　　名：坦克战——陆战之王的直接对话
　　　　　TANKEZHAN——LUZHAN ZHI WANG DE ZHIJIE DUIHUA
- -
作　　者：《战典丛书》编写组　编著
责任编辑：陈春林　韩伟锋
责任审校：李　战
全案策划：品众文化
全案设计：琥珀视觉
- -
出版发行：哈尔滨出版社（Harbin Publishing House）
社　　址：哈尔滨市香坊区泰山路82-9号　　邮编：150090
经　　销：全国新华书店
印　　刷：铭泰达印刷有限公司
网　　址：www.hrbcbs.com　　　www.mifengniao.com
E－mail：hrbcbs@yeah.net
编辑版权热线：（0451）87900271　87900272
销售热线：（0451）87900202　87900203
- -
开　　本：787mm×1092mm　1/16　印张：22　字数：300千字
版　　次：2017年4月第1版
印　　次：2021年3月第2次印刷
书　　号：ISBN 978-7-5484-3123-7
定　　价：49.80元
- -
凡购本社图书发现印装错误，请与本社印制部联系调换。
服务热线：（0451）87900278

坦克战——颠覆战争历史的钢铁怪兽

陆地是人类战争中重要的元素，无论科技如何发达，武器如何更新，人类都不会放弃在陆地上击败对手的机会。战争归根结底是人的战争，战争的胜负归根结底也就是人的胜负，广袤的大地随时都有可能成为人类厮杀的战场，或许只有在陆地上击倒对手，才能被称之为真正的胜利。

在陆地上作战，不是两个人搭个擂台，你一拳我一脚，谁撑到最后谁就是胜利者。那是游戏，那不是战争，尤其不会是现代战争。在很早的时候，人们就懂得使用武器、马匹来进行作战，随着人们对战争武器的要求越来越高，陆地战争的王者坦克终于出现了。

其实在千百年来，作为坦克的前身的车辇，就一直在战争中发挥着重要的作用。人们利用车辇作战，驾驭着它冲破敌阵，同时，在中国战争中的智者们，就已经知道依靠观察敌人车辇留下的痕迹，来判断敌人是真败还佯溃。

从神话时代黄帝乘坐的指南车到特洛伊的木马，从春秋战国的战车到现代的坦克，指挥战争、参与战争的狂热分子们，都在研究和开拓着可以驾驭的器械和工具。机械时代的来临让人们开始掌握另外一种力量，当莱特兄弟把机械送上天空，当斯蒂芬孙把机械送上轨道，当机械的力量超过人乃至任何可用于战争的工具之后，战争早就已经对它张开了双臂。

于是，一个崭新的庞然大物伴随着战争的深入、时代的变迁，出现在了烽火狼烟的战场上。当人类第一眼看到它的时候，称之为"怪物"，这种钢铁怪物可以冲锋陷阵，无坚不摧，攻无不克。一种新的战争模式由此开始，人类在陆地上交战的历史又将翻开新的一页，他们将拥有新的工具，他们将开创新的时代。这就是坦克战，当马匹和车辇成为过去，它出现在了历史上，开始主宰新的战争。

曾几何时，坦克成为了决定战争胜负的最重要砝码，一个军队所持有的坦克是否先进，将决定这个军队是否在地面上拥有绝对的优势。同样，坦克之间的比拼，不只是机械与机械的碰撞和攻击，也是国家与国家之间的科技水平、人才储备以及综合国力的较量。真正的坦克战，既是先进武器之间的竞赛，也是杰出统帅之间的战场博弈。总之，坦克战是人类在大地上最高的战争智慧的交锋。

战争的阴云密布在战士的头顶，一望无际的沃野平原将是坦克的舞台，就像是古人所撰写的那些离奇的神话故事一般，人类驾驶着这些钢铁怪兽在平原

序言

上展开搏杀，只不过其所凭借的是比那些尖牙和利爪更强悍数倍的炮弹和火药。坦克之间的战争，注定是真正残酷而又正面的对抗，乌黑的炮筒将直指苍穹，履带和车轮将踏平所有的阻碍，新的统帅必须用新的战术来取得胜利。

这就是坦克战，"狭路相逢勇者胜"，属于勇敢者最高级别的战争游戏。

坦克战的出现和发展

开启新的战争纪元

人类最早的战争，是在陆地上开始的。最原始的战争状态或许是从"物竞天择"的恶劣自然环境开始的，人类最早是协同对外的，最初的敌人是来自丛林深处或者海洋深处的猛兽，那时候的人类所倚仗的武器是木料、石块或者火焰。人类在漫长的进化过程中逐渐掌握了驱逐猛兽的方法，最终，再凶猛的野兽也不得不远离这些聪明而又灵巧的矮小物种，而人类得到了充足的时间去休养生息，去发明创造，去衍化文明，然后使之代代相传。

人类的大脑为人类和这个世界创造了很多东西，创造了文明也创造了野蛮，创造了友好也创造了仇恨，创造了世外桃源也创造了战争。与人类文明的发展相同，人类的战争岁月也非常漫长，从远古时代一直延续到如今，人类的头脑越发达，科学技术越进步，似乎就越有开始一场战争的理由。而正是在人与人的战争中，人类的智慧更加快速地向前发展，其速度远要比人类与猛兽的对抗快得多。从最早靠打磨得到的粗糙的木料和石器，到冷兵器时代复杂多样的战争工具，再到现代科技社会，人类开始把战争推进到天空，推进到海洋，推进到外太空，甚至是虚拟世界，但是，人类从未放弃过在地面上的争斗，这是最原始、最粗暴，也是最行之有效的战斗方法，唯有如此，才能真正做到杀敌取胜。

在千百年的陆地战争中，人类不断升级着自己的武器和工具，终于，他们得到了最坚硬而又快速的武器——坦克，陆地战争进入了新的纪元。但是坦克并未逃脱作为一种陆地武器的宿命，坦克战是现代战争模式中最惨烈的，"白刃交于前"是陆地战争永远无法躲避的方式，参战的人总要面对面殊死搏杀，只是从血肉之躯变成了钢铁机械而已。

如何以最小的损失取得最大的胜利，是参与战争的人永远在思考的问题。于是，当坦克对于更多的指挥者来说不再是陌生的武器，当坦克战成为一种常规性战争模式，人们开始思考怎样在坦克战中更快捷、更简单地赢得胜利。逐渐地，初期坦克战那种一声令下，数以百计、千计的装甲怪兽横冲直撞、重炮对轰的情形不再出现了。从战役的对抗走向战略的博弈，或许本来就是战争发展的必然趋势。

古人说："不谋万世者，不足谋一时；不谋全局者，不足谋一域。"其实，这是战争发展的必然结果，从单纯的武器使用到战略使用，作为构成战争的一部分，坦克最终也只能成为战争的道具。战争归根结底还是人的战争，再强大和威猛的武器最终也要服从人的指挥，在战争指挥者的字典里，"胜利"是高于一切的，而要取得胜利，就必须要着眼于战略，而不能单单去考虑一场战斗的成败。

而每一位指挥者无疑都会在使用坦克上非常谨慎，这是陆地上的王者武器，要在地面的惨烈搏杀中收获胜利，就必须利用好手中的这张王牌。毕竟，如果在坦克战中胜出，至少可以向胜利靠近一步，而一旦在坦克战中败阵，那意味着胜利已经离你远去。

血肉绞杀逼出的铁血怪兽

在第一次世界大战期间，协约国与同盟国陷于僵持状态，双方你来我往，一时难分高下。这个时候，参战的各个国家的武器研发人员为了打破阵地战的僵持局面，而开始研究一种集火力、机动和防务于一体的新型武器。最先取得突破的是英国。在一次意外中，英国人E.D.斯文顿发现，如果在拖拉机这样的机械上安装火炮或者机枪，这种武器绝对能够符合新型武器的要求。于是，经过了无数次的实验，1915年，斯文顿利用汽车、拖拉机、枪炮制造和冶金技术，试制出了坦克的样车。

1916年，在法国北部的松姆河畔，爆发了第一次世界大战中最为惨烈的战斗——"松姆河战役"。这场战斗进行得异常艰苦，英法联军与德军展开了殊死拼杀，但彼此都没有占到太多便宜。战斗进行到了9月15日，就在德军士兵躺在战壕里休息的时候，忽然感到身下的大地开始震颤。他们从战壕里探出头来，然后张着嘴巴，难以相信自己看到的事情。就在他们面前的大地上，十几个黑漆漆的钢铁怪物向着阵地开了过来，他们急忙端起枪支射击，发现子弹打在这些钢铁怪物身上，只是像在给它搔痒。此时被吓破了胆的德军士兵顾不得太多，他们几乎没有等这些巨大的家伙开到面前，就撇下阵地跑了。

这些德军士兵或许当时并不知道，他们正在见证着一段新的历史，坦克在那一刻开上了战场，坦克战的时代就此拉开了序幕。从此以后，战场上多了一种新的武器，一种新的战争模式就此开启。出现在松姆河战役中的坦克，就是世界上生产的第一批坦克——英国的"马克"I型坦克。当时，英国人共将49辆坦克投入到了战场上，而在松姆河最终完成首次登场亮相的则有18辆。正是这18辆坦克，开启了一个崭新的陆地战争时代。

这注定是一次唐突而又深刻的见面仪式，在坦克与战争的第一次会面中，人们既看到了坦克恐怖的一面，也了解了它的脆弱。这个世界上根本就没有一种武器是真正无敌的，当坦克与人在残酷的战场上交锋时，武器的设计者们才发现，在灵活多变的人面前，机器本身的漏洞是无法改变的。但坦克毕竟是一种强而有力的陆战武器，甚至可以说是人类在现有阶段所发明的最强大的陆战武器。

人类可以破坏它，也能够将它的威力发挥到更大。一代名将艾森豪威尔曾说过："战略计划应注意到作战的流动性和适应性，而不可过分刻板地施加给执行任务的指挥人员一种硬性规定，否则便是危险的。"作为战争中的犀利武器，坦克的作用也是这样的，如果仅仅将它作为一个冲破桎梏的钢铁武夫，那肯定是低估了它的价值和作用。真正的坦克，只有在面对战略决战时，才能发挥出最为强大的力量。

统率的艺术与坦克战术

闪击战启示录

孙子很推崇速度，认为"兵贵神速"，是以"兵之情主速，乘人之不及"。而在从古至今的战役中，指挥者几乎都会抱着"速战速决"的想法。

之前就曾经说过，坦克之所以被发明出来，是基于机械的机动性可以迅速冲破战场上的僵持局势。拥有了坦克之后，不仅意味着你的攻击工具本身在防护和火力上已经有所提升，更为重要的是，在陆地战争中，几乎没有一种陆地战争工具的机动性可以与坦克相提并论。到第一次世界大战结束时，坦克的发展已经取得了长足的进步，并且成为陆地战争中最为主要的战争武器，要提升己方军队在陆地战争中的优势，就必须提高己方坦克战的实力。就是在这样一段时期，世界各国都涌现出一批致力于研究并开发坦克战战法的当世名将，其中首推德国的古德里安。

古德里安与曼施坦因、隆美尔一起被称为纳粹德国的三大名将。从政治角度来看，古德里安绝对是助纣为虐的法西斯帮凶，对其他国家犯下了不可饶恕的战争罪行。但如果是从军事角度来看，古德里安创造了被后世所津津乐道的"闪击战"，他过人的军事素养，出色的军事指挥艺术，对世界战争史产生了非常重大的影响。

古德里安从青年时代开始，就表现出了与众不同的创造性想象力，他从不满足于现有的战术、技术和兵器。那个时候的古德里安经常在《军事周刊》上发表探讨当代军事问题的文章，他的文章总是非常有见地，让很多资深专家都自叹不如，以至于杂志的主编阿托克经常去登门访问。在与阿托克聊天的时候，古德里安经常利用战术演习和兵棋推演的机会，发表自己关于战车将成为地面战场主宰的新观念。很快，在德国的军界中，就开始广泛流传他的名字。

古德里安1935年参与组建德国装甲师，并任师长。在第二次世界大战中希特勒任命古德里安为装甲兵总监。古德里安对第一次世界大战战术方面的经验教训进行了系统研究，尤其是英国人利德尔·哈特和富勒的军事理论，从而萌生了以机械化部队为主体，各兵种密切协同的战术思想，这种战术思想加上希特勒一贯信奉的机动、攻击、迅速的"闪击战"理论，最终构成了真正意义上的"闪击战"。

在之后的历史中，"闪击战"所取得的功绩几乎有目共睹，欧洲大陆的列强几乎都被"闪击战"打得人仰马翻，德国坦克所到之处，几乎是攻无不克。"闪击战"理论的形成和"闪击战"的出现，证明坦克战已经发展到了一个相对稳定的阶段，坦克战的战术储备已经完成，需要的只是通过战争去不断深化和完善，第二次世界大战无疑加速了这个进程。

第二次世界大战开始之前，世界上大多数所谓的"陆上军事强国"主要发展的仍然是骑兵，对于装甲部队还没有真正全面的认识，直到第二次世界大战的爆发和德军的狂飙突进。血肉之躯在钢铁机械面前根本不堪一击，这使得其他国家都开始研究提高坦克的性能和战术，随后，世界各国竞相开始组建或者改善装甲部队，坦克的光辉岁月到来了。说到这里，我们真不知道是坦克之幸，还是人类之殇。

二战时期坦克集群战法

英国军事学家麦卡锡在他的书中写道："德军进攻速度之快，超过了老式电话和电台反应的速度。"当时的"闪击战"纵横欧洲大陆，凡敢挑战者，无不授首。但就是这样看似无敌的"闪击战"，却很快就在莫斯科郊外的冰天雪地里被苏联人化为无形。

古德里安和他的坦克部队停下了一直向前的脚步，面对苏联人的阵形，他们无论如何也提不起来速度了。

古德里安碰到了最棘手的对手，即同样对机械化部队推崇备至的苏联元帅朱可夫。但是朱可夫与古德里安不同，朱可夫并不推崇机械化部队将其自身的机动性发挥到极致，他是一个讲求平稳和均衡的统帅，更看重坦克的集团化优势，以及在战略决战中起到的作用。于是，古德里安的"闪击战"在苏联遇到了朱可夫的"集群战"，朱可夫的"集群战"不要求军队"速战速决"，相反，却要求部队谨慎、稳重，和敌人展开慢条斯理的周旋，直到找到敌人的弱点。

当然，朱可夫之所以在面对德军的机械化部队时选择这样的战术，也是因为当时苏联方面准备不充分，而德军则是来势汹汹，处于被动的苏军只能选择这种耗损低的方法。就综合国力而言，苏联地大物博，矿藏丰富，又有着强大的战争机器，所以天长日久，德军势必不是苏军的对手。选择与德军展开周旋的战争，或许，朱可夫也是因为有难言之隐。但无论如何，强大的德军就如同是一拳打在了棉花上，他们真的遇到了强劲的对手，朱可夫和他所率领的苏联军队用强大的耐心消耗着德军的战斗力，一直到苏联的冬天降临，战争在这时出现了转机。

如果说古德里安的"闪击战"就是一道闪电，那朱可夫的"集群战"则如同风雨，或许没有闪电来得迅猛和凌厉，但却比闪电要强大和坚韧。闪电在完成一击之后，要过一段时间再出现第二击，同时在攻击范围上闪电也有所局限；而朱可夫的风雨就不同了，或许在威力上不能跟闪电同日而语，但是风雨的覆盖面大，而且是源源不断，根本不给你喘息的机会。因此，如果你被闪电击中，只要你能够扛住第一击，抓住喘息的机会，你就有反败为胜的可能，但你一旦被风雨挡住，那它是不会留给你任何罅隙的。

战争的胜利，最终可能是战略上的胜利，而不可能是战术上的胜利。尤其是在坦克战中，坦克的火力、机动和防护都必须用到最大化，而德军只是将火力和机动提升到了极致，却并没有真正将三者有效结合；反观朱可夫的机械化部队，则将坦克的特点充分发挥出来，从而赢得了最终的胜利。

现代的坦克战

虽然坦克被称为"陆战霸王"，但是到目前为止，它仍然有其无法避免的弊端，不够灵活，而且受制于不同的地形，从而无法发挥出真正的威力。

最典型的案例应该是抗日战争时期，日军虽然在城市攻坚战中屡屡取得胜利，但是在冀中、北岳一带却占不到多少便宜。众所周知，河北、山西一带多为山地，而且那里的土质不像东北或者南方，以沙石路面为主，可以说是颠簸起伏；此外，四季都多风，气候恶劣。在这样的自然环境下发动陆地战争，对于拥有现代化武器的部队是没有多少优势的。众所周知，大型的炮火和坦克是根本不可能进入山地的。

在20世纪60年代的越南战争中，越南北方军队深入丛林中进行游击战，让拥有先进机械化武器的美军毫无办法。丛林里树木丛生，地势不平，像坦克这样的机械根本无法进入，美国陆军在进入之后，因为对地形不熟，经常会遇到越南北方军队的袭击，不仅没能起到打击敌人的效果，自己反而开始遭受损失。于是，美国政府和越南南方军队只能向美国民众表示，说在丛林中的越现北方势力已经被层层瓦解，越战胜利在望。可就在1968年1月，越南南方人民发动了"新春攻势"，美国人才发现，越南北方的兵力不仅没有削弱，反而得到了增强。

就目前来说，坦克还是只适用于地面比较平整的平原，一旦到山区就无法正常行动，所以在陆地战争中，坦克一直都处于一种微妙的地位。在现代战争中，随着空军、海军逐渐占据着战争中重要的一环，加上对各军种协调作战的需要，像第二次世界大战中那样坦克交锋的战斗场面已经不大可能出现。更多的时候，坦克起到的是战略作战的作用。

尤其是20世纪70年代以来，多数的主战坦克在火力性能、机动性能、防护性能上都有了显著的提高，但是重量和车宽已经接近了铁路运输和桥梁承载的允许极限，而且因为众所周知的局限性，使坦克对工程、技术、后勤保障的依赖性增大。更为重要的是，因为新部件日益增多，坦克的结构日趋复杂，成本和保障费用也大幅度提高。为了更好地发挥坦克的战斗效能，各国的坦克研究者都在极力降低成本，在研制中越来越重视采用系统工程方法进行设计，努力控制坦克重量，并提高整车的可靠性、有效性、维修性和耐久性。

虽然坦克本身有着暂时还无法解决的问题，以及暂时无法突破的瓶颈，但是这并不意味着对坦克的利用就是弊大于利。通过第二次世界大战结束以后在世界各地爆发的一些局部战争以及接近实战的军事演习来看，坦克依然是陆地战争，尤其是野战中非常重要的重型武器，依然会在现代的高技术战争中发挥着至关重要的作用。

序言

目录 contents

contents 目录

目录 contents

contents 目录

目录 contents

contents 目录

目录 contents

contents 目录

目录 contents

contents 目录

目录 contents

战典

THE CLASSIC WARS

战典

陆战之王的直接对话

THE CLASSIC WARS

坦克战

第一章

一战坦克大对决
——坦克战首役

▲ 1916 年 9 月 15 日，当隆隆的机械声将战壕中的德军士兵惊呆的时候，他们并不知道，一个历史性的时刻已经出现在了他们的眼前：他们有幸目睹并参与了世界上的第一次坦克战。从此以后，这种看起来似乎有些笨重的重型战车，代替了轻便灵巧的马匹，成了陆地战场上当仁不让的主角，骑兵就此逐渐退出了历史舞台，取而代之的是坦克的雷霆之威。而从松姆河战役开始，一个新的战争年代到来了。

前奏：坦克登场之前的血战

1914年，第一次世界大战爆发，战况空前惨烈。陆战方面，在堑壕和铁丝网面前，机枪声、炮火声此起彼伏，血肉横飞。交战双方不得不共同面临一个问题：谁也无法突破对方由堑壕、铁丝网和机枪组成的防御阵地。扛枪架炮的双方士兵都产生了恐惧心理，因为在暴风雨一样的枪弹、炮弹面前，人的血肉之躯是如此不堪一击。

故而，双方司令部从1914年冬天起竟同时改变了交战策略：由运动战转为了阵地战，双方士兵固守在阵地上，谁也无法突破对方的防线。在阵地上曾流传过这样一句名言："我多么想拥有一种具有防护能力的铠甲，这样，子弹就无法将我射死，炮弹就无法将我炸飞。"

★第一次世界大战中的堑壕防御阵地

在这种局势下，研制一种既具有防护力以抵挡敌人的机枪子弹，又具有一定机动能力以突破敌人的铁丝网引导步兵冲锋，还要有一定的火力以消灭敌人阵地上的有生力量和火力点的武器成为当时最迫切的需要。

英国率先制造出了一种新式武器，名叫坦克，丘吉尔叫它"陆地巡洋舰"。它是一种具有强大的直射火力、高度越野机动性和很强的装甲防护力的履带式装甲战斗车辆，主要执行压制对方炮火、

★英国生产的"小游民"坦克

机枪的任务，最为致命的是坦克居然能穿越宽达一米的壕沟。1915年9月6日是具有划时代意义的一天，在林肯（地名）附近"陆地巡洋舰"进行了首次试验，获得了成功，并取了个"小游民"的雅号。"小游民"全重18 289千克，装甲厚度6毫米，配有1挺"马克沁"7.7毫米机枪和几挺"刘易斯"7.7毫米机枪，发动机功率为105马力，最大时速为3.2公里，越壕宽1.2米，能通过0.3米高的障碍物。

其实，早在19世纪末20世纪初，蒸汽机技术、内燃机技术、装甲和履带推进技术和火炮技术等已基本成熟。1906年，英国人曾制造出以蒸汽机为动力的履带式拖拉机。第一次世界大战爆发初期，曾出现轮式战斗车辆，英国军队也在试图改装一些履带拖拉机，以便用于战争。这些都为坦克的出现在技术上铺平了道路。

坦克的出现马上打破了战场的平衡。

1916年8月，松姆河会战期间，英军司令海格为表战功，不顾许多人的反对，将48辆还处于试验阶段的坦克投入实战。由于驾驶员大都没经过专业训练，

★英国一战中的马克I型坦克

结果只有18辆坦克开到战场，其他的都在途中损坏。众军官进谏，但海格司令下令让"马克"Ⅰ型坦克向敌人阵地进军。众军官无奈，只有领命，发起进攻。此时，"马克"Ⅰ型坦克笨重的缺点暴露无遗，经过检修，最后，大约只有10辆坦克隆隆地向德军阵地驶去。德国阵地上，端着机枪的士兵被吓呆了，因为他们第一次看到这种"披着铁甲的怪物"向他们冲来。他们开始疯狂射击，但机枪射不透，吓得德军士兵惊慌失措，纷纷逃退。

坦克继续前行，目标是德军占领的一个村子。"如果没有坦克，我们是不会攻击那个村子的，那里的铁丝网多如牛毛，战壕足有护城河那么宽。"一个英军士兵说道。有了坦克便不同了，厚厚的铁甲，足以抵挡任何子弹；履带虽然笨重，但却可以穿越堑壕。英军士兵在坦克的掩护下，向德军占领的村子发起进攻。让英军士兵感觉纳闷的是，坦克所到之处，却不见德国士兵。英军兵不血刃地占领了村庄，搜查过程中，在一个地道里发现了300多名被吓得呆若木鸡的德军官兵。

"马克"Ⅰ型坦克的亮相并不是那么传奇，相反有些平淡，但这恰恰说明了坦克在战场上的威力及其震慑人心的作用。坦克的胜利使英国人大受鼓舞。但它的数量毕竟太少，速度也太慢，时速只有6公里，况且无法越过泥沼，因此在战略上价值不大。不过，这次不大的战斗是坦克在战争舞台上的首次亮相。

从此，坦克在战场上的价值被军事专家承认了，各国都纷纷研究，很快坦克就成了陆战主兵器。

富勒建功：康布雷坦克战

1917 年冬，战争进入相持阶段。德军为了顺利解决西线战事，开始从德俄战线调兵加强西线。激战就此开始，一时间，西线战场上血流成河，尸横遍野，德国的机枪和炮火在英法联军面前竖起了一道立体的城墙，英法联军不得不龟缩在阵地中，寸步难行。

于是，如何突破德国阵线变成十分棘手的问题。生性暴躁的英军司令海格这回倒是冷静下来，征求了多个作战参谋的意见后，他决定在法国北部发起一次战役，目的是为英军争取有利时机突破德军阵线。在讨论战略部署的时候，总参谋部的富勒上校坚决主张利用大批坦克来突破德军防线，这一招倒是点醒了海格，他决定让富勒试一试。

之前的大部分战役证明，坦克在泥沼中没有任

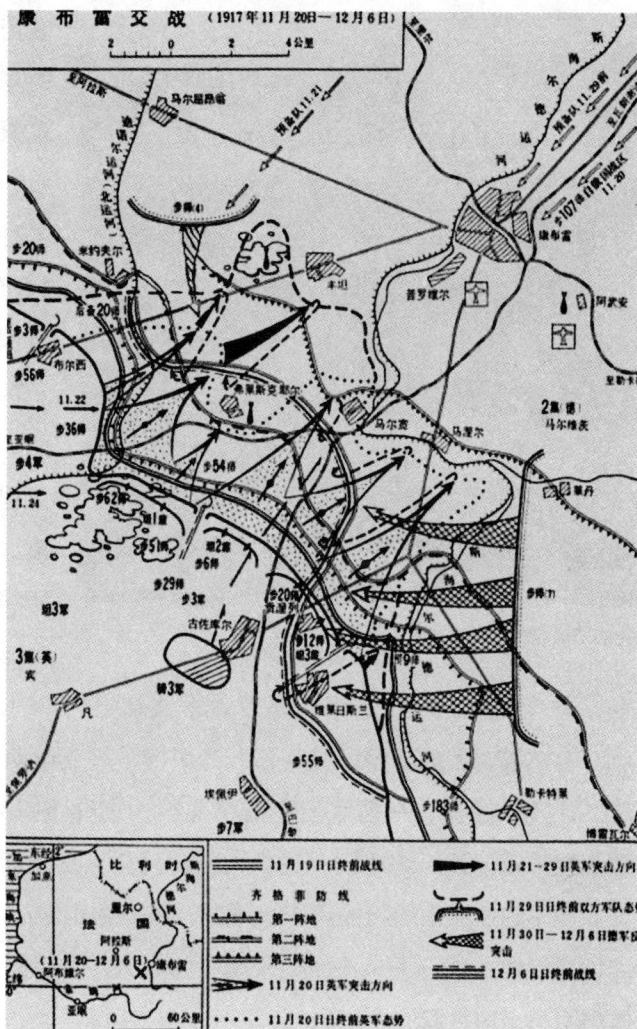

★康布雷战役示意图

何价值，反而会影响行军速度。所以，富勒提出，要想利用坦克突破德军防线，必须寻找到能大量部署机动装甲部队和发挥巨大作用的干燥场所。

功夫不负有心人，战争也是如此。海格和富勒在康布雷找到了所需要的地形，康布雷是法国北部-加来海峡大区北部省的一个城镇。该城镇的南面和西面是一片被小溪和狭堤割裂的白垩土的结实土地。见到这片土地的时候，海格和富勒的眼睛同时亮了起来，因为诺尔运河和圣康坦运河之间边缘曲折的10公里旷野，是适合于坦克机动的。

两个人回到英军阵地时已是深夜，海格连夜召开作战会议。经过周密研究和分析，方案最终形成：英军在法国北部康布雷镇一带进行突破。而德军呢，也意识到康布雷镇的重要性，他们在该地区驻有6个师，由巴伐利亚皇子鲁普雷希特

★前往进攻地域集结的英军部队

亲自指挥，其中2个师就驻在两条运河之间，正好能用坦克来歼灭他们。

性情暴躁的海格再次体现了狂野的一面，他连夜召集了19个师和大量的坦克，包括英国、加拿大和印度骑兵旅的5个骑兵师，将从侧翼保护坦克，并扩大坦克的战果。大量坦克星夜前行，赶往康布雷镇，到达之后他们隐蔽在英国防线后面的阿夫兰科特大森林中，为了保密，海格司令下令，进攻之前，坦克熄火，违令者军法从事。

第二天，大战即将拉开帷幕。为了掩盖坦克出动时发出的巨大响声，富勒提议，让飞机起飞，在前线上空低空飞行，这样飞机回旋的噪音就可以将坦克出动的响声抵消掉。海格司令异常大度，同意了富勒的提议。

英军这次突击的目的再明显不过，就是利用坦克沿着10公里的前线，正面猛冲，这就像一把刀子从正面插入德军的心脏，然后配合大量的骑兵和步兵，全歼德国两条运河之间的2个师，并拿下康布雷镇。

时间过得真快，转眼到了11月20日上午6时20分，天就快亮了，薄雾笼罩着康布雷镇，能见度很低，只有几十米。海格司令一声令下，大量负责掩护的战斗机起飞，顿时，天空中传来了巨大的螺旋桨和空气摩擦的声音，星夜调来的381辆坦克也瞬时发动，康布雷镇仿佛地震了一般，车辆沿着夜间用线带标好的车道隆隆前进了。

喧闹的坦克向前线堑壕前进时，碾平了有刺铁丝的密集障碍物。为了阻止坦克越过堑壕，每条堑壕都被挖到12英尺宽，但富勒克服了这种陷阱。所有英国坦克都携带着用链条绑着的长长柴捆，把这些柴捆丢进了堑壕，这样便形成了临时的便桥。德军完全没有想到英军如此迅捷地突破了这些障碍，而英军则略去了经常预示进攻的弹幕射击，德军因此遭受了一次完全出乎意料的袭击。前哨地区的德军部队或者投降或者逃走，英军第三集团军到夜幕降临前，已在

6英里的战线上推进6 300米。英军就此以只付出4 000人伤亡的代价，攻占了德军重点防护的堑壕。虽然英军付出的代价也很大，有65辆坦克被德国炮火击毁，另有140辆坦克抛锚或倾覆在堑壕里，然而，却俘获了7 500名左右德国俘虏。到下午6时，夜幕降临，英军的突击部队已占领了他们突出部的广阔地带。试想，假如没有坦克的支援，这些德军的阵地是不可能如此轻易就被攻下的。

作为一名在西线很少打过胜仗的指挥官，海格对于如何扩大在康布雷取得的战果全然不知所措。因为没有更多的后备军，使得他根本无法继续前进，但是他现在不愿放弃已经夺得的阵地。如果英军继续留在原地，他们将会暴露于德军的三面进攻之下，而且寒冷和多风暴气候的来临，适宜作战的时节就快过去。这些事情让海格犹豫不决。而且，他的英国部队现在还需要去支撑在卡波雷托的意大利军队，现在的他们正处于士气低落的阶段。

"A7V" 坦克问世：德国人的坦克始祖

对德军在前线的溃败，德军的参谋总长兴登堡元帅有一个非常清醒的评价，他写道："英国在康布雷的进攻第一次揭示了用坦克进行大规模奇袭的可能性……它们能够越过我们未遭破坏的堑壕和障碍物，这不能不对我们部队有显著的影响……步兵感到对坦克的装甲侧面实际上无能为力。机动车辆一突破我们的

★德国坦克始祖A7V坦克

堑壕线，防守者就感到他的后方受到威胁而离开了他的岗位。"

而德军的第一军需总监鲁登道夫将军也对坦克的出现感到有些慌乱，不过他很快恢复了平静。他看出了协约国军队是用坦克突破从而取得了成功，"多数运动迅速的坦克在有谷物的田野上急骤前进更增加奇袭的效力"。

就是在这种情况下，兴登堡和鲁登道夫一起想到了对付英军坦克的最佳方案，那就是德军需要制造出更好的坦克，这样才能赢得胜利。于是，他们多次下令催促军事部门尽快研制出性能更为优良的坦克。

德国就此也开始着手对坦克的研制，德国军事部门的第七统战部交通分部接受了这项任务。在德文中，第七统战部交通分部的缩写词是"A7V"，因此在制订设计方案时将要设计制造的坦克就命名为"A7V"坦克。这个名字看起来有点儿别扭，而这个别扭的名字却由此载入了史册。

1916年11月，"A7V"开始进行设计招标，12月12日签订了合同。1917年1月由工程师约瑟夫·沃尔默设计完成。然而这位先生对坦克和战场的情况了解甚微，他设计出的"A7V"样车一经试验，根本无法达到德军的要求，尤其是发动机冷却和履带方面存在的问题十分突出，使得坦克在前进过程中经常出现"掉链子"的尴尬情景。

他所设计的坦克样车远看就像是在拖拉机底盘上加了个大钢板箱，里面装置了多种武器，车辆笨重，而且只能在坚实路面上行进，车底距离也很有限，使得车辆一经过起伏地、泥泞地，就会受阻或淤陷，也就是根本不可能上前线，更不

★战斗中的A7V坦克

要说用于作战，军方对此非常不满意，责令要求改进。

德军统帅里土部提出的坦克设计思想是：坦克应是一种活动堡垒，用于支援步兵作战。为了造出"活动堡垒"，"A7V"的装甲防护非同一般，车底用较厚的钢板铆接而成，前装甲板厚15毫米，底装甲板厚6毫米。为了避免出现"掉链子"的情形，坦克的履带有了装甲防护。"A7V"的装甲防护在那时是突出的，不过因为装甲板没有经过硬化处理，防护力还是有所限制的。

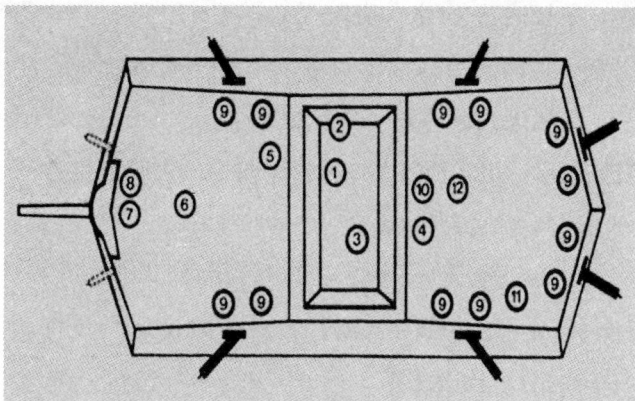

★ "A7V" 坦克的乘员布置图

★ "A7V" 坦克 16 人车组

"A7V"也被称为强击坦克，坦克车上安置了一门57毫米火炮和6挺7.92毫米机枪，携带180发炮弹和18 000发机枪弹，其中比较厉害的是40发穿甲弹，当初速487米/秒时，可以在2 000米距离上击穿15毫米厚钢装甲，在1 000米距离上击穿20毫米厚钢装甲。就是说，"A7V"能够击穿当时英法两国所有的坦克装甲。

为了用于近距离防御，"A7V"的火炮还能发射霰弹。坦克上所配备的6挺机枪分别置于车体两侧和后部，与首处的火炮构成了环形火力。

"A7V"上可以搭乘18人，这可以说是坦克乘员人数之最。具体的安排是，车长和驾驶员坐在车体中部的方形指挥塔里。炮手和装填手在车前部火炮左右。每两个机枪手负责1挺机枪。另外有2名机械师分别在车内前部、后前，担任随时修理的工作。

这么多的武器和人都需要钻进去，这样一来，"A7V"就成了一个庞然大物。车长达7.34米，宽3.1米，高3.30米。巨大得都有点儿吓人，所以问题就出来了，因为目标太过明显，经常一抵达战场，就被敌人发现，从而成为了靶子。体积庞大的另外一个问题是速度，A7V最大重量30吨，用2具戴姆勒4汽缸汽油引擎，最大速度10公里/小时，最大越野行程35公里，可以说是给了对方充分的时间对它展开攻击。

虽然问题很多，但它在当时已经是非常先进的机械化装甲车了。到1917年10月德军已经组建了"A7V"坦克分队。当时的一个坦克分队编有5辆坦克，6名军官和170名士兵。

到1918年春，德军组建成了9个坦克分队，其中3个坦克分队装备了"A7V"，另6个分队装备的是缴获的英国"马克"IV型坦克。

战争形势此时对德国已经越发不利。随着美国的参战，数十万美军将跨越大西洋从而成为协约国新增加的力量。1917年6月25日，潘兴将军的先遣部队在到达法国后，就为后续部队登陆开始做准备工作。兴登堡元帅和鲁登道夫将军决定赶在大批美军登陆前进行一场决战，一举击垮英法的主力部队，他们将这个作战计划称之为"米夏埃尔行动"。

德军在1918年3月21日发动了强大攻势。鲁登道夫决定在这场攻势中，正式动用刚组建的坦克分队去实施"阵地战中的攻击战"。但当时展开攻击的战线长达80多公里，参战的坦克却只有9辆，4辆"A7V"和5辆"马克"IV型。其实，这不过是德军坦克的第一次实战演练。鲁登道夫在这次战争中使用坦克，主

★战场上的A7V坦克

要是演练战术，同时检验一下"A7V"的性能。

当天清晨4时40分，德军数千门大炮和迫击炮齐鸣，对英军前沿实施了连续6小时的轰炸。在炮击5个小时后，炮轰由定点改为徐进弹幕射击。步兵和骑兵部队，顶着夹杂着炮火硝烟和毒气的浓雾开始了进攻。就在同时，德军坦克于圣康坦战区第一次冲上战场。正如英军坦克在碾过堑壕时，让德军步兵惊慌失措、落荒而逃一样，横冲直撞的德军"A7V"坦克和"马克"Ⅳ型"战利品铁甲车"，也让英军士兵吓得面如死灰，慌忙撤逃。德军步兵趁机占领了英军的阵地。

尽管战后统计，"A7V"坦克在战斗中的表现并不是非常理想，4辆"A7V"坦克中有2辆因为技术故障而瘫在战场上，使得坦克分队的指挥中断。另外，四处弥漫的烟雾也给驾驶员判定方向带来了麻烦，坦克与伴随的步兵经常会中断联系，走走停停的坦克也在一定程度上影响了进攻的速度，但是坦克所起到的震撼作用、突破作用，还是令德军的指挥官们非常高兴。

不甘示弱：英国人的两款新型坦克再次登场

在1917年的作战中，鲁登道夫的一大收获便是缴获了英国的"马克"Ⅳ型坦克，德军士兵将这些缴获来的"马克"Ⅳ型坦克称之为"战利品铁甲车"。

"马克"Ⅳ型坦克是典型的菱形坦克，由"马克"Ⅰ型改进而来，并且还吸收了Ⅱ型、Ⅲ型的一些长处，因为在康布雷战役中表现出色而威名赫赫，是第一次世界大战中使用最广泛、最成功的英国坦克。而到"马克"Ⅳ型坦克的时候，"马克"坦克开始有了雌雄之分，雌雄的区别主要体现在武器上。雄性"马克"Ⅳ型装置了2门小口径火炮，可以发射6磅重炮弹，另外装置了4挺7.696毫米刘易斯机枪。而雌性则只装置了6挺7.696毫米刘易斯机枪。因此雌性Ⅳ型比雄性Ⅳ型要轻1 016公斤。

"马克"Ⅳ型坦克于1917年6月进入英军服役。"马克"Ⅳ型可以搭乘8名乘员，车内的条件比前几型都有了明显改进。乘员室内装有比较好的通风设备，在车辆顶部和两侧设有安全门。车内装了风扇，以冷却空气，通过尾部散热器把热气排出车外。车上还增设了消音器，用以降低车辆噪音。

但是采用刘易斯机枪对"马克"Ⅳ型坦克来说确实是不得已而为之的事情，因为霍奇基斯机枪在阵地战中的用量大增，供不应求，于是"马克"Ⅳ型坦克只好用刘易斯机枪来临时顶替。刘易斯机枪有着较大的圆形冷却套，要把机枪装到坦克上，就得在甲板上开个安装孔，正是这个安装孔给"马克"Ⅳ型坦克带来了不小的麻烦。刘易斯机枪是安装上了，但是这个安装孔也留了下来。"马克"Ⅳ型一上战场，敌人的弹片和弹丸就很容易经过这个安装孔钻入车内的通道，那个机枪的冷却套同时也会被敌人的轻兵器打得支离破碎。这样，"马克"Ⅳ型坦克反而成了敌军攻击的目标，但后出厂的"马克"Ⅳ型坦克都换上了霍奇基斯机枪。

英国共生产5种菱形坦克，从坦克的鼻祖"小游民"型坦克一直到"马克"Ⅰ、"马克"Ⅱ、"马克"Ⅲ、"马克"Ⅳ型。不过前4种的产量相对要少，只有"马克"Ⅳ型是生产数量最多的菱形坦克。"马克"菱形坦克在战场上虽然显示了威力，但却有着难以根治的问题，那就是速度，"马克"菱形坦克的时速仅有6公里，相对于德军的"A7V"坦克来说，速度实在是太慢了，英军高层并不满意，他们希望装备一种轻型快速坦克，用来扩大突破口和追击败逃之敌。

"马克"Ⅰ型坦克的设计师威廉·福斯特公司总经理威廉·垂顿爵士抓住了这个机会，作为菱形坦克的设计师，他这一次并不准备重复菱形坦克的设计思路，而是准备大胆摆脱履带围绕车体转动的模式。

垂顿把炮塔放在了车的上部，让履带在底盘上转动，这种设计思想在当时是相当先进的。垂顿爵士给他设计的这种新式坦克起了个名字，叫"垂顿-追击者"，军方则将它命名为"赛犬"A式中型坦克。

"赛犬"最大重量14.225吨，能搭乘3人。长6.09米，宽2.61米，高2.74米。装甲厚度为5~14毫米。车上配置有4挺"霍奇基斯"7.696毫米机枪。动力则来自2台"泰勒"6缸水冷发动机，

★"马克"Ⅳ型坦克

★正在翻越障碍的"马克"Ⅳ型坦克

★ "赛犬" A式中型坦克

每台功率为45马力。这样一来，"赛犬"就比"马克"IV型跑得快多了，平路时速可以达到12.8公里，行程达64公里。它几乎同时与德国的"A7V"驰骋战场，这种坦克甫一亮相，就展示出了非同一般的机动性和灵活性，在速度上更是远超德军的新型坦克。

"赛犬"A式中型坦克共生产了200辆，从1918年初开始正式装备英军，当年3月亮相于第一次世界大战的西部战场。

坦克对决：维莱-布勒托纳坦克战

在维莱-布勒托纳地区的坦-克对抗中，德军发动的"米夏埃尔行动"的第一次攻势取得了成功。

这次战斗是鲁登道夫指挥生涯的得意之作。德军在8天时间向前推进了60多公里，打破了英德双方长期的僵持局势。一支突进的德军甚至从英军那里缴获了200万瓶威士忌酒，令英国人颜面尽失。更重要的是，在首次攻势中，英军伤亡16.6万多人、法军伤亡7.7万人。另外，有7万余英法军队官兵成为了俘虏。

对于这场胜利，鲁登道夫的心情则非常复杂。他既为夺取了许多协约国军队阵地高兴，也为德军坦克分队首次参战就发挥了作用而激动，可他满怀担忧的是，德军在此次作战中付出了伤亡23.9万人的沉重代价，加上协约国的新式坦克性能比德军的要好出许多，双方此后再次进入对峙状态。

这时已经到了1918年4月上旬，大批的美军将会很快到达，这意味着协约国的力量将由此得到进一步的提升。鲁登道夫心里非常着急，开始思考新的战术。在此期间，英军在亚眠东南部发动了几次反攻，但是都被德军第二军团击退。鲁

★第一次世界大战战场上的坦克

登道夫于是下令第二军团司令马维茨将军充分使用坦克分队，一定要抓住这个机会发动进攻。

4月24日，在亚眠附近的维莱-布勒托纳地区，马维茨军团向英军阵地发起了猛烈攻击。马维茨将军命令坦克队进攻英军在维莱-布勒托纳南部的阵地，坦克队3个分队本来拥有15辆"A7V"坦克，但是因为其中的2辆出了故障，当时只有13辆投入了战斗。

正当德军的"A7V"坦克向英军阵地发起冲锋时，英军并没有用炮火和反坦克枪阻击德军坦克，而是派出己方的坦克去迎击。于是，世界战争史上的第一次坦克战就此发生。

英军派出迎击的是3辆"马克"Ⅳ型坦克和7辆"赛犬"A式中型坦克。由于当时的指挥和观察还存在很多问题，战斗几乎是在混乱的状态下进行的，双方的坦克都是在摸索中寻找着对手开战。战斗中最为精彩的镜头是德军1辆"A7V"坦克和英军3辆"马克"Ⅳ型坦克的战斗，7辆英军"赛犬"坦克则与德军1辆"A7V"坦克搏杀在一起。因为地形不平和观察受限的影响，对抗的进程很慢，直到很晚才各自退回。

坦克战

THE CLASSIC WARS

陆战之王的直接对话

英军"赛犬"A式中型坦克在这次坦克对抗战中的表现不如德军"A7V"，虽然英军"赛犬"A式中型坦克有速度快、机动性强的特点，但是它的机枪对"A7V"没有构成威胁。参战的7辆"赛犬"有1辆被"A7V"击毁，3辆被击伤，而参战的13辆"A7V"坦克仅有3辆被击伤。德军的"A7V"的火力显示了力量，德军"A7V"坦克的57毫米火炮击毁了百米外的1辆英军雌性"马克"Ⅳ型坦克。另1辆英军雄性"马克"Ⅳ型坦克见状赶来为同伴报仇，向德军"A7V"坦克发射了3发57毫米炮弹，将这辆"A7V"击伤，但是却没有能够穿透装甲。

经过维莱-布勒托纳坦克战之后，鲁登道夫更加感觉到了坦克对于作战的重要性正在逐日提高，也让他更加为德军坦克在性能和数量上处于劣势而满怀忧虑。到1918年8月8日，德军终于遭受惨败，而鲁登道夫再次把失败的原因归结到坦克的身上，他说："缺乏能大量集中使用的轻型坦克，是德军战败的重要原因。"

战典回响

一战后，坦克家族在壮大

在经过了第一次世界大战的洗礼之后，坦克在战争中的出色发挥使其名声大振。为了适应未来战争的需要，在第一次世界大战结束以后，世界各国都加快研制坦克，坦克家族从此逐渐兴旺起来。

在两次世界大战之间，是坦克战术与技术发展思想的探索和实验期，各国研制装备了多种类型的坦克。轻型、超轻型坦克曾盛行一时，在结构上还出现了能用履带和车轮互换行驶的轮胎—履带式轻型坦克、水陆两用超轻型坦克和多炮塔的中型、重型坦克。

与早期的坦克相比，这些坦克在战术技术性能上都有了明显提高。战斗全重9~28吨，单位功率5.1千瓦/吨~13.2千瓦/吨，最大速度20公里/小时~43公里/小时，最大装甲厚度25~90毫米。火炮口径多为37~47毫米，炮弹初速610米/秒~850米/秒，发射穿甲弹能穿透40~50毫米厚的钢装甲。有的坦克为了增强支援火力，配备了75毫米或76毫米口径的短身管榴弹炮，直至发展将小口径加榴炮、中口径榴弹炮和数挺机枪集于一车的多武器、多炮塔坦克；开始采用望远式和潜望式光学观察瞄准仪器、炮塔电力或液力驱动装置和坦克电台，出现了火炮高低向稳定器；推进系统多采用民用或航空用汽油机，固定轴式机械变速箱，转向离合器或简单差速器式转向机构和平衡式悬挂装置。反坦克炮出现后，一些国家为增强坦克的装甲防护，设计了倾斜布置的装甲，并按照各部位中弹的概率分配装甲厚度。

实践证明，作为一种新生的武器，坦克在第二次世界大战中经受了各种复杂条件下的实战考验，并在实战中逐步得以完善和发展，成为陆地战争中最主要的突击兵器。

★ 沙场点兵 ★

人物：装甲兵之父——富勒

富勒于1878年生于英国的一个牧师家庭。18岁时，父亲为他取得了一个桑德赫斯特皇家军事学院的后备军官学生资格，经过一年的文化补习后，富勒成功进入该校参加课程学习，富勒终于完成了规定学业，后成为陆军的后备军官。富勒早年间对步兵战术非常感兴趣，后来则沉迷于研究装甲战。

第一次世界大战爆发以后，英国军方决定建立坦克军团，于是富勒在38岁时当上了军团的参谋长，开始帮助英国组建坦克兵团。在1917年著名的康布雷战役中，富勒成功地进行了坦克战，当时英军出动了378辆坦克，对绵延9.6公里的德军防线发动了大规模突击，连续突破四层堑壕障碍，纵深6.5公里，缴获100门火炮，俘虏4 000名德军。英军只损失了1 500人。

随后的富勒制订出了著名的"1919计划"，提议用4 000辆坦克突破德军防线，直逼德国本土，空中则用飞机来轰炸配合地面部队作战。但是就在富勒的计划出炉不久，第一次世界大战结束了，富勒的装甲梦始终未能实现。

1933年，富勒以少将军衔退役，此后一直到1966年病逝，富勒都在为他的机械化战争论四处宣扬，并且写下了《西洋世界军事史》《大战中的坦克》等40余部军事著作，是世界公认的装甲战理论的创始者，被称为"装甲战之父"。

虽然富勒到逝世的那一天也没有看到他的机械化部队之梦成为现实，但是他在死后却对许多名将产生了深远的影响。如法国的戴高乐、美国的巴顿、苏联的朱可夫，都是因为受到富勒装甲战理论的影响，开始思考如何推动机械化部队的进程。而受富勒影响最多的当属德国名将古德里安，正是在富勒的理论影响下，加上希特勒的支持，古德里安才发明出了日后震慑世界的"闪击战"。

武器：英国"马克"Ⅰ型坦克

英国的斯文顿上校是第一个提出坦克设想的人，他设计出了一种通过履带前进，安装有火炮和机关枪的全新战车，他首先提出了用履带式拖拉机加装钢板以抵抗机枪的火力。但当时的英国保守势力当权，并没有通过斯文顿的设计方案，并将之视为不切实际的空想而打入冷宫。

但是斯文顿并没有因此泄气，他继续向有关方面上书。关键时刻，时任英国海军大臣、后在第二次世界大战中出任英国首相的丘吉尔看到了这个提案的前途，于是在1915年2月，下令海军成立了一个"陆地战舰委员会"，拨出经费开始研制坦克。

英军总司令在几经辗转，终于看到了斯文顿的设计方案之后非常兴奋，遂下令将斯文顿从英吉利海峡对岸抽调回来，担任国防委员会秘书，专门负责设计制造这种新型武器。

于是，在严密封锁消息的一家英国兵工厂里，开始了制造坦克的工作。经过40天日日夜夜的加班加点，世界上第一辆坦克终于正式诞生。

虽然世界上第一辆坦克"小游民"试验成功，但18吨重的"小游民"并不符合斯文顿的要求，而且这辆坦克在各项技术上存在着诸多缺陷。于是按照斯文顿的要求，设计者们再次制作出了一个更大的木制坦克模型——"大游民"，或称"母亲号"。

设计者们在研制中考虑到坦克的平衡问题，就在坦克车辆后部加装了一对直径为1.37米的导向轮，这是这种新型坦克的一个奇特之处。1916年1月16日，按照"大游民"制造出来的新型坦克进行了第一次行驶试验，并顺利通过了模拟的"战场障碍跑道"。它翻越壕沟的宽度可以达到2.24米，通过垂直墙高1.37米。从此以后，世界上第一辆真正能够用于实战的坦克诞生了，这种坦克在装备进英国陆军以后，被正式命名为"马克"Ⅰ型坦克。

英军把"马克"Ⅰ型称之为"陆地战舰"。然而，英军高层为了保密，下令把它叫做"运水的箱子"，即"水箱"或"水柜"。后来，人们把"水箱"直接音译为坦克。

1916年，经过完善的"水柜"被秘密运抵松姆河战场，德军面对这个庞然大物束手无策。"马克"Ⅰ型坦克车体庞大，外廓呈菱形，安装过顶履带，车尾装一对转向尾轮，装甲厚度6～12毫米，最大行驶速度6公里/小时。

1916年，英国共生产"马克"Ⅰ型坦克150辆。

✦ 战术：富勒理论

同研制坦克一样，关于坦克的战法研究也是在英国最先蓬勃兴起。富勒和后起之秀利德尔·哈特上尉是其中的代表人物。富勒认为，装甲兵只有坦克是不够的，还要有归装甲兵指挥的"坦克陆战队"和"皇家坦克炮兵"。

利德尔·哈特在第一次世界大战期间担任步兵工作，1920年参加了《步兵训练教范》的编修工作，他主张以1918年德军渗透战术为基础，进行洪水式进攻，让步兵像洪水一样深入敌方防线空隙，最后将其冲垮。利德尔·哈特在这个时候还没有注意到坦克。

然而，就在之后不久他结识了富勒，他的态度很快就发生了彻底的改变，后来竟成了对后世影响极大的装甲战、机械化陆军的鼓吹者。

利德尔·哈特于1922年发表了其主张陆军全部实现机械化的论文——《"新模范军"的发展》。在这篇论文中，他提出实现陆军机械化应分三步走：第一步是实现师的运输车辆机械化；第二步是实现炮兵的牵引化和履带化；第三步是实现步兵营的装甲化和履带化。

然而，富勒和利德尔·哈特的观点在当时被很多人视为异端邪说。这些人认为，建立如富勒和哈特所说的军队耗资巨大，根本难以维持。虽然当时英国国内也有一部分人支持富勒和哈特的观点，但是数量有限，英国的机械化部队发展至此进入停滞不前的阶段。

而在英国无人问津的富勒理论，在德国却受到了追捧。德国将领古德里安在看过富勒和哈特的理论之后，非常受启发，但当时因为受到第一次世界大战制裁的影响，德国部队并没有什么坦克，于是古德里安就用着包着木板的汽车代替坦克进行演习，并在演习中提出建立以坦克为核心的装甲师的主张。古德里安指出："只有与坦克伴随的兵种的速度和越野能力达到坦克的水平时，坦克才能发挥出其威力。坦克应在由诸兵种组成的部队中起主导作用，其他兵种只能配合坦克。坦克不能在步兵师中使用，相反，装甲师中要有能让坦克发挥威力的兵种。"

可以说古德里安的机械化部队思路，正是富勒理论在实战中的升华和完善。在希特勒上台之后，有一次参观德国新武器，古德里安趁机向他展示了装甲部队的风采，希特勒对装甲部队的行进速度和准确执行命令的能力非常赞赏，并认可了古德里安的机械化部队思路。于是，德国在1934年成立了装甲部队司令部。1935年，德国第一、第二、第三装甲师成立，之后，又陆续组建了一些装甲部队。1938年秋，希特勒任命古德里安担任新设立的"快速部队司令"，并将其军衔晋升为装甲兵上将，统领所有的装甲部队、反坦克部队、摩托化部队和骑兵。

古德里安所建立的德国"快速部队"，几乎与富勒和利德尔·哈特的设想完全一致，其装甲师以一个坦克旅为核心，外加一个摩托化步兵旅、一个机械化炮兵团、一个反坦克炮兵营、一个摩托化工兵连、一个乘装甲车和摩托车的侦察营。因为其内部各兵种齐全、均衡，从而成为一支以坦克为主，可以独立作战，具有强大快速突击力的部队。在掌握了这支部队之后，如历史上所记载的那样，纳粹德国在第二次世界大战初期使用"闪击战"纵横欧洲大陆，缔造了一个属于机械化部队的神话。

战典
THE CLASSIC WARS

陆战之王的直接对话
THE CLASSIC WARS

坦克战

第二章

闪击波兰
——幻影突击坦克战

▲当其他欧洲国家的机械化部队还处于停滞不前状态中的时候，古德里安已经为纳粹德国创造出了当时陆地上最强大的部队。在第一次世界大战中吃尽坦克苦头的德国人，这一次在坦克研发上走在了欧洲其他国家的前头，随着欧洲局势的暗潮涌动，磨刀霍霍的古德里安已经作好了带着他一手创建的机械化部队，去横扫欧洲大陆，创造世界军事史上前所未有的"闪击战"时代的准备。

前奏：二战从希特勒的豪赌开始

在第一次世界大战时，希特勒还是一个躲在战壕里被坦克吓破了胆的士兵，十几年之后，他已经摇身一变成为了德国纳粹的领袖。在说到1933年1月30日这个日子的时候，丘吉尔曾经如此描述过："1933年1月30日，是改变整个欧洲的日子。战火其实从那天就已经燃起了。"就是这一天决定了此后欧洲十余年的命运，因为希特勒在这一天正式上台了。希特勒上台伊始，就着手恢复军国体制，一边和英法列强玩起了政治博弈，一边则秘密地制造大量坦克、火炮、战舰等武器。

希特勒的第一目标是奥地利和捷克斯洛伐克，1931年初，希特勒不费吹灰之力吞并了奥地利，之后又肢解了捷克斯洛伐克。希特勒的行动让整个欧洲大陆都为之震颤，而英法列强为了保护自己的利益，纵容希特勒，对纳粹德国采取绥靖政策。作为东欧陆军强国的波兰，也企图在希特勒的战争中分得一杯羹，在希特勒吞并奥地利和捷克斯洛伐克的同时，波兰政府也趁机出兵，占领了奥地利和捷克斯洛伐克的部分地区。波兰政府为在此次行动中收获颇丰而沾沾自喜，殊不知希特勒的下一个目标就是他们。

但希特勒不像波兰那样鼠目寸光，他之所以吞并奥地利和捷克斯洛伐克，是为了消灭英法在东欧的主要盟国波兰。这样，就能去除他的后顾之忧，从而放手与英法一战。

★阿道夫·希特勒

除此以外，波兰的富饶，以及它丰富的物产，可以作为长期的战略基础和经济来源基地，这对希特勒来说也是充满了诱惑。

希特勒要除掉波兰，就等同于从英法列强的虎口里拔牙，但是希特勒需要进行这一次豪赌。于是在1939年3月21日，希特勒向波兰提出无理要

★德国士兵的卡车穿过格但斯克

求：德国要求割让格但斯克，并赋予其在"波兰走廊"建筑公路、铁路的权利。对于这些无理要求，波兰予以拒绝。此时，英法两国站了出来，作为波兰盟军，他们当然要站在波兰的一边。为了对德国进一步施压，1939年3月23日，英、法正式结成军事同盟，然后承诺对波兰的安全给予保证。

希特勒和他的参谋们此时也在行动，1939年4月，希特勒开始密谋闪击波兰，德军统帅部颁发了《关于武装力量一致准备战争的训令》，至此，希特勒的豪赌开始。

为了保证出击的突发性和隐蔽性，德军指挥部为袭击波兰，预先隐蔽地展开了军队部署。他们在波美拉尼亚和东普鲁士悄无声息地集结了由21个师编成的"北方"集团军群，以博克上将为司令官，辖第三和第四集团军。在德国西里西亚和捷克斯洛伐克境内展开了由33个师编成的"南方"集团军群，以伦德施泰特上将为司令官，辖第十四、第十和第八集团军。这两个集群分别由第一航空队和第四航空队配合。德军投入44个师、1 939架飞机、2 800辆坦克，总兵力88.6万人。若将对付波兰的预备队考虑进去，则总共集中了62个师，160万人。德国的坦克均为新一代的3号、4号坦克，这两种坦克专为突袭行动准备，运动能力极佳，火力威猛。

波兰军政府此时则派人密会英法联军，制订了代号为"西方计划"的对德作战计划。波兰准备出动39个步兵师、11个骑兵旅、3个山地步兵旅、2个装甲摩托化旅、近80个民防营、220辆轻型坦克和650辆超轻型坦克、4 300门火炮和迫击炮、407架作战飞机。另外还有海军编队的16艘战斗舰艇和辅助船只，共约

★波兰军队装备的7TP轻型坦克

100万人，最高司令为斯米格威·罗兹元帅。

虽然波兰军队在人数和装备方面较之德军大为逊色，但是波兰却丝毫不惧怕德军，因为第二次世界大战前夕的波兰，是世界上第六坦克大国，单就坦克装备数量来看，波兰只排在苏联、德国、法国、英国和意大利之后，但是却远远超过了居于第七位的美国和第八位的日本。所以，波兰政府认为，德国人会打坦克战，他们也差不到哪去。

所以，虽然德国拥有大规模的坦克，而且擅长打坦克战，但是波兰军方丝毫没有畏惧，甚至在得到了英法两个大国的支持之后，波兰觉得德国一旦进攻自己，无异于以卵击石。正是基于这种过度的自信，自恃得到英法支持的波兰在武装力量的动员和部署上拖泥带水，甚至到战役开始前，还没有完成。

战幕拉开：德国战车呼啸而过

希特勒并不是一个只热衷于打仗的战争狂，他同样是个对政治非常敏感的人，要想将欧洲大陆据为己有，他必须懂得与列强进行政治上的博弈。在这场微妙的政治博弈中，希特勒巧妙利用了英法列强与苏联之间的矛盾，为了避免德军日后陷入两线作战的困境，希特勒先于苏联进行了接洽。斯大林自然愿意看着希特勒去和英法火并，而苏联坐收渔利，德国和苏联经过接洽之后，于1939年8月23日签订了《苏德互不侵犯条约》，并秘密达成了共同瓜分波兰的协议。

随后，为了调动起德意志民族右翼分子的愤怒情绪，希特勒再次玩起了政治手段，开始大肆利用舆论制造波兰"入侵"德国的假象。1939年8月31日夜晚，在希特勒的密令下，一群身着波兰军装的德军党卫队人员闯进了德国边境城市格莱维茨的广

★希特勒在国会下达命令，德国闪击波兰，二战爆发。

播大楼，在播音器前开了几枪后，用波兰语广播了一篇事先准备好的讲话稿，声称"波兰对德开战的时候到了"。接着又击毙了一些身着波兰军服的刑事犯，制造了一个德国军队被迫自卫反击的"现场"。在演完了这幕贼喊捉贼的过场戏之后，希特勒就在广播里声称："德国已遭波兰入侵，德军已开始自卫反击，从现在起，我们将以炮弹和坦克回敬他们。"

这实在是一幕自导自演的闹剧，但就是在那个极端敏感的时期，希特勒的安排却取得了意想不到的效果，德国人群情激愤，无数的右翼分子戴着纳粹的袖章到街上对波兰的"暴行"示威。希特勒和纳粹党魁们聚在秘密的会议室里，最后一次确定了早已制订好的闪击波兰的计划，古德里安摩拳擦掌，他的装甲部队终于要面对真正的战场，接受真正的考验了。元首出现在了激愤的青年人面前，用他那独特的亢奋的嗓音告诉他们：现在的德国已经走出了一战的阴影，他们将重新回到世界的核心，成为一个真正意义上的强国。元首高举起手臂，告诉这些追随者，德意志民族何其伟大，没有人可以再在他们的头上作威作福。

真正席卷欧洲大陆的战争开始了！

在大规模的坦克大战之前，总是伴随着空战和炮战。于是在1939年9月1日，从德国本土起飞的轰炸机群呼啸着飞向波兰境内，攻击目标集中在波兰的部队、军火库、机场、铁路、公路和桥梁。仅仅几分钟的时间，波兰人就痛苦地经历了人类历史上首次大规模的空袭。与此同时，德波边境上的德军火炮万炮齐发，炮弹如暴雨般倾泻到波兰军方阵地上。大约一小时后，德军地面部队从北、西、西南三面发起了全线进攻。

★德国飞机对波兰发起空袭

此时波兰的将领们或许还没有完全从睡梦中醒来，但是如神兵天降的德军在傍晚就已经突破了波军防线，并以每天50～60公里的速度向波兰腹地突进。伦德施泰特的南路集团军群以赖歇瑙的第十集团军为中路主力，以李斯特的第十四集团军为右翼，在左翼布拉斯科维茨的第八集团军掩护下，从西面和西南面向维斯瓦河中游挺进；博克的北路集团军群以克卢格的第四集团军为主力，向东直插"波兰走廊"，另以屈希勒尔的第三集团军从东普鲁士向南直扑华沙及华沙后方的布格河。

在大规模的空袭、炮击过后，蓄势待发的德国坦克集群发动了，这支部队以装甲部队和摩托化部队为先导，快速地从几个主要地段撕破了波兰军方的防线。波兰的新型"7TP"轻型坦克在德军的3号、4号坦克面前是那么不堪一击，几乎在顷刻间就土崩瓦解，失去了阵形。

德军将领古德里安指挥的坦克师和摩托化师在不到一天的时间里，就迅速击垮了波军在边境地区的抵抗，从几个方面切入波兰腹地。

快速突击：波兰大地上的装甲怪兽

英法两国在这个时候已经不能坐视不管了，原本以为可以借军事联盟把希特勒吓退，可眼下看来这一招毫无用处。现在已经别无选择了。9月3日，英国向德国发出最后通牒，要求德国立即停止进攻，提供停战的保证，否则英国将向德国宣战。

希特勒对英国所谓的最后通牒根本不屑一顾，反而觉得这是英国给了他时间和机会，豪赌欧洲的计划已经开始，希特勒早就义无反顾。他把英国人的外交辞令扔到了废纸篓里，然后接通了前线古德里安的电话，他的命令果断而又简洁，他要求古德里安的坦克集群继续进攻。古德里安的3号坦克和4号坦克，在波兰大平原上横冲直撞，如入无人之境。

外交辞令根本毫无作用，英法两国知道不能再等下去了。于是，英法相继对德宣战，第二次世界大战就此全面爆发。

古德里安继续进攻，波兰人开始防御。但波兰的将领们对防御非常鄙夷，在他们看来与其花气力去构筑工事，不如寻找机会反击，所以尽管他们缺乏机械，但仍然坚信自己的军队能够通过反攻扭转局势。可他们实在忽略了一件事，入侵者并不打算浪费任何一点儿时间。坦克集群毫不费力地就可以找到奇兵突进的路线，波兰人的反击大都没有什么威胁。深入的德军不断地威胁波兰军队的后方，使他们腹背受敌而无法立足，更不要奢望反击。

这是人类战争史上规模空前的机械化部队大进军。在这场大进军中，德国

★德国军车开进波兰

★在波兰境内急速行进中的德国机械化部队

装甲兵创始人古德里安成功地实践了他的装甲兵作战以及闪电攻击理论，率领第十九装甲军取得了完全的胜利。第十九装甲军隶属北方集团军群第四集团军，辖有1个装甲师、2个摩托化师和1个步兵师。它既是第四集团军的中路，又是集团军的攻击前锋。

开战后，古德里安率部迅速突破波兰边境防线，于9月1日晚渡过布拉希河，9月3日推进到维斯瓦河一线，完成了对"波兰走廊"地区波军"波莫瑞"集团军的合围。在围歼波军的作战中，被围的波军显然还不了解坦克的性能，以为坦克的装甲不过是些用锡板做成的伪装物。于是，波兰骑兵蜂拥而上，用他们手中的马刀和长矛向德军的坦克发起猛攻。德军则毫不留情地用坦克炮和机枪向波军扫射，用厚重的履带碾轧波军。

在这场激烈的坦克战中，波兰新型坦克不堪一击，波兰走廊上处处可见废弃的7TP轻型坦克，还有就是撤退下来的伤兵。最后，波兰只剩下了骑兵在对抗着古德里安的坦克集团。从9月1日开始，波兰第十八骑兵团开始接应波兰走廊的波军总撤退，波兰骑士开始了与钢铁机械的对抗。

波兰第十八骑兵团向古德里安率领的德国第十九装甲军的第二、第二十摩托化师结合部发起攻击，但是在坚硬的德国坦克面前，波兰骑士的这种行为无异于以卵击石，不到半天时间就损失了大约一个营。9月2日，两个执行迂回任务的波军骑兵中队正好碰上了一个正在就地休息的德军步兵营。出其不意的波兰人挥舞着马刀发起冲锋，猝不及防的德国步兵随即被击溃，然后开始就地组织防守。在

★闪击波兰时的古德里安

附近树林里休整的几辆德军装甲车闻讯赶到，在20毫米机关炮的弹雨下，波军骑兵损失惨重，团长马特拉扎上校和团参谋长当场阵亡。

波军"波莫瑞"集团军的3个步兵师和1个骑兵旅到9月4日全部被歼，而古德里安指挥的4

★以长矛对抗德军坦克的波兰骑兵

个师一共只死亡150人，伤700人。北方集团军群中的克卢格第四集团军协同屈希勒尔的第三集团军，于9月5日切断了"波兰走廊"，波军的"波莫瑞"集团军被包围。隶属第四集团军的古德里安第十九装甲军再次成为主攻的矛头，他指挥他的装甲军从边境杀出，渡过布拉希河、维斯托拉河，在歼灭了波军"波莫瑞"集团军后，强渡那累夫河，沿布格河东岸推进，向波兰首都华沙后方发动了攻击。

南方集团军群也在宽大的正面战场上作深远突破，所属赖歇瑙第十军团的霍斯第十五摩托化军和霍普纳第十六装甲军，在波兰"罗兹"集团军和"克拉科夫"集团军的接合部实施快速突破，迅速将其击溃，并且深入追击。

9月8日傍晚，霍普纳第十六装甲军的第四装甲师以惊人的速度抵达华沙郊外。接着，机械化装甲部队又抢在溃退的波军前面抵达维斯托拉河，然后向北，沿着维斯托拉河建立了一道封锁线，进行反正面作战。战争进行到最激烈的时候，希特勒亲自来到第十九装甲军视察，古德里安在向希特勒汇报这次作战的经验时说："波兰人的勇敢和坚强是不可低估的，甚至是令人吃惊的。但在这次战役中我们的损失之所以这样小，完全是因为我们的坦克发挥了威力的缘故。"

全线崩溃：波兰成为刀俎上的鱼肉

在维斯托拉河畔，古德里安的第十九装甲军静静地等待着，等待着波兰撤退到此的溃败之师。9月18日，波兰溃军进入了古德里安的口袋阵，坦克对步兵，铁甲对血肉，结果古德里安顺利歼灭了这支溃败之师。

与此同时，波兰会战则达到了高潮，德军进攻已发展成内外两大钳形的包围。北方集团军群的第三军团一部和南方集团军群的第十军团形成内钳，在华沙合拢，外钳包围的规模很大，北面一支为古德里安第十九装甲军，南面为克莱斯特的第二十二装甲军。克莱斯特从喀尔巴阡山脉的贾布伦卡隘道附近跃出，一路猛冲，连续渡过拜拉河、杜拉杰克河、维斯洛卡河、桑河，然后在普瑟密士要塞附近向北调转，乘势渡过布格河，在华沙后方的布列斯特-力托夫斯克同由北向南汹涌而来的古德里安装甲部队胜利会师。除极少部分波军还在苏波边境，其余的波兰部队已经处在德军内外两层包围圈中，此时的波军已经被打得晕头转向，波军总司令斯米格威·罗兹元帅已完全失去对部队的控制，整个波兰军队陷于一片混乱之中，只在华沙等少数地区单打独斗。

德军于9月17日完成对华沙的合围后，限令华沙当局于12个小时内投降。而懦弱的波兰政府和波军统帅部在这个时候却脚底抹油，越过边界逃往了罗马尼亚。而早已同德国商量好瓜分波兰的苏联，因为早先与波兰签有互不侵犯条约，所以始终都不方便动手。如今波兰政府出逃，终于给了苏联一个"体面"的借口出兵波兰。苏联政府宣称：由于波兰政府不复存在，因此《苏波互不侵犯条约》不再有效。"为了保护乌克兰和白俄罗斯少数民族的利益"，苏联决定进驻波兰东部地区。苏联白俄罗斯方面军和乌克兰方面军分别在科瓦廖夫大将和铁木辛哥大将的率领下，于9月17日凌晨越过波兰东部边界向西推进。9月18

★在波兰推进的德军坦克部队

★德军机械部队在波兰快速推进

日，德苏两国军队在布列斯特-力托夫斯克会师。希特勒希望赶紧占领华沙，命令德军必须在9月底之前拿下华沙。

德军于9月25日开始对华沙外围的要塞、据点及重要补给中心进行炮击，德第八集团军随后开始向华沙发起攻击。9

★突进中的德军装甲部队

月26日，德国空军开始轰炸华沙。9月27日，华沙守军停止抵抗。9月28日，华沙守军12万人投降，守军司令向德第八集团军司令布拉斯科维茨上将正式签署了投降书。9月29日，莫德林要塞投降。到10月2日，进行抵抗的最后一个城市格丁尼亚停止抵抗。第二次世界大战爆发后的第一个战役，仅耗时一个月就宣告结束了。

德国在这场短暂的战役中充分利用了装甲集群突击的优势，对波兰军队快速进行分割合围，从而在战争开始便掌握了主动权。作为主要的指挥者和现代装甲作战理论奠基人的古德里安，因为在波兰战役中的表现而一战成名。

从战略角度而言，波兰的重建是趁着第一次世界大战之后，德、苏两个强邻的实力暂时得以削弱之际完成的。它向西、向东扩大了很大一部分领土，而这些领土虽在历史上曾属于波兰，但德、苏也认为这些领土也曾属于过自己，追根溯源的话，也说不清楚。

所以，波兰人应该明白德、苏两国统治者认为波兰人夺取了他们的领土，波兰人应时刻密切注视这两个强邻的政治和军事动态。波兰领导人似乎在政治外交上也意识到了这些，从而一直奉行联德制苏的外交方针。但是，波兰人的外交政策显然缺乏灵活性和应变能力。当认清德国已成为头号敌人时，应迅速调整其外交政策，与苏联结成政治军事同盟，来对付德国，但波兰人却选择了远水解不了近渴的英、法。

或许正如波兰外交部长贝克对英、法代表团说的："在任何情况下也不能允许苏军进入波兰境内。"而波军总司令雷兹·斯米格雷更是说过："同德国人在一起，我们会有丧失自由的危险；而同俄国人在一起，我们便会有丧失灵魂的危险了！"可见，波兰军方的统帅甚至把苏联视为最大的威胁，这也就是为什么波兰人到最后也不愿意跟苏联人结盟。

绝对优势：坦克成为真正的利刃尖刀

在整个波兰战役期间，德军的23个师在西线一直都处于法军83个师的威胁之中，而德军的23个师中，只有11个师较精良，其余都是预备役部队。但甘末林为了搪塞世界舆论，只在西线作了一个援助波兰的姿态。9月7日至8日夜间，他发动了一个所谓的"萨尔攻势"，德军则按照预定方案迅速退入边境后面的"齐格菲防线"。 9月12日，法军在15英里长的战线上向前推进了约5英里，占领了大约20个空无一人的村庄。

之后甘末林就命令法军停止前进，并向前线部队发出指示，一旦遇到德军反攻，就马上退回马奇诺防线。当波军总司令和参谋总部要求法军紧急支援时，甘末林就骗他们说法军一半以上的兵力已经投入作战。实际上在"萨尔攻势"中法军只动用了15个师。波兰人轻信了英、法两国的空头支票，根本没有考虑与苏联结盟。

英、法与苏联的矛盾不言而喻，而波兰本身也与苏联有着强烈的敌对情绪，加上波兰政府和统帅部对英、法的信任，所以从一开始波兰就摒弃了苏联，将苏联人推向了德国一方，而一旦英、法不能参战，势必就会造成波兰单独与德国交战的困境。虽然波兰人自己也拥有大量的机械化部队，但是一来他们的装甲部队仍然落后，而且与当时欧洲大陆的很多国家一样，他们虽然有机械化部队，但是并没有相应的战术，所以当两军交战的时候，他们在技战术和军事观念上的落后就显露了出来，一切正如古德里安在他的回忆录中写到的那样："波兰骑兵，因为不懂得我军坦克的性能，居然用他们的长矛和刀剑向战车冲锋，结果遭受了极大的损失。"

由此可见，虽然当时欧洲大陆很多国家都开始研制并且使用坦克，但是这并没有改变坦克在他们心目中那种无足轻重的位置。在欧洲大陆的很多军队中，骑兵仍然占据着

★将波兰拱手让给德国人的法国统帅甘末林

非常重要的位置，虽然很多军队在飞机、导弹以及陆军上都花费了不少心思，但还是只有少数一部分人在真正研究机械化部队的战术与发展方向，而古德里安无疑是这些人中走在最前面的。他是最早意识到机械化部队将影响现代战争的将领之一，正是因为他的出现，让纳粹德国在第二次世界大战之初占据了绝对优势。

波兰战役是古德里安和他的"闪击战"第一次出现在世人面前，而这次亮相不仅让很多人大吃一惊，同时也让那些对坦克视而不见的人，终于意识到了这种"钢铁甲虫"的神奇力量。经过德军闪击波兰的战役之后，世界各国都开始关注机械化部队，都开始扩展对坦克的研发工程。因此，作为第二次世界大战全面爆发的标志，德军闪击波兰不仅对第二次世界大战有着极为深远的影响，对现代战争及坦克战也同样有着举足轻重的作用，也是从这一场战役开始，坦克战进入了新的纪元。

另一方面，在波兰陷落的同时，法国也将自己置于非常危险的境地。甘末林的做法在将波兰拱手送给德国人的同时，也将法国置于德军的三面包围之下，可以说甘末林险些亲手葬送了整个欧洲大陆。

战典回响

闪击战战术解析

闪击战在波兰战役中一经使用，即震惊了世界。人们无法想象凭借飞机的轰炸，坦克的突击竟能产生如此强大的战斗力，这其中究竟藏有什么玄机？是什么让一战中碌碌无为的坦克成为二战中的尖刀利刃，现在我们就来解析闪击战战术，寻找其中的原因。

以尽可能短的时间"折叠"空间

"时间就是胜利"，争取时间和夺取空间是军事对抗的重要内容。在时间上先敌一步，可以得先机之利。在"巴巴罗萨计划"中，德军仅3个星期即在苏联境内推进纵深达400~600公里，其成功的原因是：

1. 时间必须适当；

2. 主攻地点必须出人意料；

3. 前期必须有足够的欺骗活动；

4. 新的坦克"战术"；

5. 陆军拥有优势空中支援。

德军闪击战应用军事科技的新的优势，依靠坦克集群的快速突击，以及飞机的空中火力和纵深机降、伞降的高速配合，形成威力巨大的立体火力网。

以尽可能快的机动获得最强的冲击力

《孙子兵法》中曾写道："进而不可御者，冲其虚也；退而不可追者，速不可及也。"就是说进攻而不可防御，是因为冲击了敌人空虚的地方；撤退不可追赶，是因为撤退的速度快而追赶不上。集合战争力学的理论，军队一旦形成了速度，在机动性上能够达到非常高的状态，那么它的力量也会有相应提高，从而形成强大的冲击力。

对于坦克战来说，这种冲击力更是难以估量的。古德里安的"闪击战"，最重要的就是形成这种冲击力，一旦形成了冲击力，速度和攻击就会成为一种势头，像"惯性"一样，凡是挡在前面的障碍，最终都会被这种超强速度下的"惯性"所摧毁。拥有了机动性的同时，意味着你的速度得以提升，也意味着你的力量得以提升。

将精神力转化为战斗力

在"闪击战"的战术理论里，精神对作战的胜利可谓是起到了至关重要的作用。

其作用主要体现在以下两个方面：一是攻其不备，出其不意。许多杰出的军事家都十分注意作战突然性，指出突然和不意，可以弥补兵力的不足。二是震慑。美军在伊拉克战争的作战计划之一名为"震慑"行动，其实在闪击战的设计中，"震慑"正是古德里安追求的效果。第二次世界大战时，德国因为一战后长期处于被制裁状态，因此发动战争时在坦克数量上远不如英法联军，甚至被称为"穷人的战争"，然而最终胜利的却是"穷人"，很多时候，靠的就是这种"震慑"的力量。在西线的闪击战中，很多的法军士兵都被德国的"闪击战"震慑住，从而丧失了作战意志，被俘人员竟多达150万。

★ 沙场点兵 ★

人物：古德里安

海因茨·威廉·古德里安，法西斯德国陆军将领，纳粹德国装甲兵之父，德国"闪击战"创始人。1888年出生于东普鲁士一个德国陆军军官世家。

1908年正式加入德国陆军，曾参加第一次世界大战，接受过正规而系统的军校教育。在阅读了英国人富勒和利德尔·哈特的坦克战理论之后，古德里安开始潜心研究机械化部队的相关理论，研究坦克战。

之后，古德里安开始在《军事周刊》杂志上经常发表一些关于当代军事问题的文章，随后他的名字在德国的军界中开始流传。

1935年参与组建装甲师，并任师长。古德里安结合自己的机械化部队理念，最终创造出了"闪击战"，得到了希特勒的支持，随后开始建立德国的机械化部队。

1939年8月，古德里安出任第十九军军长（含第三装甲师），一个月后就参加了波兰战役，率领装甲师在波兰战役中屡立战功，将"闪击战"发挥到了极致。

1940年5月，在法国战役中，他再次担任了攻击矛头，由于曼施坦因的建议，将主要攻势移至南翼，在通常被认为是坦克无法通过的阿登山地，古德里安将"闪击战"提升到了新的高度，先是渡过马斯河，然后他就不再将坦克当自行火炮使用，而是尽可能地高速向深远地区运动，从色当直到滨海的阿布维尔、格拉夫林，完成了一个举世震惊的大包围圈，把北部法兰西和比利时的所有盟军都装进了口袋。同时，他打破了现代战争史上的进攻速度纪录，在不到6天的时间里，他的装甲军长驱直入400多公里，横贯法国，将坦克开到了大西洋岸边。

1941年5月，他升任第二装甲集团军司令。苏德战争爆发后，他的果敢前进再次震惊世界，他与霍斯的第三装甲集团军成为决定性的突击力量，在五个月内，连续进行了几个有名合围歼击战，即明斯克战役、斯摩棱斯克战役、基辅会战和维亚济马会战，直逼莫斯科城下。光是作战中俘虏的苏联士兵就差不多有200万人，这在人类战争史上只怕也是绝无仅有的。其中，基辅会战也作为人类历史上最大的合围歼灭战而被载入史册，在此战中古德里安俘虏了苏军66万多人。

基辅战役后，古德里安率军北上，参加向莫斯科作战的"台风攻势"。他率兵攻到莫斯科城下，但面对实力雄厚的苏联红军，"闪击战"的神话最终破灭。

苏联寒冷的冬天到来之后，古德里安断定攻取莫斯科无望，因而极力建议将部队撤往冬季防线，休整之后再战。古德里安这样的做法惹恼了希特勒，结果被免去军职。

其后他多次被希特勒起用，担任过装甲兵总监和总参谋长，负责编组，训练新的装甲队。但是到这个时候，古德里安已经开始反感希特勒，饶是如此，他还是拒绝参加1944年7月暗杀希特勒的"黑色乐队"，因而也得到了希特勒的再次信任，于22日担任德国陆军总参谋长。

1945年3月，他因力主停战而再次被解职，5月10日在慕尼黑家中被美军俘虏。1954年古德里安死于心脏病，终年66岁。

武器："PzKpfw4"型坦克

"PzKpfw4"型坦克，又称4号坦克，是第二次世界大战期间德军装甲部队的主力武器之一，是战争期间唯一保持连续生产的坦克。

1934年，希特勒下令开始研制可以装备75毫米火炮的"PzKpfw4"型坦克，以加强对轻型坦克的火力支援。1937年10月，第一辆A型坦克出厂，德国随后对"PzKpfw4"的升级改造就从未间断过。

在波兰战役中2号坦克作为德国装甲军的主力参加了战斗，并在战斗中表现出了优良的性能和超强的攻击力，是"纳粹闪电"横扫欧洲的一把利剑。

苏德战争爆发后，面对苏联新型的"T-34"和"KV-1"坦克，"PzKpfw4"坦克的缺点充分暴露出来：短管坦克炮穿甲能力严重不足，部分反坦克任务只能依靠步兵火力完成；装甲薄弱，难以抵挡苏联步兵反坦克武器攻击。为了适应战争的需要，德国又对"PzKpfw4"坦克大加改进，将F1型改装长身管75毫米火炮，成为F2型。1942年，G型投产，两种型号坦克增强了装甲，火力也大为加强，勉强可对抗"T-34/76"。1943年，H型和J型投产，进一步提升了火力和防护，产量均超过3 000辆。

第二次世界大战中，"PzKpfw4"型坦克被运至隆美尔的非洲军团，是当时非洲战场德意军队最倚重的装备。在斯大林格勒、库尔斯克、西西里岛、诺曼底、阿登等战役中，"PzKpfw4"型坦克一直是冲锋陷阵的主力之一。战后，该PzKpfw4被叙利亚等国家购买，参加了早期的中东战争，到1967年仍可在戈兰高地战场看到它的身影。

战术：闪击战

由古德里安创建的机械化部队战术——闪击战。在第二次世界大战初期，纳粹德国军事家古德里安一手打造的闪击战，攻势凌厉，讲求速度与各兵种之间的配合，发挥坦克的进攻优势与速度优势，几乎无往而不利。

闪击战是第二次世界大战期间德军经常使用的一种战术，它充分利用飞机、坦克的快捷优势，以突然袭击的方式制敌取胜。它往往是先利用飞机猛烈轰炸敌方重要的战略设施的通信中心，把敌人的飞机炸毁在机场，取得制空权，并使敌人的指挥系统瘫痪。

闪击战就是奇袭、快袭集中在一起，像闪电一样打击敌人。可以使敌人在突如其来的攻击之下丧失士气，从而在第一次巨大的打击之下就会立即崩溃。"闪击战"理论最早是由英国人富勒和利德尔·哈特提出的，古德里安在阅读了他们的理论之后，将之进行了提炼和改善，最终形成了以速度和强大炮火为主要特点的"闪击战"。

陆战之王的直接对话
THE CLASSIC WARS

坦克战

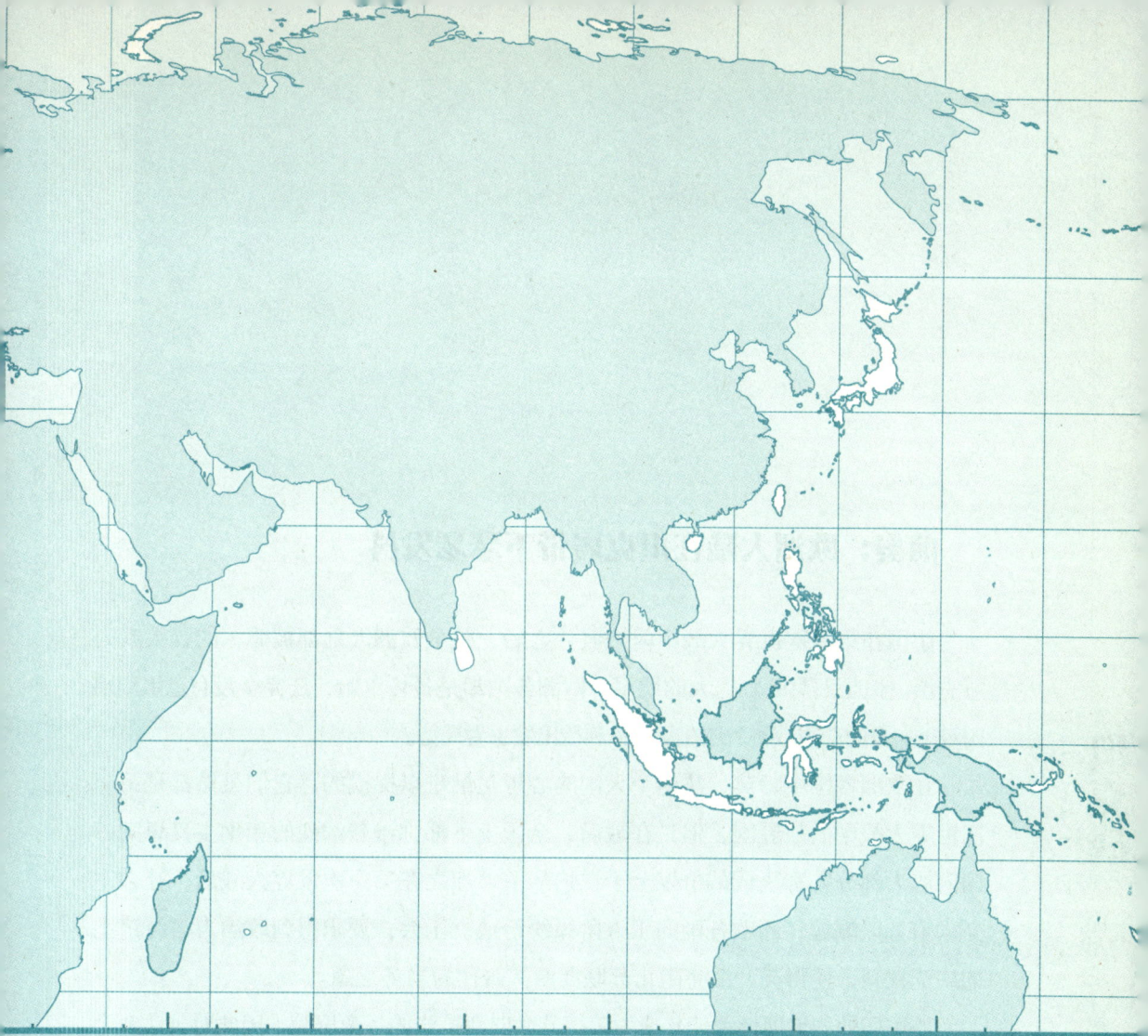

第三章

法兰西战役
——铁血装甲穿越阿登森林

▲当法国人最初将孤独的波兰人抛给德国坦克之后，他们并不知道，波兰人的噩运也会最终降临到他们的身上。在吞并了波兰、稳住了苏联人之后，对欧洲大陆睥睨已久的希特勒终于将视线瞄准了法国。德国人和他们最骄傲的坦克部队，这一次将把漆黑的炮口瞄准高耸入云的埃菲尔铁塔。纳粹的士兵们已经擦亮了自己战斗的枪械，让他们的希特勒如同当年的法兰西皇帝拿破仑一样，骄傲地穿过凯旋门。

前奏：欧洲大陆在坦克履带下瑟瑟发抖

德国在第二次世界大战中闪击波兰之后，整个欧洲大陆都被德军的强大武力所震慑。但是面对咄咄逼人的德军，欧洲各国却是各怀鬼胎，还完全没有意识到德国对于自身的严重威胁，还在从自身利益出发思考局势。

在欧洲各国中，英、法两个大国的心思是最难以捉摸的，它们虽然都是第一次世界大战中的战胜国，但是在战后，全国上下都弥漫着浓烈的和平主义思潮，国内的大部分人都厌倦战争以至于惧怕战争。加之在第一次世界大战后，社会主义国家苏联崛起，西欧各国的工人阶级纷纷成立工会，要求得到政治上与经济上的广泛权利，使得英、法将阻止苏联向西扩张作为当务之急。

德国所处的地理位置使其成为阻挡苏联向西扩张的一道屏障，因此对英法两个大国来说，德国的存在有一定利用价值，它们都妄想利用德国来对抗苏联。正是在这种国内思潮和国外形势的双重条件下，促成了英、法早期对德意志奉行的是绥靖主义。在德国成为陆军强国之后，英、法也曾向苏联示好，但始终由于意识形态的差别没有取得对方的信任，从而错失了遏止纳粹德国的大好时机。

那此时的德国人是怎么想的呢？依据地缘政治原理，德国处于十分不利的地理位置。因为一旦开战，作为老牌陆军强国的法国与苏联很可能就会两线联手瓜分德国，而这正是两国最大利益所在。因此，希特勒必须想好，如何防止和应对两线作战是德国历代军事统帅都要面对的问题。最好的方法莫过于以政治外交手段稳住一方，再给另一方以闪电式的毁灭性打击，这样就能够打破僵局。这无疑是解决这一难题的最佳方案。德国经过两相对比，发现苏联过于庞大，用一次战役恐怕难以结束战争，所以虽然与苏联有意识形态上的差别，德国还是采用了先西后东的打击顺序。

当时欧洲出现了两种社会矛盾，既社会主义国家与帝国主义国家之间的矛盾以及帝国主义国家之间的矛盾，苏联希望看到帝国主义国家之间发生大规模军事对抗，从而在总体上消耗资本主义自身的实力，这样将有利于苏联向西欧加强社会主义影响力。

因此，当苏联面对英

★苏德签订《苏德互不侵犯条约》

法与德国同时抛来的橄榄枝时，苏联认为如果加入英法阵营，能有效遏止德国的野心，但也有可能避免了帝国主义国家之间的战争。相反，如果加入德国一方，德国就能在西线战场上放手一搏，德国如果与法国发生战争，那将是苏联所想看到的帝国主义之间的互相消耗，对苏联是极为有利的。苏联最终选择了暂时与德国站在同一战线上的做法，这样就为希特勒解决了东面战线上的麻烦。在占据了法国的周边地理优势之后，又稳住了东边的大国苏联，剩下的就是让希特勒放手一搏的大好机会。

德国在1939年征服波兰后，希特勒便开始考虑进攻西欧。他在10月9日给德国陆军将领的一个指令中，阐明了他之所以坚信进攻西欧是德国唯一出路的理由。他担心和苏联签订的条约，只有在符合苏联的利益时才会使苏联保持中立。因此一旦英法向德国进攻，苏联很可能从背后给以致命的一击。所以他要提早进攻法国。他相信一旦法国失败，唇亡齿寒的英国也会就范。但以陆军总司令勃劳希契为首的德国陆军将领们坚决反对，理由是德国陆军还没有足够的力量可以击败西欧军队，一旦开战，德国恐怕并不能占有绝对优势，但是这种观点遭到了希特勒的严厉斥责。

老调重弹：质疑声中的"黄色计划"

在希特勒的一再催促下，德国陆军参谋总部制订出了一个代号为"黄色方案"的西线作战计划。该计划与第一次世界大战中德军进攻法国的"施里芬计

★曼施坦因

★曼施坦因在向希特勒阐述他的"挥镰行动"计划

划"很是类似，就是把德军主力放在右翼，通过比利时去进攻法国。但是A集团军群参谋长曼施坦因却讨厌这个方案，认为不过是老调重弹。

对这个计划，希特勒本人也不是很喜欢。曼施坦因提出了他的战略构想：德军进攻的主要矛头应放在中央，而不是右翼。以强大的装甲部队对具有战略决定性的突破口阿登森林地带实施主要突击，这是攻其不备、出奇制胜进入法国的一条捷径，可以切断英法南北盟军之间的联系，对英法联军形成分割合围，进而将法国迅速灭亡。但是德国陆军总司令勃劳希契拒绝将曼施坦因的计划转呈希特勒。

1940年1月10日，一名携带"黄色方案"的德空军军官因座机迷航在比利时迫降，由于无法把这一重要文件全部烧毁，使得其中的一部分落入英、法手中。于是曼施坦因再次向陆军总部提出他的想法，这使得勃劳希契对曼施坦因更为厌恶，所以将他调任第三十八步兵军军长。但曼施坦因仍然趁着希特勒接见各新任军长的机会，将他的想法直接告诉给了希特勒。希特勒对曼施坦因的陈述，"简直像精灵似的理解非常快"，并表示他个人完全同意曼施坦因的战略构想。

希特勒在第二天就召见了陆军总司令勃劳希契和总参谋长哈尔德，命令他们以曼施坦因的建议为基础，立即制订出一个新的作战计划来。虽然勃劳希契和哈尔德强烈反对曼施坦因的建议，认为其所谓的"秘密通过"，实在是一种疯狂的假设，它将使德国装甲部队的精华面临法军侧翼攻击的危险，并有可能导致全军覆没。但是在希特勒的重压之下，两位陆军首脑最后不得不屈服了。于是，陆军总参谋长哈尔德奉命根据曼施坦因的建议重新制订作战计划。

1940年2月22日，希特勒批准了与"曼施坦因设想"大致相同的新作战计划。德军参谋部将这一计划的代号称为"挥镰行动"。

★德军机械化部队准备向西欧实施突击

据时任第十九装甲军军长的古德里安在战后回忆，除了希特勒、曼施坦因和他本人以外，在德军中，几乎再没有任何将领对这个计划怀有成功的信心。

为了能够顺利实施"挥镰行动"，德军统帅部进行了周密的部署。投入西线作战的总兵力为136个师、2 439辆坦克、3 700架飞机，另有运输机600架。兵力配置上分为A、B、C三个集团军群：中路的A集团军群64个师，由伦德施泰特上将指挥，担任中间突破阿登山区直冲英吉利海峡的任务；右翼的B集团军群28个师，由博克上将指挥，担任助攻任务，目的是进攻荷兰、比利时和卢森堡，以吸引英法联军的主力；左翼的C集团军群17个师，由勒布上将指挥，其任务是佯攻马其诺防线，以牵制法军使其不能北上增援；以另外的27个师为战略预备队。

荷兰、比利时、卢森堡、法国和英国远征军共有135个师、3 469辆坦克、2 000架飞机，并可利用英伦三岛1 000多架飞机支援战斗，在兵力上与德军相当。然而，英法长期推行绥靖政策，备战不力。联军最高统帅部制订的代号为"D"的作战计划过于保守，该计划重点是防御德军向比利时实施主要突击，把比利时作为双方厮杀的主战场。

联军根据"D计划"将主力部署在法比边界北端和法国北部各省，如果德军向比利时实施主要突击，则联军协同作战挡住德军进攻；其他部队的大部分部署在南部的马奇诺防线上，如德军向马奇诺防线实施正面进攻，则依托坚固的工事进行抵御；而在中段则自恃有阿登山区天险和马斯河，只留了战斗力较弱的部队驻守。

出其不意："施里芬计划"已经作古

1940年5月10日，天尚未破晓，成群的德军施图卡轰炸机突然对法国、荷兰、比利时和卢森堡的机场、铁路枢纽、重兵集结地区和城市发动了猛烈的轰炸。5时30分，从北海到马奇诺防线之间300多公里的战线上，德军地面部队向荷兰、比利时和卢森堡发起了大规模进攻，揭开了入侵法国的序幕。

担任助攻和吸引英法军队主力的德军B集团军群，首先以空降部队对荷兰和比利时境内的重要桥梁及要塞设施实施了袭击。这突如其来的打击立即造成了荷、比军队的慌乱，紧接着，B集团军群的装甲部队趁乱发起了猛攻。由于伞兵部队早先已经占领了各要道，B集团军群的进展非常顺利。

德军B集团军群突破了荷兰和比利时的边境，使得集结在法国北部的英法主力马上越过法比边境火速增援。当英法出动的消息传到柏林时，希特勒兴奋异常，因为此时的英法联军已经相信，德国人依然在执行着从前被他们所截获的"黄色方案"，仍遵从着施里芬的计划在展开进攻。

博克的B集团军群吸引了英法主力的时候，勒布的C集团军群已经摆开了架势，他们对马奇诺防线进行的佯攻表演得非常成功。

★长途奔袭的德军装甲部队

5月10日凌晨，德军担任中路主攻的伦德施泰特A集团军群向卢森堡和比利时的阿登山区实施主要突击。仅30万人口的小国卢森堡根本无力面对德军的攻势，不战而降。给伦德施泰特打头阵的是克莱斯特将军指挥的装甲兵团，该兵团下辖古德里安的第十九装甲军、霍特的第十五装甲军和莱因哈特的第四十一装甲军。其中以古德里安的第十九装甲军战斗力最强，它作为克莱斯特装甲兵团的主力和先锋部队编有3个装甲师。而第十五和第四十一装甲军仅各辖2个装甲师。

★正在穿越阿登山区的德国坦克

★二战初期的法国坦克

古德里安的第十九装甲军轻易突破比军的松散抵抗，只用了两天时间便穿越阿登山脉110公里长的峡谷深入法境。5月12日下午，古德里安的3个装甲师已经到达马斯河北岸，并攻下了法国著名要塞城市——色当。

5月13日11时，德军出动了将近400架轰炸机分批次对马斯河南岸的法军阵地和炮兵群进行了长达5个小时的狂轰滥炸，使法军处于瘫痪状态。16时，德军分乘数百艘橡皮艇，开始强渡马斯河。17时30分，德军在马斯河南岸终于获得了一个立足点，德军工兵随即开始铺设浮桥。到20时，古德里安的第一装甲师已经穿透法军阵地，突入纵深。第二装甲师和第十装甲师也在午夜全部渡过了马斯河。同一天，霍特的第十五装甲军下属的隆美尔第七装甲师也在西面60公里远的南特附近渡过了马斯河。

★德军强渡马斯河

★马斯河上空爆发激烈的空战

失去马斯河防线，通往巴黎和英吉利海峡的道路就敞开了，在比利时境内作战的英法联军面临被包抄的危险，陈兵马奇诺防线的法国大军也将腹背受敌，英法联军这才感到事态严峻。英国迅速增派10个战斗机中队与驻法英空军和法国空军一起实施反击。

14日下午，马斯河上空爆发了开战以来最激烈的空战，英军"布雷汉姆"轰炸机和法军最新式的"布雷盖"轰炸机在战斗机的掩护下，直扑马斯河，德军约5个联队的战斗机升空拦截，双方投入的飞机各有500余架。

登陆场上的枪炮声从中午到天黑连绵不绝，双方战斗机上下翻飞，相互追逐，不时有飞机中弹起火，拖着黑烟下坠，英法飞机胡乱投下的炸弹在河面上炸起一道道冲天的水柱。德军高射炮也不甘示弱，不断以猛烈火力射杀低空潜入的英法飞机。

密集的地空火力网令英法飞机成了扑火飞蛾，一批批闯来，又一批批被吞噬。大混战一直持续到夜幕降临，损失惨重的英法飞机悻悻而归，德军渡河浮桥大都完好无损。

此战德军击落英法飞机数百架，其中仅德第二高炮团就包办了112架。英军派出的飞机损失了60%。这一天被德国人称为"战斗机日"。在这以后，英法空军只敢在夜间升空活动，战区制空权被德国人牢牢控制住了。

长驱直入：英法在坦克轰鸣中惊慌失措

德军装甲集群长驱直入，其威力与速度让英法联军根本无力阻挡，整个法国都对闪电般的德军惊慌失措。法国总理雷诺在5月15日清晨给时任英国首相的丘吉尔去了一个电话，雷诺在电话中沮丧地跟5天前才接替张伯伦出任首相的丘吉尔说："这一仗我们恐怕要打输了。"

听到消息之后的丘吉尔被惊得目瞪口呆："我简直不明白，运用大量快速装甲部队进行袭击会引起这样剧烈的变革。"为进一步探明战局真相和给已经感到绝望的法国领导人打气，5月16日，丘吉尔从伦敦急飞巴黎。据丘吉尔回忆，"差不多他一见到法总理雷诺和英法联军总司令甘末林，他就立即意识到，局势比他想到的还要糟得多——他们每个人脸上都是灰溜溜的"。丘吉尔问甘末林"战略预备队在哪里"时，甘末林摇了摇头，耸耸肩说："没有战略预备队。"

听到这个消息的丘吉尔，当时"简直傻了眼"。

古德里安的第十九装甲军的推进速度不但令联军惊慌，也令德军统帅部感到不安，克莱斯特曾两次下令古德里安暂停前进，但古德里安不惜以辞职来抗争。统帅部不得不解除对古德里安的禁令，随后他的速度变得比以前更快，以至于在路上遇到一股股溃散的法军士兵，都不愿耽搁时间下车去收押这些俘虏，古德里安的部队只是用扩音器冲着这些法国人喊："我们没有时间俘虏你们，你们要放下武器，离开道路，免得挡路。"

★"挥镰行动"计划中闪电推进的德军第七装甲师

★德军机械化部队行驶在巴黎的街道

古德里安于5月16日督促手下的3个装甲师向西转进，直指英吉利海峡东岸的敦刻尔克地区。5月20日，古德里安经过亚眠，在阿贝维尔附近抵达英吉利海峡。这时的德军统帅部也没有料到，在法国境内的战斗会进行得如此顺利，所以，一时竟然不知道该怎样部署兵力。等到次日才给坦克部队下达了命令：由阿贝维尔向北推进，以占领海峡诸港为目标。

古德里安一接到命令，就马上决定：第十坦克师向敦刻尔克前进；第一坦克师向加来前进；第二坦克师向布洛涅前进。古德里安心里非常清楚，他所在的A集团军群构成的从色当到法国西海岸的进攻线，已经阻断了法军从北部南逃的退路。而北面博克的B集团军群也已经攻占了荷兰及比利时东部，也就是说，70余万英法联军主力的左翼实则已经处于德军的包围之中。眼下对方能逃出生天的唯一希望，就剩下包括敦刻尔克在内的法国北部的几个海港了。所以，他一定要迅速占领这几个海港，从而彻底切断对方的海上退路。

★敦刻尔克战役中的德军坦克

古德里安的装甲部队在5月23日上午到24日，先后占领了布洛涅和加来。24日下午，古德里安的第十九装甲军到达格拉夫林，此时距离敦刻尔克只剩下16公里路程了，而在他右翼的莱因哈特的第四十一装甲军，业已到达了艾尔-圣奥梅尔-格拉夫林运河一线。两支装甲劲旅在这个时候只需要再努把力，就可以直取敦刻尔克，后继的几十个步兵师此时也正在不断跟进。古德里安等将领

★敦刻尔克大撤退的壮观场面

决心率领他们的装甲部队再打一个漂亮的围歼战，将英法联军的数十万之众彻底消灭在大西洋的岸边。

然而就在此时，第十九装甲军和第四十装甲军同时接到了装甲兵团司令克莱斯特发来的命令，要求他们停止前进，并称"敦刻尔克之敌将全部留给戈林元帅的空军去解决"。古德里安在接到命令之后，立即向克莱斯特提出质问和抗议，但随后就得到了答复："这是希特勒亲自下达的命令，必须执行。"于是，古德里安和莱因哈特只能遵照命令停在运河一线按兵不动，眼睁睁地看着英法比联军从敦刻尔克上船逃走。正是利用这一个转瞬即逝的机会，联军实施了从海上撤退的"发电机计划"，从5月26日到6月4日，联军从敦刻尔克先后撤出33.8万人，其中法军8.5万人，这些士兵成为了日后反攻欧洲大陆的主力。

对于希特勒在敦刻尔克犯下的这个错误，时至今日依然令人费解，仍然是众说纷纭，成了一桩历史悬案。在史学界有一种说法认为，在敦刻尔克是希特勒故意放过了英国人，因为希特勒对英国人情有独钟，他曾说过："他们那些人是有价值的人种，是我要与之媾和的人。"当然，对希特勒来说，他觉得一旦法国沦陷，英国人难免会就范，所以他放走英国人，是想为日后和谈留一条退路。另外一种说法是，希特勒对自己的装甲部队异常迅速地挺进感到不安，怕他心爱的装甲部队陷入敌军的南北合围。但无论如何，希特勒在敦刻尔克犯下了一个致命的错误，甚至影响到了日后对英国的入侵，并使英国人以后可以在非洲和意大利能继续作战。

战局已定：古德里安、隆美尔完成合围

德军在比利时和法国北部实施的毁灭性突击，使比利时遭遇灭顶之灾，以致全军覆没，法军30个师，英军9个师也在德军的炮火下不复存在。法军新任司令魏刚只好拼凑了49个师加上英国的2个师，编成了3个集团军。他指挥着这3个集团军在松姆河和埃纳河一线，构成了东西大约480公里的"魏刚防线"，以17个师守着"马奇诺防线"。他将两条防线连在一起，企图阻止德军南下。

在德军占领荷兰、比利时、卢森堡和法国北部后，德军统帅部制订了代号为"红色方案"的法兰西战役第二阶段作战计划。在"红色方案"中德军要挥师南下，彻底攻占法国。现在德军的兵力已经达到了137个师，其A、B两个集团军群迅速改组完毕。博克的B集团军群为右翼，向松姆河正面实施突破；伦德施泰特的A集团军群为左翼，向埃纳河正面发动突击。

6月3日，德国空军向法国机场和后方发动了猛烈轰击。6月5日拂晓，博克的B集团军群率先在右翼发起全线进攻，隆美尔的第七装甲师也于当天抢先渡过松姆河。6月7日，隆美尔师将防守阿贝维尔-亚眠一线的法国第十集团军拦腰截断，其他德军各师乘机从这个缺口向前拥入。6月8日，隆美尔师先是进抵塞纳河畔，随后又于6月10日转身北向，一口气挺进了80公里，以海岸线为目标。当晚就到达了目的地，正向海岸撤退的法军第九军和英军第五十一师的退路就此被隆美尔切断，他们不得不在6月12日向隆美尔投降。

就在B集团军群发起进攻的同时，左翼的伦德施泰特A集团军群也于6月9日在埃纳河发起攻势。古德里安装甲兵团的第一装甲师在当天晚上强渡埃纳河，6月10日，古德里安兵团击败法军装甲部队，突破了法第六集团军的右翼，此后，古德里安挥军南下。成群结队的法军俘虏失魂落魄地把枪支扔给德军，放在坦克

★马奇诺防线内的法国士兵向纳粹德国投降

坦克战

THE CLASSIC WARS

陆战之王的直接对话

下面轧毁。德军的装甲部队在法国横冲直撞，而法国军队对此却毫无办法。法国统帅魏刚后来心情沉重地写道："最感触目惊心的，就是德军的坦克和飞机，已使法军士兵产生了恐惧的心理现象。这要算是德军的一个最大的成

★被德军从博物馆里拉出的"福煦车厢"

功。"6月17日，古德里安装甲兵团进抵瑞士边境城镇潘塔里尔，切断了驻扎在"马奇诺防线"的法军逃往瑞士的退路。自强渡埃纳河以来，古德里安装甲兵团在10天中推进了400多公里，俘虏了25万法军，创造了战争史上的奇迹。

6月10日，法国政府被迫撤出巴黎，迁往图尔，趁火打劫的意大利在同日向法国宣战。13日，巴黎被宣布为不设防城市。14日，法国政府再迁往波尔多。德军不费一枪一弹占领了巴黎，德国军队穿过凯旋门。就在德军占领巴黎的同一天，德军A集团军群的左翼已经推进到马奇诺防线的侧背，希特勒要求伦德施泰特与C集团军群合作，将那里的法国部队彻底消灭掉。在得到希特勒的命令之后，一直在马奇诺防线正面执行吸引法军注意力任务的C集团军群，立即选择马奇诺防线守军最为薄弱的阿尔萨斯和洛林的接合部发起进攻。A、C两集团军群前后夹击，"马奇诺防线"很快被突破。6月17日，C集团军推进到了马恩-莱茵运河上，A集团军群则占领了凡尔登，50万法军在阿尔萨斯和洛林南部被德军团团包围，除少数逃往瑞士外其余全部被歼。18日，法国政府正式宣布停止抵抗。

希特勒灭亡法国的"曼施坦因计划"胜利结束了。从5月10日到6月17日，希特勒只用了5个多星期的时间，就打败了号称欧洲军事强国的法国。曼施坦因的构想经过古德里安和隆美尔等人的实践后，最终变成了一个世界军事史上的杰作。6月22日，为了羞辱法国，报第一次世界大战中德国战败的一箭之仇，希特勒在贡比涅森林的火车车厢里，坐在1918年法德签署停战协定时法方代表福煦元帅坐过的那把椅子上，接受了法国的投降。7月1日，贝当政府从波尔多迁至维希城。贝当这位第一次世界大战时的老英雄，从此被迫充当起了德国的傀儡。

战典回响

马其诺防线的悲剧

就本身防御能力而言，"马其诺防线"确实称得上是有史以来最为坚固的防线。直到它所保卫的国家都已经满目疮痍了，"马其诺防线"依旧是固若金汤、毫发无损；从来没有人攻破过"马其诺防线"，负责防守它的法军官兵在它的保护下，并没有受到德军炮火的损伤，只付出了很小的伤亡。但在军事史上，"马其诺防线"却成为了"消极防御"甚至是愚蠢的代名词。这条被法国人民寄予厚望的坚固防线，最后也没能给他们带来安全和可靠，却因为这条防线，法国不得不眼睁睁看着自己的盟友一个一个被德国消灭，却始终不曾主动进攻德国空虚的西线，一直等着德军吞并了整个法国。

在整个第二次世界大战期间，"马其诺防线"都没有发挥任何作用。如果非要说有什么作用的话，那就是法军有整整40个师的兵力被牢牢困住了。这40个师的官兵在整个法兰西战役期间，就一直乖乖地待在防线里等着德军来进攻，但是直到法国沦陷他们也还是毫发无损，等到后来成为纳粹傀儡的法国元帅贝当给他们发出命令时，这些还穿着崭新军装的官兵们走出防线就直接去了战俘营。从1940年5月10日法兰西战役开始到6月22日法国投降，只不过短短的一个多月的时间里，曾号称"欧洲第一陆军强国"的法国就此亡国。

正是因为马其诺防线的存在，使得整个法国的军事指导思想都发生了根本性的改变。大规模进攻的理论被完全抛弃，法军的战略就是死死守住防线，让德国人在牢固的防线前寸步难行，从而确保国家的安全，就此把整个战争的主动权交给了希特勒。使得希特勒在东面消灭奥地利、捷克和波兰时可以毫无顾忌，不用担心自己空虚的西线。事实上，捷克和波兰都是法国的盟国，按照条约的规定，法国是有义务帮助这两个国家的。但法国不但没有在关键时刻施以援手，还在《慕尼黑协定》中出卖了自己的盟友捷克，向希特勒祈求和平。

"马其诺防线"此时就像无形的镣铐，紧紧地禁锢了法军的思想和脚步。法国人将大部分的军费都花在了"马其诺防线"上，以至于法军几乎没有太多的钱来组建现代化的装甲部队，没有时间去提高飞机的作战性能，到法兰西战役爆发时，号称"欧洲第一陆军强国"的法国居然到了任人宰割的境地。最为可笑的是，就是这条消耗了法国人无数心血的坚固防线，在整个战争中却没有发挥丝毫的作用，沉醉于马克沁机枪所带来的防御优势的法国人，只顾着品尝香槟酒的美味，完全不知道飞机和坦克已经逼近巴黎。

对于法国人来说，正是因为这条"马其诺防线"，让他们的精神处于一种微妙的境况，于是当德国人绕过被他们寄予了全部希望的"马其诺防线"时，他们的整个世界一下子就慌乱到失去了方向。在投降时，法国还有将近一半的国土，还有庞大的海外殖民地，以及一个坚定的盟友英国，但他们此时没有坚机和重炮面对德国人的攻势，他们更没有信心对抗希特勒的狂飙突进，他们只能低下曾经高昂的头。

★沙场点兵★

人物：曼施坦因

　　埃里希·冯·曼施坦因，1939年出任伦德施泰特南方集团军群参谋长。战争爆发后，与伦德施泰特配合，执行了"闪击"波兰的"白色作战计划"。随后在入侵法国时，提出了著名的"曼施坦因计划"，得到希特勒的采纳。1940年，"曼施坦因计划"大获成功，德军顺利攻占法国。7月，曼施坦因因此获得骑士十字勋章。

　　在此次战役中，曼施坦因大胆突破了前辈施里芬对进攻法国所指定的构想，根据实际需要制订了一套行之有效的作战方案，以人迹罕至的阿登山区为突破口，出其不意地神兵天降，给英法联军以致命的打击，使德军在较短时间内击败了号称拥有当时欧洲最强大陆军的法国，将英国逼上了绝境。二战形势对德国来说一片大好，如果不是希特勒在最后时刻的指挥失误，曼施坦因将凭借自己的"曼施坦因计划"奠定欧洲胜局。

　　在二战后来的日子里，曼施坦因作为希特勒的爪牙，在欧洲战场上左突右杀，给世界人民带来了极大的灾难，虽然不可否认他是一位战术天才，但这依然无法掩盖他对世界人民犯下的罪行。

武器：马其诺防线

　　第一次世界大战以后，法国军方开始研究如何防御外敌的入侵。1930年，上台伊始的法国国防部长马其诺，将由其前任综合了法国福煦、贝当等元帅争论多年的防御计划交由议会讨论，获得90%以上多数支持，随后法国人花费了十年时间，在法德和法意边境建造了一系列防御工事，这就是著名的"马其诺防线"。

　　"马其诺防线"南起地中海沿岸的法意边境、北至北海之滨的法比边境，全长约700公里，由一组组相互独立的筑垒式防御工事群构成。每一组工事包括一个主体工事和一些观察哨所，互相通过电话联系。主体工事一般距离地面30米，其中设有指挥部、炮塔、发电设备、修理设备、医院、食堂、宿舍等各类设施，工事外面则密布着金属柱、铁丝网。工事里粮食和燃料的储存一般可坚持三个月。

　　为了体现"马其诺防线"的防御性质，工事内火炮的射程一般不超过10公里，也就是保证炮弹不落在边境之外的别国领土上。一旦遇到战事，各观察哨所可以使用潜望镜观察敌情，随时将情况用电话报告给指挥部，而炮塔内的炮兵则在三米厚的水泥工事里根据指挥部的命令开炮。"马其诺防线"全线共部署了344门火炮，有152个炮塔和1533个碉堡，所建地下坑道全长近100公里，道路和铁路总长450公里。"马其诺防线"的土方工程量达到了1200万立方米，消耗混凝土约150万立方米，消耗钢铁量达15万吨，工程总造价近50亿法郎，相当于当时全法国一年的财政预算。

　　因为防御工事的构筑非常坚固，所以第二次世界大战期间，并没有太多士兵死在"马其诺防线"

的工事内。但是，这个号称固若金汤的防御工事，最终并没能阻挡德国法西斯装甲化、摩托化的部队。1940年5月，德军翻越阿登山区，经比利时绕过"马其诺防线"，很快占领了法国全境，被神话般信奉的"马其诺防线"最终不过是个毫无用处的摆设，成为了世界军事史上的最大笑柄。

✦ 战术：失败的"D计划"

在法兰西战役开始之前，其实法军最高统帅部就分析过德军可能选取的主攻方向。他们认为南路的"马其诺防线"坚固且驻有重兵，易守难攻，德军如果从这里发动主攻一定会伤亡惨重，因而可能性很小；中路的阿登山区地形复杂，并不适宜大量部队通过，所以德军也不会贸然从这个方向发动主攻；北路的比利时方向地势平坦，除艾本-艾马尔要塞和荷兰要塞外坚固工事并不多，德军很有可能参照第一次世界大战时的"施里芬方案"，选择比利时作为主攻方向。

根据以上的推断，法军最高统帅部于1940年3月12日制订并通过了"代尔河计划"，也就是通常所说的"D计划"。按照"D计划"的规定，一旦德军在比利时方向发动主要突击，集结在法国北部的法军第一、第七、第九集团军和戈特中将的英国远征军立刻开赴比利时，在代尔河-马斯河一线设防，并且在比利时军队的掩护下阻击德军。1940年3月20日下达的《第9号秘密指令》将计划修改后，决定让原本驻扎在法国北部的战略预备队第七集团军前出到荷兰的布雷达和蒂尔堡地区，负责掩护斯海尔德河河口地区，从而将英法联军、比军、荷军的战线连成一体。

因此，根据"D计划"，由约瑟夫·乔治将军所率领的英法联军第一集团军群和第二集团军群主要部署在了法比边境和马其诺防线东部，法国的"D计划"实则是一个重阵地防御、而轻机动作战的消极防御计划，其实是法军单纯防御理论的直接产物。

在"D计划"的防区部署上，法军也存在着明显的漏洞。法军将"马其诺防线"的作用过度放大，并将其视为本土与北方各集团军的重要侧后屏障，并在这里屯聚了大量兵力，在作战思维上过于主观。同时正是因为法军对"马其诺防线"的过于依赖和信任，法军只在后方留下了数量有限的预备队，这就意味着"马其诺防线"一旦告破，联军并没有足够的兵力在后方进行阻击。

而法军对阿登山区的疏于防范则是他们犯下的最大失误，阿登山区山高林密，道路崎岖难行，重兵集团很难从这里快速突破，况且阿登山区之后又是湍急的马斯河和坚固的色当要塞。这使得法军最高统帅部对阿登地区的天然防御非常自信，声称这个地区"是没有危险的"，因为"德军强大的机械化部队根本不可能穿过阿登"。因此在"D计划"中，只是将阿登地区作为次重点防御地带，部署在这个地区的兵力只有法军第九集团军的9个师，而且主力的4个师还都属于二线师，作战能力平平。由此可以看出，法军的这些部署，全是根据臆测，根本没有仔细研究德军的军事力量，没有考察当地的地形特征，要知道，在战场上是没有"绝对安全"的区域的，天真的法国人最终咽下了失败的苦果。

战典

THE CLASSIC WARS

陆战之王的直接对话
THE CLASSIC WARS

坦克战

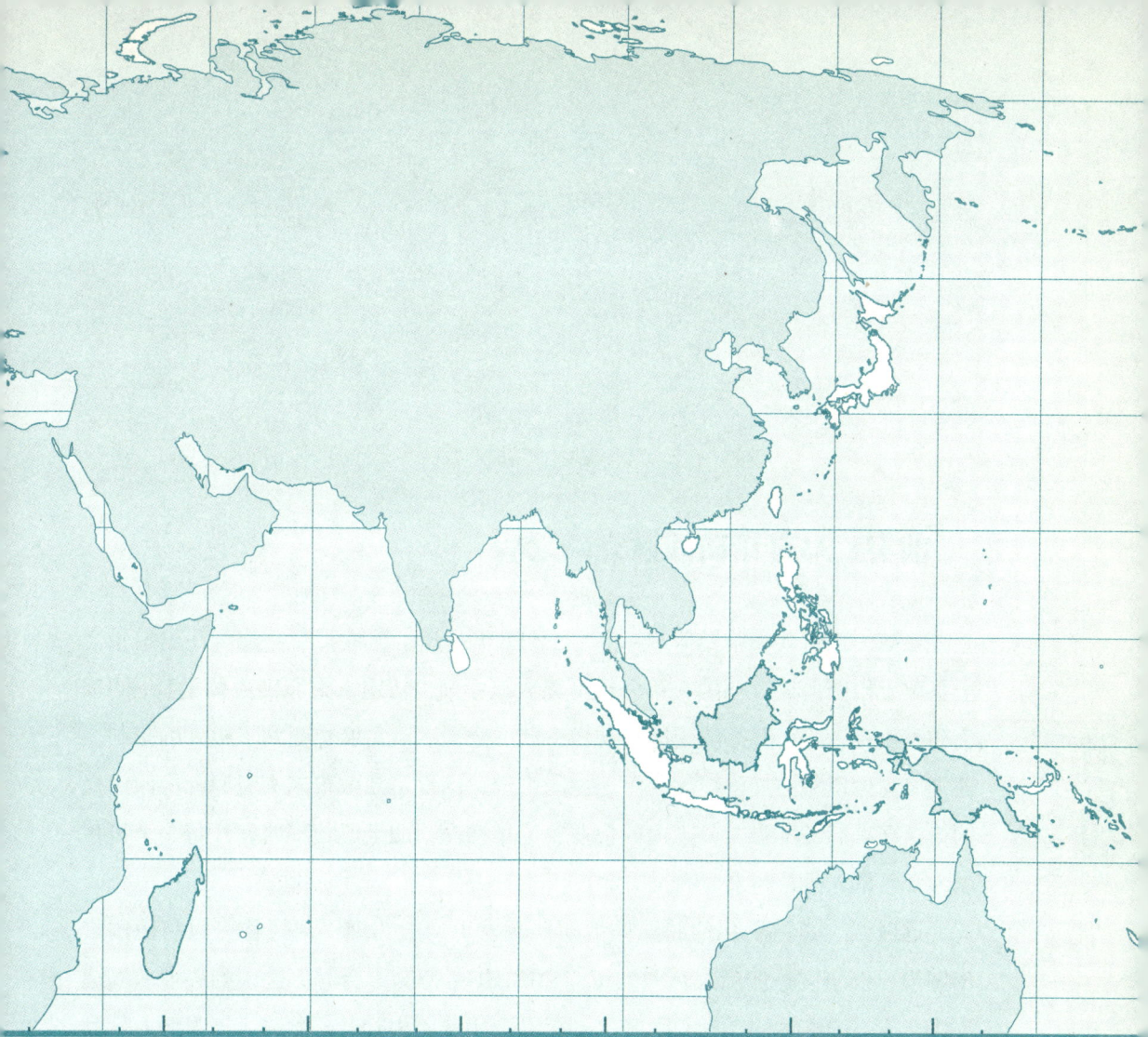

第四章

阿拉斯战役
——坦克战与反坦克战的经典

▲在"沙漠之狐"扬名北非之前，他的传奇故事其实就已经开始，法国战役中穿越阿登森林不过是他一生中的亮点之一，在阿拉斯战役中的出色表现才让他的名字真正开始响彻二战的战场。作为德国最为出色的将领之一，隆美尔同样是陆地战场上的枭雄，他和古德里安一样，都是纳粹军中装甲战的行家，同样是"闪击战"的集大成者。阿拉斯战役对于隆美尔来说，是他辉煌军事生涯的一个开始。

前奏：马奇诺防线被突破之后

在第一次世界大战结束以后，于1918年召开了巴黎和会，德国在巴黎和会上签署了投降协议。德国在第一次世界大战中损失惨重，大概丧失掉了1/8的领土和650万人口，海外殖民地被列强悉数瓜分，军队发展也受到了极大的限制，还需要支付巨额的战争赔款。对于德国来说，这都是战败带来的耻辱，德国民众的生活在战后苦不堪言，国内的失业率连年增高，加上通货膨胀，让每一个日耳曼人几乎都无法看到未来的希望。

这时候，希特勒和他的纳粹党如同救世主一般出现，他宣称可以将德国带出困境，而事实是他后来也做到了。1933年希特勒上台时，德国的失业率高达33%，6 600万人口中，几乎一半在饥饿和贫困中挣扎。经过5年的努力，到1938年时德国失业率仅为1.3%，堪称经济奇迹。

★以希特勒为首的纳粹党正在集会

同时，纳粹党还高度重视社会福利，建立带薪休假制度，还开发了质优价廉的公民车，社会保险也逐步完善，人民生活水平上升了一倍。但是国家经济所取得的长足发展，还不足以治愈德国人心灵上的创伤，"凡尔赛体系"的限制依旧让德国人看起来像二等公民，于是，希特勒征服欧洲的最好时机到来，他和纳粹党都开始叫嚣复仇。德军开始重新武装，希特勒则开始了他征服欧洲的道路，此时的英法却害怕战争，一味采取绥靖政策。

直到1939年9月1日凌晨，德军闪击法国的盟友波兰，英法才被迫对德宣战，第二次世界大战全面爆发。波兰军队根本不是德军的对手，很快就全线崩溃，此时苏联也兵进波兰，与德国瓜分了波兰。而作为盟友的英法联军，虽然表面上对德宣战，实则躲在"马奇诺防线"的后面，坐视波兰灭亡。此时的英法联军尚且心存侥幸，以为德国会趁着兵进东欧而一举进攻苏联。但是德军与苏军早已订好了城下之盟，只是打了个照面，希特勒的纳粹军队就狞笑着掉转了炮口。

德国并不是要继续东进出击苏联，而是要转过身来攻击法国。法国人倚仗着坚固的"马其诺防线"，以为可以高枕无忧。殊不知德国的军事天才曼施坦因已经为希特勒准备好了一个出奇制胜的锦囊妙计。德军根本就没有去触及法国人的得意之作"马其诺防线"，而是绕过它直接进入了法兰西的腹地，于是在"马其诺防线"中的盟军士兵等来的并不是德国人的长枪短炮，而是国家的沦陷和首都的失守，他们没有来得及马革裹尸，当他们从工事中走出时，已经成为了俘虏。

"闪击战"的时代到来，纳粹在法兰西的土地上掀起了闪电狂潮，德军并没有跟英法展开传统的地堡拉锯战，即便是德军的防线局部被突破，他们也可以全然不顾侧翼和后方暴露的危险，而是让自己的装甲部队一直全速向前。德军把消灭残余抵抗的任务全部抛给了后续的步兵师，以坦克长驱直入，这种战术不仅直接摧毁了敌人的指挥防御系统，而且还从精神上给英法造成了沉重打击。这是一种英法联军从未接触过的战术，他们

★德军占领波兰后，希特勒在前线视察。

一直以为像坦克这样的笨重机械，应该为陆军和骑兵来收拾残局，从未想过让陆军和骑兵为坦克服务。很多英法联军的军队在开战的几天里，还没有反应过来就已经死在了德军的坦克之下，更多的部队因为失去指挥和对德军战术的惊愕而陷入混乱。

当英法两国的遗老遗少还在茶余饭后讥讽嘲笑德国想靠着"甲壳虫"横行世界的痴心妄想，德国的装甲集群已经在法国大地上纵横无忌，而法国人引以为傲的"马奇诺防线"却完全被战场遗忘。在第一次世界大战中依靠战壕与防守赢得了战争的法国人还在坚守着地堡的老思想等待着德军与他们摆好阵势，绅士一般的厮杀和冲击，他们还没有放下挖掘战壕的铁铲，德国人的坦克已经从他们的头顶上碾了过去。坐在装甲车里悠然地点着雪茄烟的隆美尔，回首看了一眼法国战壕，轻蔑地笑了一下：太慢了，也太过时了！

英军计划：突袭阿拉斯

在德军的战斗序列中，隆美尔的第七装甲师是跑得最快的。隆美尔只对他的部队下达一个命令："进攻！"命令简单而明确。第七装甲师堪称闪电中的闪电，不但英法联军惊讶于其速度，就连德国统帅部也经常对第七装甲师的孤军深入表示忧心忡忡，因此，隆美尔在统帅作战时经常会关闭电台，他很喜欢自作主张地行动，而不是坐听调遣，就连希特勒本人也对这个经常借口地形局限了无线电联络的将领毫无办法。

★法国战场上的第七装甲师坦克

经过了早期的混乱之后，英法联军逐渐清醒过来，他们开始研究敌人的战略战术，开始组织进行一些有效的抵抗。英法联军毕竟处于内线作战，拥有自己的优势，在逐渐稳住阵势之后，英国人开始酝酿率先反击。当时西欧诸国普遍已经遭到了德国"闪击战"的震慑，要实行反击，就必须击败德国最精锐的部队，这样才能做到真正意义上打破德军不可战胜的神话。在几经斟酌之后，英军将目标锁定为处在突出部且失去侧翼保护的第七装甲师，而将地点选在了阿拉斯。为了阻止德军的推进以尝试守住防线，加上此次反击事关重大，英国远征军开始向阿拉斯镇驰援。

★突进中的德国坦克

为了达到拖延德军的攻势以避免英军被包围的目的，英国远征军的总司令罗德·高特下令展开反击。

负责指挥此次反击的是哈洛德·法兰克林少将，他辖下的法兰克军有

★战争间隙正在修整的第七装甲军

两个师：第五师和第五十师，外加第一军团坦克加强旅的74台坦克以及60台法军支援的坦克。危急的情势已经蔓延到南方：德军的前锋已经在普隆至康布雷撕开了一道缺口，而且还威胁到布洛涅及加来。如果德军一旦成功，势必会切断英国远征军的联系，并将他们和法军主力分开。魏刚将军的计划是运用法兰克军的进攻来封闭这个缺口，同时在第五师和第五十师进攻阿拉斯镇时，利用英军第五步兵师维持住从史卡普到阿拉斯东边的战线。

英国人发动了一次非常出色的反击，事到临头德军还是浑然不觉，于是在第一次交锋中惨遭失败。因为英军动用了一直隐藏的马蒂尔达重型坦克，这种坦克的装甲特别是前装甲奇厚，德军的37毫米反坦克炮发出的穿甲弹，对马蒂尔达坦克没有任何作用。有的德军士兵甚至在与马蒂尔达坦克相距只有5米的地方冒着生命危险开炮，但依然无法击穿马蒂尔达的装甲。此时，德军士兵能做的只有眼睁睁看着马蒂尔达旋转炮塔，一门一门地摧毁德军的反坦克炮，然后冲进德军

阵地肆虐，德军在此役中伤亡惨重，有15辆坦克被击毁。隆美尔的副官莫斯特中尉，也在距离隆美尔仅1米的地方被英军击毙。隆美尔在英国人的猛烈炮火下，不得不首次选择后退。

看到不可一世的德国人居然向后退去，英国人非常高兴，他们甚至一相情愿地认为德国人的败局已定，他们就会赢得法兰西战役最后的胜利。丘吉尔此时坚信胜利已经近在眼前，只要能够顺利歼灭第七装甲师，就是在德军战线上打开了一个缺口，英法联军就可以发动坚决的突击，对纳粹装甲集群实施反包围，然后攻入德国本土推翻纳粹政府。英国最高统帅部专门发来电报，嘉奖了英国的前线士兵，并且鼓励他们胜利已经不远。但英国人或许并不知道，他们眼前的对手是多么可怕，作为纳粹最出色的军事天才之一，初出茅庐的隆美尔将从阿拉斯开始他的名将之路。

歪打正着：隆美尔的秘密武器

自开战以来，隆美尔还从没有面临过如此惨痛的失败，对像他这样骄傲的将领来说，这简直无法忍受。此时的隆美尔心里也非常清楚，正是因为自己孤军深入才造成这样的局面，而一旦所向披靡的第七装甲师在此地受到重创，不仅会影响到自己的声誉，也会破坏整个作战计划。隆美尔此时紧锁眉头，到底该怎么做才能穿透马蒂尔达坦克的装甲呢？此时是在战场上，不是在兵工厂，所以不会有技术人员出来解决这种技术问题，但是作为军队的指挥官，在这种生死攸关的时候必须作出决定，与军人应当享有的荣耀一样，军人也必须承担责任。要想成为真正的名将，就不能只面对胜利，也要在面临困境的时候找到突破口。

于是，隆美尔下了一个疯狂的命令，师属所有火炮向前，集中火力打击马蒂尔达坦克。成败总是在一念之间，隆美尔决定

★面露得意之色的第七装甲军指挥官隆美尔（左一）

倾其所有进行一次赌博，如果不能摧毁马蒂尔达坦克，那第七装甲师的所有荣耀将不复存在。但是英国情报人员的情报确实是准确的，德国当时并没有任何型号的"反坦克炮"能够摧毁马蒂尔达坦克，而且这个时候的德军还没有研制出重型坦克，相应的37毫米反坦克炮也都是针对轻型和中型坦克的。很显然，隆美尔的这个决定更像是一种置之死地而后生的战场豪赌，但战场上的名将们往往如此，纵然不能有机敏的反应，也会有铤而走险的魄力与勇气。

英军在第二天继续

★对德军迎头痛击的"马蒂尔达"坦克

发动进攻，他们这一次从一开始就拿出了自己的王牌，但是马蒂尔达坦克也并非完美无缺，它的问题就是装甲太厚，重量太大，前进的速度与步兵徒步前进的速度差不多。当然，将坦克的速度放到这么慢，也和英军对待坦克的态度有关，英军一直将坦克视为步兵的支援武器，而并没有像德军那样将坦克组成单独的突击集群。当时欧洲的很多国家依然相信，战斗最终还是要靠步兵去进行了结的，人永远是战场上的唯一主角。但正是慢慢悠悠的马蒂尔达坦克，给了德军试验各种武器的机会。于是，德军里所有的火炮都往马蒂尔达坦克身上射击，就在英国人嘲笑德国人的不自量力和异想天开时，忽然一声巨响，骄傲的英国人被炸得粉身碎骨。

英国人完全呆住了，他们不知道发生了什么事情。德国士兵对上级刻板的服从在这场战争中起到了决定性作用。他们忠实地执行了隆美尔的命令，把每一门

★马蒂尔达坦克克星，88毫米高射炮

能够被称之为炮的东西都拖到了阵地前沿。于是，在德国花样百出的各式火炮面前，马蒂尔达坦克终于见到了它的克星。是的，英国情报机构的情报非常准确，德军确实没有能对马蒂尔达坦克造成伤害的反坦克炮，摧毁马蒂尔达坦克的是德军用来攻打飞机的88毫米口径高射炮。

用攻打飞机的高射炮来攻击重型坦克，这事听起来似乎有些匪夷所思。88毫米高射炮是由世界著名的火炮制造商克虏伯公司在20世纪20年代末开始设计的，但因为当时德国作为第一次世界大战的战败国，被严格限制发展军备，所以这种型号的高射炮是在瑞士克虏伯公司的子公司完成设计和测试的。克虏伯公司的设计人员预见到作为高射炮的主要作战对象轰炸机将会向飞得更高、更快的趋势发展，所以他们选择了88毫米这一在当时尚属罕见的大口径，并使其赋予弹丸较高的炮口初速，正是这个特点为它日后成为有效的反坦克武器奠定了基础。88毫米的炮弹很大，弹丸出膛后初速度高，大质量加上高速度，其物理动量和冲量绝对不可小视，马蒂尔达坦克虽然坚固，但还是无法抗衡它的杀伤力。

当88毫米高射炮开火的一瞬间，这场被英国人寄予厚望的阿拉斯反击战，就已经注定了要黯然收场，英国人反败为胜的机会还没有到来，当然更重要的是，隆美尔的一生之敌并不在这块战场之上。阿拉斯战役作为马蒂尔达坦克的处子秀，同时也成为了重型坦克的绝唱，马蒂尔达重型坦克还没来得及充分展示自己强悍的威力，就被88毫米高射炮赶下了战争的舞台。

先赢后输：英军偷鸡不成蚀把米

战争并没有向英国设想的方向发展，德国人的炮火过后，战场上到处都是马蒂尔达坦克的残骸，战场上的局势在转瞬之间就发生了改变。隆美尔重新拥有这

坦克战
THE CLASSIC WARS
陆战之王的直接对话

场战役的主动权，高傲和自信重新回到了他的脸上。隆美尔有理由高兴，在第一辆马蒂尔达坦克被摧毁的瞬间，他就知道了，胜利将属于第七装甲师。而且在这场战役中，他还有了意外收获，作为坦克战专家，终于在这里收获了自己苦苦寻求的反坦克利器。

没有了引以为傲的马蒂尔达坦克，英国人的武器库里所有的物什看起来都是那么寒酸和落后，相信步兵才是战争唯一力量的英国人，此时已经完全顾不得再去讥笑富勒了，他们对坦克的使用无疑是业余的。这场战斗已经没有再打下去的意义了，没有重型坦克的保护，光是依靠步兵的集团冲锋，对德国人的机械部队，无异于以卵击石。

自从重机枪发明以后，步兵的冲锋看上去就形同自杀，阵地前100米被认为是永远也无法冲破的死亡线，重机枪被形容为"收割灵魂的死神镰刀"。英国步兵早已经在战壕里作好了冲锋的准备，但此时面对重型坦克的满地残骸，他们早就失去了冲锋的魄力和勇气，此时的指挥官也不会去踢每一个士兵的屁股，因为他深深清楚，在这种时候让士兵冲锋，跟当炮灰没有什么区别。英国人喜欢说"上帝偏爱步兵"，但是显然，就算是"上帝偏爱步兵"也是有条件的。

英军的攻势结束了，所有的马蒂尔达坦克瘫躺在孤独的战场上，隆美尔露出了狞笑：英国人，要看看真正的坦克战吗？隆美尔一声令下，德军坦克出动了，

★德军跨过凯旋门

轰隆的铁甲战车从马蒂尔达坦克的尸骸上碾了过去，飞速驰向英军阵地。英国人此时已经没有别的选择了，除了吞下失败的苦果，就是不顾一切地撤退。

阿拉斯战役最终不仅没有帮助英国人反败为胜，击破德国人不可战胜的神话，反而摧垮了己方的士气。在阿拉斯战役之后，英法联军在西欧战场上再没有发动过有效的抵抗，德军所到之处势如破竹，英法联军士兵与德军一触即溃，20年前那支让德国军队备感痛苦的军队，竟然土崩瓦解，变得如此不堪一击。而隆美尔的经验则开始迅速在德军中推广，88毫米高射炮被广泛使用，在日后的苏德战争中，苏联重型坦克也只有88毫米高射炮才对付得了，88毫米高射炮还被安装在多款战车上成为主炮，著名的老虎坦克就是其中的代表。88毫米高射炮无愧于坦克杀手的称号，此后数万辆英法联军坦克在它的炮口下灰飞烟灭。

战典回响

敦刻尔克大撤退的成功保障

阿拉斯战役对此次战争最大的影响是动摇了德国国防军最高司令部从5月10日以来建立的信心，使他们清醒地认识到英法联军在坦克的性能上是强于德军的。这让希特勒放缓了装甲部队前进的脚步，成就了英法联军在敦刻尔克的撤退。

实际上，当时英军在阿拉斯只有58台装备机枪的"马蒂尔达"1号坦克和16台装备大炮"马蒂尔达"2号坦克，以及支援他们的几台轻型装甲车。基于对英法联军有可能潜在存在的大型装甲部队及重型坦克的忌讳，德国国防军最高司令部延迟了他们的计划，这被认为是英法联军"发电机行动"得以成功的重要原因。因此，在阿拉斯战役中虽然英军被击退，但依然可以看做是1940年法国战役中英法联军的少数几场胜利之一。在战斗结束之后，经过统计，共有超过40台英国坦克和20台法国坦克在这场战役中折损，而德国只损失12台。隆美尔在他的日记里写道：在他辖下的师总共有89人战死、116人受伤以及173人失踪或被俘虏。

但阿拉斯战役却使得伦德施泰特不得不在5月24日停止推进到阿河，从而让法军有足够的时间向西到敦刻尔克建立防线，进而帮助英军渡过英吉利海峡逃走。

★ 沙场点兵 ★

人物：隆美尔

隆美尔，1891年11月15日生于德国南部海登海姆市。

1910年，中学毕业后从军，进入格但斯克皇家军官候补学校学习。后于第一次世界大战期间任连长，曾三次获得铁十字勋章。第一次世界大战以后，历任德累斯顿步兵学校战术教员、戈斯拉尔市猎骑兵营营长、波茨坦军事学校教员、维也纳新城军事学校校长等职，因所撰写的《步兵进攻》一书而引起希特勒的重视。

1938年，调任希特勒大本营卫队长，曾陪同希待勒巡视捷克斯洛伐克。

1940年2月，被希特勒任命为第七装甲师师长，5月到6月间，在德军闪击西欧的侵略战争中，指挥装甲第七师冲在最前面，先攻克比利时，接着攻克阿拉斯、松姆河，直捣法国西海岸，所率领的第七装甲师被法国人称之为"魔鬼之师"。并在攻占阿拉斯的战斗中创造性地运用高射炮打击坦克的战法，成为其军事生涯中的点睛之作。

1941年2月，被希特勒任命为"德国非洲军团"司令，前往北非战场主持战局，指挥德军大败英军，获得"沙漠之狐"的美誉，并晋升为陆军元帅。

1942年11月，以仅有的5万人军队和550辆坦克在阿拉曼地区抗击蒙哥马利的19.5万军队和1029辆坦克，终因寡不敌众而惨遭失败，被迫撤军。

1943年3月，奉命被召回德国大本营。同年7月，调任驻北意大利的陆军"B"集团军群司令。

1943年12月到1944年7月，他率陆军"B"集团军群在法国组织防御，构建"大西洋壁垒"，指挥抵抗诺曼底登陆战役。随后，因在德国发生的行刺希特勒未遂事件而受到牵连。

1944年10月14日，由希特勒派人逼迫，在一辆小轿车中服毒自尽。

武器：88毫米高射炮

德军装备的88毫米高射炮应该算得上是第二次世界大战中使用得最成功的火炮，虽然它是一种用以防空的中口径高射炮，但最为人津津乐道的却是它无与伦比的反坦克能力。

在1940年的阿拉斯战役中，隆美尔无意间发现88毫米高射炮还具备非常良好的反坦克功能，让88毫米高射炮声名鹊起，于是各国开始在反坦克装置上进行配备，成为了第二次世界大战中非常重要的反坦克武器。

战术：88毫米高射炮平射战术

其实早在阿拉斯战役之前，因为拥有高度的灵活性和较高射程，88毫米口径的高射炮除了用于空战，在前线应用得也十分广泛。在陆地战争中，士兵们经常会用它来攻击碉堡和定点目标，也会用于掩护地面部队作战，在海岸上，它们还可以攻击海上的目标，并阻止敌军登陆。

在1937年的西班牙内战中，德军提供的PZKW I、PZKW II型坦克上只配置着机枪和20毫米主炮，根本不是对方使用的苏联坦克的对手。这个时候，在德军中已经有将领使用88毫米高射炮作为反坦克武器。但当时88毫米高射炮还不够普及，只是在个别的局部战斗中使用过，它真正成为坦克克星是在1940年的阿拉斯战役中。

在欧洲战场上，当时交战双方的标准反坦克炮的口径都很小，德国采用的是37毫米口径的，英国采用的炮口径则约为40毫米。基于坦克炮与步兵反坦克炮的目标都是要攻击坦克，所以双方主战坦克的火炮也采用了同样的小口径。但英国与法国都配备着重型坦克，如英国的马蒂尔达 II型，装甲厚度近80毫米。如果不是因为坦克上装有无线电通信设备，联络指挥方便，再加上英、法军战略战术指导思想失误，而德军则战法灵活，操作熟练，德军的PZKW III、PZKW IV型坦克根本不是英法重型坦克的对手。

1940年5月，隆美尔指挥的第七装甲师在阿拉斯战役中，遭遇英军的反冲击。面对英军的重型坦克，德军的37毫米反坦克炮就毫无办法。关键时刻，一个高炮连的88毫米高射炮压低炮口，向英军开火，眨眼间击毁英军9辆坦克，迫使英军后撤。这一仗，给隆美尔留下了很深的印象。

从此，88毫米高射炮成为隆美尔一张得心应手的反坦克王牌。他最终也将88毫米高射炮发扬光大，尤其是在北非作战时，他通过合理使用88毫米高射炮，对英军坦克部队进行了毁灭性的打击。

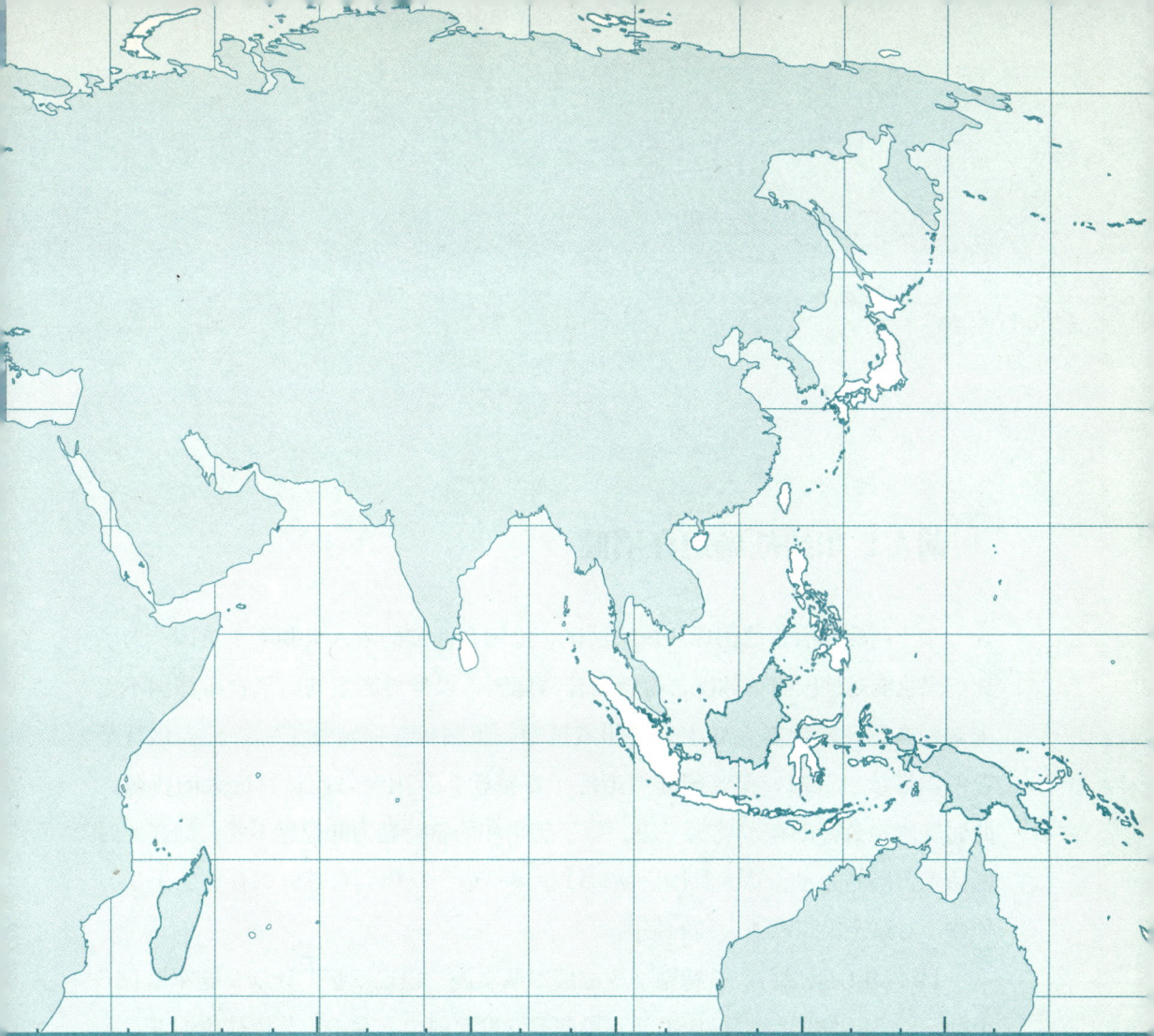

第五章

基辅坦克大合围
——纳粹履带下的孤城

▲在成功征服了西欧之后，希特勒的野心更加膨胀，他将征服的下一个目标对准了苏联。对于希特勒来说，苏联是他侵略道路上真正的挑战。乌克兰被称为是苏联的粮仓，这一点希特勒当然看到了，入侵苏联的三路德军中的南路即将矛头对准了乌克兰，而基辅则成为了德军首要攻克的目标。由于德军攻势的凌厉，也由于苏联决策的迟缓，基辅被德军闪电包围，曾经无比辉煌的基辅成为了纳粹坦克炮口下的孤城。

前奏：东线战场迫在眉睫

法兰西战役后，德国成功攻陷法国，德国在西欧的敌人只剩下了英国。为了让英国也能对德国俯首称臣，希特勒异常慷慨，以世界霸主的口气宣布德国不要求索回在第一次世界大战中失去的殖民地，英国可以保留其王室，丘吉尔甚至也可以继续当首相。但英国断然拒绝了希特勒，英国全力动员其庞大的资源，此时美国也公开站在了英国一边。急于想媾和的希特勒为此惶恐不安，他在此时低估了美国的力量，认为英国之所以"执迷不悟"是因为有苏联的存在，于是，他终于对这个横跨欧亚大陆的强国动手了。

1941年6月22日，希特勒下令德国军队实施"巴巴罗萨"计划，德军以146个师，3 580辆坦克，4 980架飞机向苏联发起闪电式突击，苏德战争爆发。入侵苏联的德军分为了3个集团军群：北方集团军群26个师由勒布元帅指挥，从东普鲁士出发，穿越波罗的海三国，以列宁格勒为目标；中央集团军群49个师由博克元帅指挥，从华沙地区出击，经布列斯特-明斯克-斯摩棱斯克，直取莫斯科；南方集团军群39个师由伦德施泰特元帅指挥，面向一望无际的乌克兰麦田，以基辅为目标。

斯大林在战前认为乌克兰资源丰富，是苏联的粮仓和顿涅茨工业区的屏障，德军的主攻方向可能会放在乌克兰，因此在乌克兰集结了苏军最精锐的部队，总兵力也超过白俄罗斯和波罗的海沿岸。

西南方面军有第五、第六、第二十六、第十二集团军，每个集团军都有一个机械化军，在后方的日托米尔附近，还有第十九、第九机械化军，装备有不多的"T-34"型中型坦克和"KB"型重型坦克。南方方面军有第九、第十八集团军。苏军西南方面军的司令基尔波诺斯上将虽然经验不多，但能力出众，是苏军当时少有的强将。在6月21日晚，他已经察觉到形势不对，所以冒着被革职杀头的危险，没有等莫斯科的指示，就在22日2时30分下令："以一切手段抗击敌军进攻。"

但是命令下得还是有些晚了，德军在半个小时后就开始了进攻，但苏联军队及时炸毁了所有桥梁。这样一来，德军南方集团军群没能按计划占领利沃夫、普热梅希尔要塞，只有赖歇瑙的第六集团军和克莱斯特的第一装甲集群在苏军第五、第六集团军的接合部楔入了20公里。面对这样的境况，基尔波诺斯没有惊慌，他在23日命令苏军第五、第

★基尔波诺斯上将

六集团军反击，以恢复战线。但是因为苏军的反击过于仓促，并没能够奏效。基尔波诺斯见状，随即命令在日托米尔的两个机械化军前调，兵分两路，准备钳击突入的德军装甲部队，又把第二十六集团军的一个机械化军北调，同时还从南方方面军调兵，建立后方防线，防止德军第一装甲集群长驱直入。6月25日到28日，苏军3个机械化军与德军第六集团军和第一装甲集群爆发了一系列坦克战。

斯大林解散机械化部队、进行大清洗的恶果在一系列的坦克战中显露无疑，须要知道坦克装甲兵是专业性极强的技术兵种，装甲兵内的坦克、步兵、炮兵、工程兵的协同工作是相当复杂的，德国人用了近4年的时间才勉强协调好。苏军的机械化部队才成立一年，而原先有经验的军官都已经被清洗，许多现任的指挥官根本不知道该怎样指挥装甲兵，也没有德军装甲兵那种完整的无线电通信网，装甲兵特殊的油料、弹药、零配件补给系统也没有，后勤部队的卡车极少，主要依靠马车。苏联空军被德国空军打得溃不成军，也没有心思去支援苏军的地面部队。才华出众的基尔波诺斯毕竟经验不足，没有指挥过大兵团作战。苏军的3个机械化军在开进途中连续遭到德国空军的轰炸，辎重损失颇大，加上频发的坦克故障，三三两两地到达前线之后就投入战斗，很快就被坦克、炮兵、步兵融为一体的德军装甲兵消灭干净。第四机械化军的一个半坦克

★苏联坦克部队

师在政委瓦什金的胡乱指挥下，陷入沼泽，全军覆没。基尔波诺斯的反击以失败告终。

苏军的反击虽没有达到预期效果，第五、第六集团军之间的缺口也没有合上，但德国人因为两侧连续遭到攻击，首尾难以兼顾，前进的速度被拖缓了，没有办法直捣苏军后方。更让德军南方集团军群司令伦德施泰特头疼的是，苏军指挥官基尔波诺斯见反击失败，认为应该收缩部队，缩短战线，以免被德军装甲部队分割包围。他于6月27日命令苏军从1939年的旧国界全线撤退，想在基辅以西约200公里的科罗斯田、诺沃格罗德-沃伦斯基的旧工事建立防线。因为德军的第六集团军、第一装甲集群已经切入苏军的第五、第六集团军之间，基尔波诺斯就命令北面的苏军第五集团军扔掉不易携带的部分辎重，退到机械化部队无法行动的普里皮亚特沼泽地。苏军第五集团军司令波塔波夫将军保留了相当数量的重武器，依托沼泽地的有利地形，牵制住了德军。

7月1日，伦德施泰特右翼的两个罗马尼亚集团军和德军第十一集团军发起猛攻，强渡普鲁特河。对面的苏军南方方面军明知不敌，抵挡一阵后就向东退入乌克兰大平原，一些机动能力很强的坦克和骑兵作为殿后。7月的乌克兰天气炎热，经常下暴雨，暴雨过后乌克兰肥沃的黑土地就会变成大泥塘，各种轮式车辆经常几个小时内寸步难行。缓慢前行的德军和罗马尼亚军队不时就会遭到苏军短促的袭击。

决策失误：苏军乌曼大败

在这个时候，苏联方面根据斯大林的命令于7月10日确立了三个战略方向，负责指挥西南、南方两个方面军的西南战略方向总司令是布琼尼，他的政委则是刚刚穿上军装的乌克兰党中央第一书记赫鲁晓夫。

毫无疑问，要是科罗斯田、诺沃格罗德-沃伦斯基一线失守，日托米尔也将沦陷，乌克兰首都基辅就会告急。斯大林决定守住基辅，此时正逢西方方面军被德军打得溃败，斯摩棱斯克岌岌可危，斯大林深恐西南方向就此崩溃，所以才委派经验丰富的布琼尼前往基辅。

从7月9日下午起，在日托米尔以西，苏德两军展开了殊死拼杀，苏军虽奋不顾身，但水平与德军始终不在一个层次上。5天之后，苏军就已经元气耗尽。德军两翼的杀声、枪炮声平息了，德军装甲兵又合并到一起，随时准备给苏军防线以致命一击。

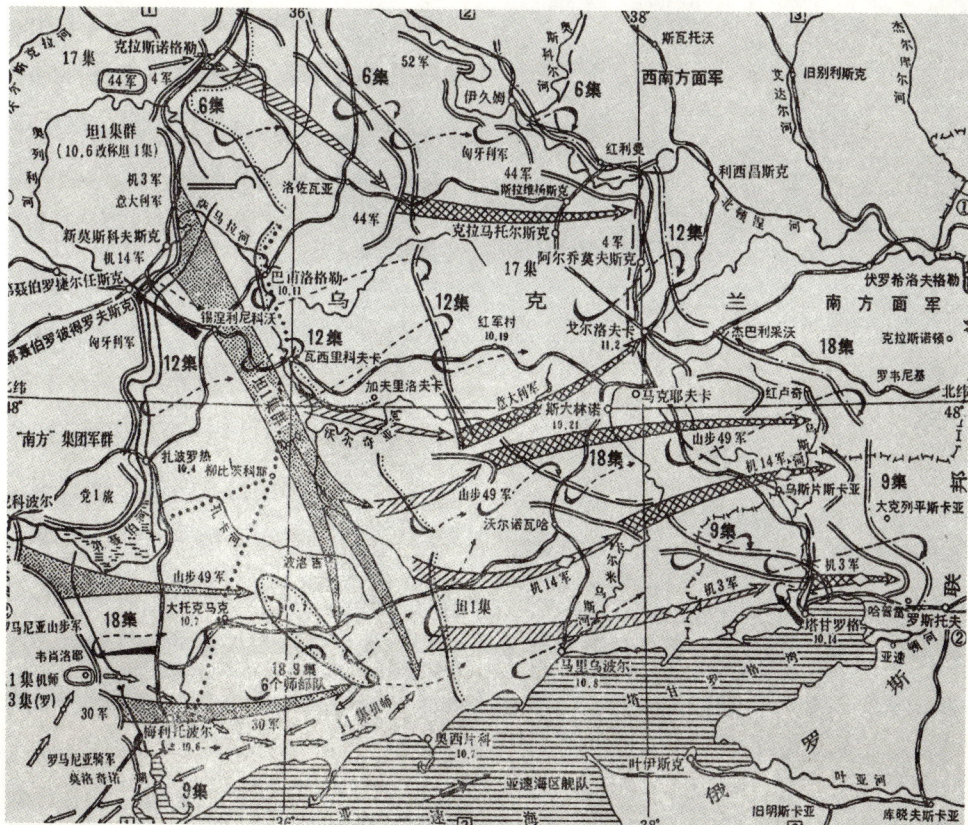

★乌曼战役示意图

而在伦德施泰特元帅的司令部，参谋们正制订计划，准备给布琼尼狠狠一击。伦德施泰特元帅面前有两个目标：一个是正前方的基辅，另一个是西南方向苏军的两个集团军。伦德施泰特决定先消灭苏军，再侵占基辅，于是决定以第六集团军作为掩护，让第十七集团军一举消灭掉苏军第六、第十二集团军。

赖歇瑙的第六集团军于7月17日率先发动进攻，意图把波塔波夫的苏军第五集团军压向第聂伯河。但是波塔波夫仍然非常灵敏和顽强，赖歇瑙因此进展缓慢，但仍死死缠住了对手，这对伦德施泰特来说，其实已经足够了。在他的南方，克莱斯特的第一装甲集群在伦德施泰特的指挥下，向东发动猛攻。他派了两个装甲师，直逼基辅城北。布琼尼没有料到伦德施泰特会来得这么迅疾，急忙动员基辅市民组建民兵，筑建工事。德军的装甲师一到基辅城北就停了下来，看着俄国人在城里瞎忙。布琼尼还没来得及喘口气，忽然又看到一个德国装甲师开到基辅城南。正在布琼尼疲于应付的时候，克莱斯特装甲集群忽然冲向西南，杀向南边苏军第六、第十二集团军。德国第十七集团军和匈牙利快速军就势向苏西南、南方两个方面军的接合部急速东进，直指布格河畔的五一城。

布琼尼直到7月24日才发现伦德施泰特的真正意图，急忙下令全线向东撤退，但为时已晚。8月2日，德军将苏军两个多集团军合围在乌曼地区。在一个星期之后，德军就将第六、第十二集团军和第十八集团军（属南方方面军）一部全歼，共计23个步兵、山地师和坦克师。俘虏10.3万余人，其中包括苏第六、第

★被击毁的苏联坦克

十二集团军司令。缴获装甲战斗车317辆，火炮858门，反坦克炮和高射炮242门，载重汽车5250辆，铁路列车12列，以及无数其他物资。苏军伤亡估计在20万人以上。

乌曼战役的结果是苏军南线的两个方面军受到重创，仅据守着基辅和黑海海岸的奥德萨。德军南方集团军群则经过近两个月的奋战之后，终于冲入了乌克兰腹地，直抵第聂伯河下游，威胁苏联顿巴斯-哈尔科夫工业区。但德南方集团军群尽管是取得了乌曼战役的胜利，却仍然没能按照预定时间攻取基辅，更没有全歼苏军西南方面军。

苏军西南方面军虽受重创，但在乌曼战役期间已经把基辅变成一个难以攻破的堡垒，其第五集团军更是尤为活跃，时刻威胁着德军的左翼。更为严重的是，因为德军南方集团军群进展缓慢，苏西南方面军已经在第聂伯河下游东岸集结起第三十七、第三十八集团军作为后备军。

对德国南方集团军群而言，在取得乌曼战役的胜利后，虽然通向顿涅茨盆地的道路已经畅通，苏军此时也只有两个战斗力不强的集团军进行防御，但北面基辅还有苏军西南方面军两个实力颇强的集团军，南面还有苏军南方方面军，显然不能置两翼于不顾，从正面长驱直入，进抵伏尔加河，完成"巴巴罗萨计划"既定的任务。

战前争论：是基辅还是莫斯科

从南方集团军群的形势来看，德军虽然获得了乌曼战役的巨大胜利，但形势仍然不是很乐观。中央集团军群也是如此。但如果纵观两个集团军群的形势，一个战争史上罕见的战机出现了：苏军西南方面军的侧翼已经暴露在德军中央集团军群之下。如果中央集团军群暂时停止进攻莫斯科，而让南翼的古德里安第二装甲集群改为向南进攻，就可穿过俄罗斯中部和乌克兰北部的大平原，插到苏联西南方面军的后方。与此同时，在基辅南部的克莱斯特第一装甲集群向东北方向迂回，在基辅以东会合，整个苏联西南方面军就难逃被全歼的命运，从而为伦德施泰特抵达伏尔加河扫清道路。在古德里安南下的同时，霍特的第三装甲集群还可以趁着这段时间北上，进攻列宁格勒。

这是一个充满诱惑的方案。德国陆军和空军的素质远远强于苏军，在两个多月的战斗中，其装甲部队虽然遭受了一些损失，但仍然具备强大的突击力、机动力，这些都是苏军无法相比的，俄罗斯南部和乌克兰的地形也非常适合装甲兵作战，德军肯定能够大获全胜。需要付出的只是时间，德军必须暂时停止对莫斯科的进攻。而且更为重要的问题是，古德里安先南下再北上，这至少需要一个半月的时间。到时候夏季已经过去，俄罗斯将迎来绵绵秋雨的季节，之后就是冬天。德军能否在严冬到来前拿下莫斯科是个问题。于是，围绕着古德里安装甲集群是否南下的问题，德国最高决策层爆发了空前的争论。

从德军中央集团军群即将占领斯摩棱斯克时争论就已经开始。陆军总司令勃劳希契、陆军总参谋长哈尔德和中央集团军群司令博克认为，东线战争的胜负取决于德军能否占领莫斯科。德军一旦占领莫斯科，苏联就会崩溃，所以德军必须趁夏季这一有利的季节，一鼓作气，拿下莫斯科。如果让古德里安南下，耽误时间不说，坦克长途奔袭之后肯定需要大修，耽误的时间将会更长。德军在莫斯科方向一旦转入守势，苏军就会有时间抽调兵力保卫莫斯科，能不能在冬天到来之前攻占莫斯科就成了大问题。

但是希特勒这时候看中了乌克兰、顿涅茨盆地在经济上的重要性和克里米亚在战略上的重要性。苏军如果握有克里米亚，苏联的轰炸机就能够破坏普罗耶什蒂油田。只有占领克里米亚，才能消除这一威胁，还能越过刻赤海峡，杀进高加索，占领苏联的巴库油田。

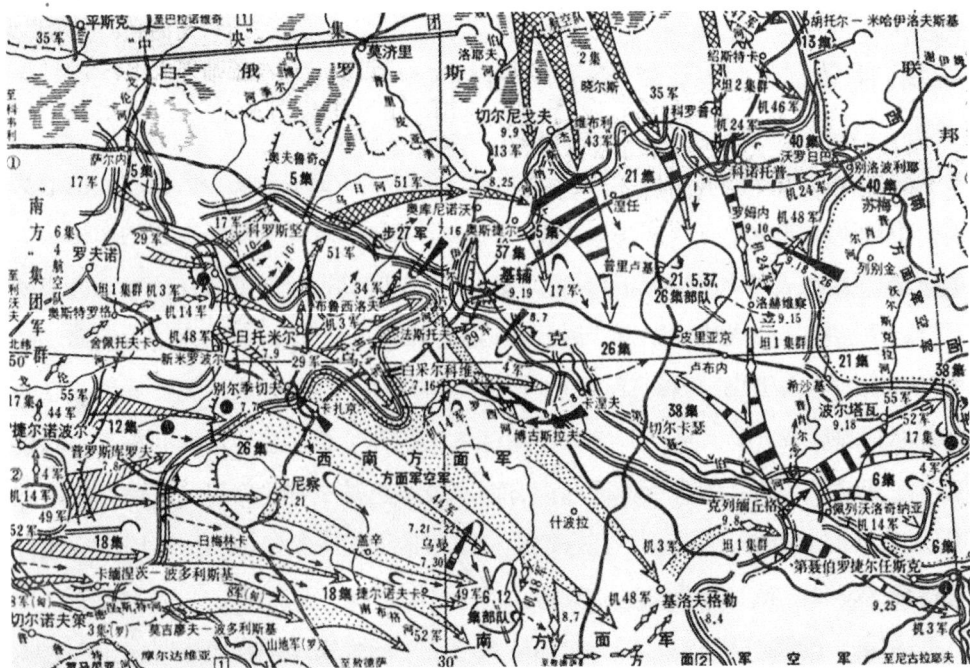

★基辅战役示意图

7月15日，希特勒命令中央集团军群只用步兵向莫斯科进军，霍特装甲集群和古德里安装甲集群分别北上南下。由于博克在7月中旬进展顺利，希特勒在7月23日又发布了一个补充命令，让霍特协调北方集团军群包围列宁格勒后再调返中央集团军群，霍普纳的第四装甲集群则撤回德国。

★位于巴库的油田是希特勒垂涎已久的猎物

希特勒的战略主张遭到了德国陆军总部的坚决反对，这让他有些拿不定主意，于是在8月4日到6日多次跑到中央集团军群和南方集团军群去，博克和伦德施泰特此时仍然坚决主张恢复对莫斯科的攻势。但是希特勒历来都十分反感德国的将军们，将军们对自己的主张一致反对，反而让希特勒坚定了南下的决心。到同年8月上旬，乌曼战役此时已成定局，东线德军有了一个进行大歼灭战的时机，希特勒在8月21日发布第35号作战指令。

在第35号作战指令中，希特勒指出冬天到来之前必须达到的最重要目标，并非是攻占莫斯科，而是夺取克里米亚、顿涅茨河畔的工业区和煤矿区，从而切断苏军来自高加索地区的石油补给。

其次，南方集团军群和中央集团军群必须坚决利用德军在戈梅利、波切普一线形成的有利态势，以其内翼兵力实施一次协同作战。此次作战的目的，不仅通过第六集团军独自实施攻势，将苏军第五集团军赶过第聂伯河去，还要将其歼灭，这样南方集团军群才可以在第聂伯河中游以东地区站住脚，并保障其中央和左翼部队继续向罗斯托夫、哈尔科夫方向发动突击。中央集团军群不必顾及以后的作战问题，要派出较多的兵力歼灭苏军第五集团军，同时能在兵力较少的情况下击败敌人对战线中部的进攻。

面对希特勒这样的决定，总参谋长哈尔德感到难以接受，于是想拉着勃劳希契去辞职，但是被勃劳希契拒绝。哈尔德只好一言不发地着手制订作战计划。

这边希特勒在与将军们争吵，那边的朱可夫也在和斯大林争吵。身为总参谋长的朱可夫一直在密切注视着战场上的形势，对德军可能进攻的下一个目标作出分析。随着德军中央集团军占领斯摩棱斯克地区和南线德军将要完成对乌曼的包围圈，朱可夫认为中路德军不可能置右翼于不顾，贸然进攻莫斯科，而会向南北分兵，消灭西南方面军，确保右翼安全后再进攻莫斯科。朱可夫与总参作战部长兹洛宾、副手华西列夫斯基进行了仔细的分析，推断德军中央集团军群即将分兵，西南方面军很快就会陷入绝境。

于是，朱可夫向斯大林建议放弃基辅，全力保卫莫斯科。斯大林却坚持声称不能放弃基辅，两个人在作战室里发生了激烈的争吵，在争吵之后，朱可夫被解除总参谋长的职务，赴前线担任预备队方面军司令员。

战前豪赌：斯大林押宝叶廖缅科

苏军西南方面军的两个集团军10天后在乌曼被消灭，德军克莱斯特装甲集群向东疾驰到第聂伯河下游，德军第六集团军则抵达基辅以北。在莫斯科方向，古德里安的第二装甲集群和魏克斯的第二集团军向南进攻。感到形势不妙的斯大林，打电话向基尔波诺斯问基辅地区的形势，问他是否应该放弃基辅。基尔波诺斯反对放弃，并告之斯大林苏军与德军第六集团军在基辅南北的战斗非常激烈，斯大林让他从西南方面军的南段调兵到基辅周围。面对古德里安在北方的进攻压力，斯大林于8月14日决定成立布良斯克方面军，下辖在明斯克激战后剩余的第十三集团军和刚组建的第五十集团军，用以阻止古德里安迂回莫斯科和掩护西南方面军的侧后。斯大林找来了叶廖缅科中将，将这项关系到西南方面军生死存亡的重任交给了他。

叶廖缅科中将第二次世界大战前曾在远东任军区司令，苏德战争爆发后被紧急召回欧洲。斯大林在8月14日把沙波什尼科夫、总参作战部长华西列夫斯基和叶廖缅科召到克里姆林宫，先将战场的形势简要介绍了一番，认为德军将向莫斯科进攻，霍特和古德里安装甲集群将分别取道莫斯科北面的加里宁格勒、南面的布良斯克和奥廖尔钳击莫斯科。斯大林认为古德里安向南的进攻是要从西南经布良斯克迂回莫斯科，南下包抄西南方面军的可能性不大，所以要求叶廖缅科保卫布良斯克，并且消灭掉古德里安的主力。

在随后的几天内，古德里安的装甲集群和魏克斯的德军第二集团军继续南下，与叶廖缅科所部交火，继续向南深入。沙波什尼科夫和华西列夫斯基觉得德军的意图非常险恶，西南方面军处境危险，于是他们在8月17日建议斯大林放弃基辅，火速将西南方面军撤过第聂伯河。

但是斯大林认为，就算是叶廖缅科无法消灭古德里安，也能够阻挡住他，所以毫不犹豫地拒绝了沙波什尼科夫和华西列夫斯基的建议。此时正身在叶利尼亚与德军激战的朱可夫发现德军中央集团军群已全线转入防御，更觉得形势危急，于是在8月19日又向斯大林发出电报，建议从莫斯科方面调兵增援叶廖缅科。

当天，他就收到了由斯大林和沙波什

★在最危急的时刻斯大林把胜利的希望寄托在叶廖缅科身上，可惜他令斯大林失望了。

尼科夫签名的电报，说朱可夫原来的判断可能是正确的，现在已经组成了布良斯克方面军前往增援，但是对这个方面军的战斗力却只字未提。朱可夫不放心，在两天后打电话给沙波什尼科夫，向他询问采取的具体措施。

有苦难言的沙波什尼科夫告诉朱可夫，新建的布良斯克方面军根本无力阻止德军中央集团军群可能发动的进攻，更为不安的朱可夫再次打电话给斯大林，坚决要求把西南方面军撤过第聂伯河，但是这一次又没有结果。

布良斯克方面军的形势在继续恶化，心急火燎的沙波什尼科夫和华西列夫斯基却毫无办法，只有再次向斯大林提出放弃基辅。对于他们的建议斯大林非常恼火，但是他也知道古德里安实在是个非常难缠的对手，于是他在8月24日找来叶廖缅科，再次向他询问前线的战事。叶廖缅科向斯大林保证，他一定会将古德里安完全粉碎。

但是叶廖缅科并没有兑现他向斯大林立下的誓约，古德里安的先锋第三装甲师在师长莫德尔将军的指挥下，于8月25日黄昏冲到了距离基辅东北250公里的诺夫哥罗德和谢韦尔斯基。此时的莫德尔发现，苏军似乎根本未曾发现自己，于是就等了一夜，在次日拂晓发起突袭，一直逼近南边80公里处的交通枢纽科诺托普，这意味着他马上就能将基辅与东面铁路之间的联系切断。叶廖缅科只好从东面拼命反击，古德里安面对叶廖缅科的猛烈炮火，一时也难以迅速南下。

★战场上的德军坦克

但就在叶廖缅科对古德里安发动反击时，克莱斯特装甲集群在8月25日冲到第聂伯罗彼得罗夫斯克，渡过了1 000米宽的第聂伯河，建立起桥头堡。第十七集团军也杀向第聂伯河。德国人马上就要开始完成大包围圈的最后冲刺了，但此时最让德国人担心的事情出现了，整个苏联西南方面军如果此时立刻放弃基辅东撤，那么德军的所有努力将付诸东流。赖歇瑙的第六集团军只好拼命在基辅城边挑逗并且激怒俄国人。正被叶廖缅科缠住的古德里安对于赖歇瑙的方法并没有太多信心，他觉得俄国人这次肯定会逃走。

就在最关键的时刻，斯大林却帮了德国人大忙，他命令死守基辅，要坚决顶住赖歇瑙的第六集团军，不得后退。

一周之后，在空军的全力支援下，古德里安终于压制住了叶廖缅科的进攻，开始全速向南疾驰。克莱斯特也从第聂伯罗彼得罗夫斯克桥头堡冲出，向北杀去。经过两个半月的苦战，苏联军队的坦克已经所剩无几，后方都是穿上军服才两个月的步兵。古德里安和克莱斯特的装甲集群迅速将这些苏军士兵赶进了包围圈。

但斯大林还在盯着基辅不放，不止一次地通过电话和电报告诉基辅守军"不得后退"。9月7日，科诺托普失守，沙波什尼科夫和华西列夫斯基心急如焚，再次要求斯大林放弃基辅，西南方面军全线东撤。但再一次遭到斯大林的拒绝。

布琼尼也察觉到了形势危急，要求撤退。9月9日晚，朱可夫抓住最后一次机会，向斯大林提出放弃基辅的要求。斯大林这一次依然没有作出回答，却在当天夜里向西南方面军下令不得撤退，必须集中力量与叶廖缅科一起迎击古德里安和魏克斯的第二集团军。9月11日，斯大林再次通过电话重复了上述命令，并说："你们关于立即撤退军队的建议是危险的，可能招致惨败。""未经大本营的许可，不得放弃基辅和炸桥。"

在斯大林的三令五申之下，朱可夫一声长叹，西南方面军完蛋了。

完成合围：德国坦克荡平基辅

德军第六集团军和第二集团军于9月10日黄昏在基辅东北会合，然后全线压向基辅，古德里安和克莱斯特更是一路狂奔，杀入苏军后方，苏军开始全线崩溃。克莱斯特装甲集群像是从天而降，慌乱的苏军不知所措，一支德军的坦克部队竟然被苏军当成自己人，任由它径直闯入苏军第三十八集团军司令部，其司令费克连科急忙跳窗逃生。

轰隆的炮声震颤着乌克兰的大地，伴随着炮声和滚滚的浓烟，大地上到处是尸体，到处是被打坏了的苏军卡车，烧毁的辎重和德军坦克的履带痕迹。到9月14日的傍晚，古德里安装甲集群前锋第三装甲师的一个营，已经成功占领了基辅正东约180公里的小镇洛赫维察。南方的炮声越来越近，约18时，克莱斯特装甲集群也开到了这个地方。德军在基辅的包围圈开始合拢了。

次日中午，随着克莱斯特的第九装甲师的到来，苏军西南方面军彻底被德军包围了，这是一个巨大的包围圈，呈等边三角形，各边长约500公里，总面积为13.5万平方公里，苏军的5个集团军被围困在其中。

战争其实已经到了无可挽回的境地，但是斯大林仍然不愿意就此放弃基辅，在15日，他还向基尔波诺斯下令，要求驻基辅的苏军未经大本营批准，不得放弃基辅。斯大林要求基辅守军必须全力抵御德军的进攻。直到9月17日，斯大林才相信大势已去，向基辅守军下令撤退，但此时的基辅守军已经是无路可退。

德国空军率先对基辅发动了空袭，基辅被空袭警报所笼罩，而德军的炸弹和炮火随即在基辅炸开，德国战机在基辅上空肆无忌惮地扔下无数的炸弹，对苏军布置在基辅的所有火力点和目标进行了大规模的轰炸和扫射，基辅城里到

★基辅会战中被俘的苏军战士

处都是滚滚浓烟，爆炸声震得整个城市都开始战栗。德国的装甲部队对基辅展开了轰炸，随后，攻入市区。而守卫着基辅的苏军则在作着最激烈的反抗，他们以自己的血肉之躯筑起了基辅最后一道防线，但是在德国人的机械化部队面前，他们的反抗是多么的脆弱不堪，他们根本无法滞缓德军前进的步伐，德军坦克开进基辅城之后如入无人之境，苏军的殊死抵抗在德军的装甲部队看来却如同是浮皮潦草。

精疲力竭的苏军最后的抵抗至此结束，德军开始了大规模的进攻，炮弹如同暴风骤雨一样落入城里，坦克、步兵和空中火力交织在一起，使得苏军根本无还手之力。尽管包围圈里的苏军烧毁车辆、火炮、帐篷，端起刺刀，前仆后继，还是往前冲，但是苏军已经是尸横遍野，所作的抵抗越来越薄弱。

说到这场战争，德军第三装甲师的一位军医在他的私人日记中写道："一幅令人毛骨悚然的景象。在各种武器和装备之间横七竖八地躺着人和马的尸体。其中有一辆修理车，上面装着电动车床和钻床等机械。这种东西我还从来没有见过。装满医疗器械的救护车翻倒在地。重型高炮、加榴炮、榴弹炮、坦克、卡车和轿车，一部分陷在沼泽里，一部分撞进房屋或树丛中，有的则从斜坡上倾翻而下，摞在一起，还有的被烧毁……"

9月19日，基辅失陷，苏军西南方面军全线崩溃，基尔波诺斯已无法控制各部队，苏军建制完全混乱，各支部队混在一起。成千上万的苏军官兵或者死于德国飞机的炮火之下，或者在德军的枪炮面前丧命，无数的苏军士兵不得不逃进沼泽和原始森林中，还有更多的人成为了德军的俘虏。那位骁勇善战、打得伦德施泰特无所适从的苏军第五集团军司令波塔波夫少将最终被俘，基尔波诺斯上将、参谋长图皮科夫少将和军事委员布尔斯坚科于9月22日阵亡，布琼尼、赫鲁晓夫则在基辅失守前夕，搭乘飞机逃走。9月24日，基辅包围圈内的枪炮声逐渐平息了，苏军西南方面军至此全军覆没。

27日，德国最高统帅部通过电台公布了基辅会战的公报："基辅附近大规模的会战已经结束。德军在辽阔的地区实施两翼包围，成功地粉碎了苏军第聂伯河防御，消灭了苏联5个集团军，甚至小股部队也未逃出包围圈。德国陆军、空军密切协同，共俘敌60余万人，缴获和摧毁敌装甲战斗车辆884辆，火炮3 718门以及无数其他作战物资。"

战典回响

基辅坦克大合围的罪与罚

基辅会战是人类战争史上最大的一次围歼战。战役跨度长达两个半月以上，在正面300公里、纵深约600公里的范围内展开。苏军第五集团军、第二十一集团军、第三十七集团军和第二十六集团军在这场战役中大部分被歼灭，第三十八集团军、第四十集团军一部分被歼灭。苏联西南方面军司令员基尔波诺斯上将、参谋长图皮科夫、政委布尔米斯坚科在突围中阵亡；包括苏联第五集团军司令员波塔波夫在内的60余万人被俘。总计884辆坦克，3 718门火炮，3 500辆车辆被德军击毁或缴获。但德军同时也付出了10余万人的代价。

苏军失利的原因是多方面的，但是因为斯大林刚愎自用，屡次拒绝部下的正确建议，因此导致战略指挥失误并最终遭受惨败却是不争的事实。因为此战失利，苏军的南部战线陷于崩溃状态。

但是德军统帅部将中央集团军群的庞大兵力用于突击西南方面军的侧翼，使德军在莫斯科主要方向上的进攻因此受到极大阻碍。这样，苏军统帅部就能在莫斯科方向集中庞大的战略预备队，从而对胜利完成莫斯科保卫战起到决定性作用。

但是基辅会战的意义远非如史学家分析得那么"鸡肋"，毕竟当时的德国刚刚走出战后的阴影，无论从军事实力还是综合国力上来说，都和工业及军事大国苏联有着一定的差距。而正是基辅会战，为德军在1942年开始被迫进行的持久战提供了极为有利的物质条件。

德军正是通过基辅会战占有了乌克兰地区，使这里丰富的粮食和各种资源不仅不能为苏联所用，反而大大支持了德国的战争机器的运转，同时还为德国进攻高加索油田提供了基地。

所以，基辅地区的战略地位不言而喻，从1942年至1944年中期，苏德双方斗争的重点一直在南部地区，而这一时期又恰恰是苏德战争的决战阶段，这也恰恰证明了该地区的重要性。

从基辅会战对东线产生的影响来看，希特勒坚持进行这场会战的决策是正确的。但是，这次会战的结果并不足以帮助希特勒及其第三帝国改变最终覆灭的结局，它为德军带来的实力增长速度依然远不及苏军的实力增长速度。另外，希特勒及其将领们在战役决策过程中所产生的矛盾，在日后战局日渐不利的情况下逐步尖锐起来，而这，或许才是基辅会战带给德军的最大负面影响。

★ 沙场点兵 ★

人物：基尔波诺斯

　　米哈伊尔·彼得罗维奇·基尔波诺斯，生于1892年1月12日，生前为苏联红军上将，是著名的苏联英雄。

　　1941年，接替朱可夫担任基辅特别军区司令。苏德战争爆发后，任西南方面军司令。

　　在西部前线所有的苏联方面军中，基尔波诺斯的西南方面军对战争的准备最为充分，他在战争爆发后指挥西南方面军进行了卓有成效的防御，使德军在乌克兰战场进展缓慢。但因为其北部巴甫洛夫的西方面军和其南部秋列涅夫的南方面军的溃败，使得西南方面军两翼被德军包抄。面对严峻的形势，基尔波诺斯于9月10日向大本营请求撤退，但11日斯大林发出电报要求他向敌人发起进攻，基尔波诺斯只能选择服从。9月15日，由于布良斯克方面军的叶廖缅科未能击溃古德里安，使得古德里安与克莱斯特的装甲集群在洛赫维察会师，西南方面军被德军合围。

　　9月17日，莫斯科终于下令撤退。9月19日，基辅沦陷，9月20日，基尔波诺斯率部突围时在洛赫维察西南的舒梅伊科沃的树林里被流弹击中阵亡，他的参谋长图皮科夫少将和军事委员布尔米斯坚科也在这天先后阵亡。9月25日，基辅会战结束，苏军60余万人被俘。

　　1943年9月，苏军重新夺回基辅后，为基尔波诺斯将军举行了正式的葬礼。

武器：苏联"T-34"中型坦克

　　"T-34"坦克由工程师科什金所设计。1940年6月出厂。1940年开始装备苏军。全重32吨，乘员5人，主武器为1门76.2毫米F-34主炮，副武器为2挺7.62 DP/DT机枪，车宽2.92米、车高2.39米，最大行驶速度每小时55公里，最大行程468公里，通过障碍高0.75米，越壕宽2.49米，爬坡30度，装甲厚18～60毫米。

　　在基辅会战中苏军装备有少量的"T-34"坦克，在战场上发挥了一定的作用，但是面对德国来势汹汹的坦克集群，苏军坦克战术匮乏且势单力薄的"T-34"坦克没能发挥自己的作用。由于错误的战略指挥，苏军在此次战役中遭受了惨痛的失败。

战术：钳围战术

　　不管后世的学者和专家对希特勒发动基辅会战有多少争议，都无法改变德国人在基辅会战中的出色表现，而通过基辅会战，德国人再次向世界展示了他们炉火纯青的装甲部队战术，至少，是给机械化部队落后的苏联人上了一课。

　　在古往今来的战争中，使用围歼战消灭敌人的战例不在少数，老百姓说"关起门来打狗"，虽然话糙但是理却不糙。没有什么能够比将敌人包围起来进行攻击，更为稳妥和致命的了。在中国古代，最著名的围歼战例要数秦末的"楚汉战争"中，韩信在垓下对"西楚霸王"项羽所使用的"四面楚歌"。面对围歼战，连不可一世的楚霸王也会发出"虞兮虞兮奈若何"的无奈和悲怆，可见围歼战是多么致命。

但是，坦克战中的围歼战并不多见，因为最初的坦克都很笨重，速度慢，而要实现围歼战，最主要的一个特点就是"快"。对于组建包围圈的一方来说，速度非常重要，一旦在速度上有所松懈，那么包围圈中的"猎物"就有可能逃脱。为了布置好包围圈往往需要花费很多的人力物力，在战术战略上也要计划周密，而一旦包围圈中的"猎物"逃脱，那么也就意味着之前所作的努力都付诸东流了。

从这个对速度的要求就能够看出，这种战术非常适合第二次世界大战中的德国人，因为他们擅长的就是打快节奏的战斗。当欧洲列强还在想着怎样加固坦克的厚度，让它更好地为步兵服务的时候，德国人已经将坦克作为一种主要战斗工具来使用了。所以，当其他国家使用步兵对德军展开合围时，根本无法威胁到德军，德军的装甲车就可以碾出一条路来。而一旦其他国家的军队被德军合围，要想冲出德军的坦克阵形，可不是一件容易的事情。

在基辅会战中，古德里安和克莱斯特的装甲集群，就是充分利用"闪击战"的速度，配合围歼的特点，通过南北迂回完成对基辅的合围，从而将基辅守军困于城内，待完成合围之后，再发动进攻，从而全歼苏军。但是与从前的围歼战不同，古德里安和克莱斯特的装甲集群所发动的这次围歼战，是由装甲部队完成的围歼战，而且在完成包围的同时，在周边连续与苏军的其他部队作战，并攘清周边的救援部队和滋扰部队。因此，这种合围不仅仅是将内部围住，同样也要攘除外部的滋扰，这种战术被称之为"钳围战术"。

"钳围战术"与其他围歼战不同的是，普通的围歼战在完成包围之后，还需要稳定阵形，然后展开攻坚，而"钳围战术"就是在完成包围的同时对所包围的据点展开攻击。但是与所有围歼战相同的一点是，"钳围战术"对速度的要求更高，古德里安的装甲集群就因为跟叶廖缅科旷日持久的战斗，一时无法南下，险些贻误了战机。

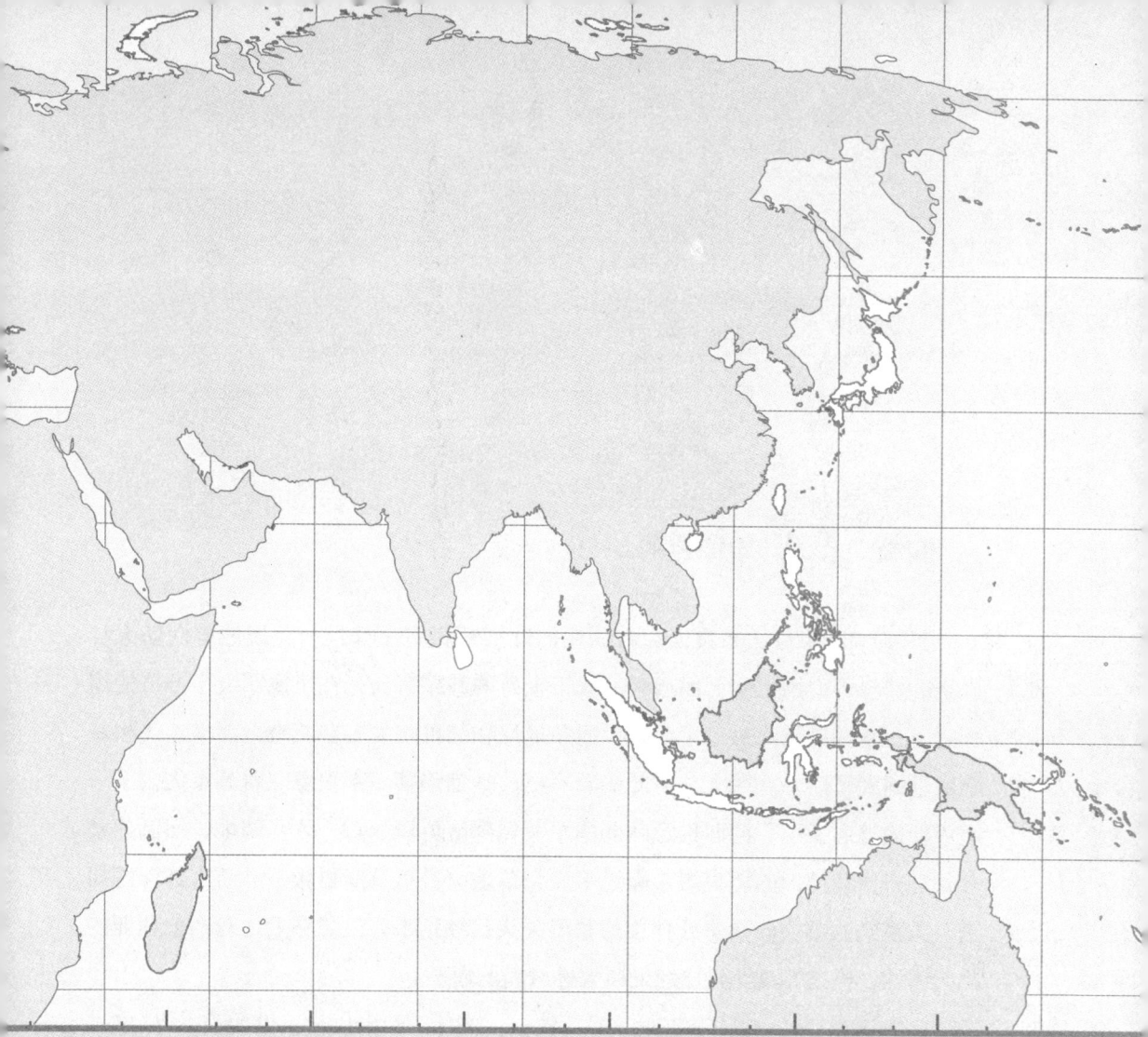

第六章

姆岑斯克坦克战
——生死攸关的伏击战

▲在攻取基辅之后，希特勒将进攻的目标瞄准了莫斯科，跟着那些已经远去的世界霸主的脚步，希特勒也踏上了征服莫斯科的道路。斯大林意识到决战的时刻到了，苏联的存亡就在于能否保住莫斯科，德国人的履带似乎已经碾上了莫斯科城的街道，莫斯科城在风雨中动荡不安。为了拖住德军前进的脚步，为了为保卫莫斯科的战斗争取足够的时间，苏军统帅部决定出动装甲部队对德军发动伏击。

前奏：战火快速燃向东线

1941年的9月，布良斯克方面军的叶廖缅科将军并没有兑现他曾向斯大林许下的"粉碎古德里安"的承诺，成千上万的苏军官兵死在了德军装甲部队的炮火之下，基辅城最终被德军攻破，而布琼尼和赫鲁晓夫则在城破之前坐上飞机灰溜溜地回到了后方。斯大林对此恼怒不已，基辅陷落，不仅意味着苏军失去了一座重要的战时工厂，同时也意味着德军装甲部队可以面对一片开阔地，然后使劲开足马力，让他们的坦克履带碾过平原和草地，直抵莫斯科城下。斯大林深深知道，关系到苏维埃政权生死存亡的紧要关头已经到来，虽然身后还有西伯利亚的冰天雪地，但是，莫斯科已经是斯大林最后的堡垒。

沙皇亚历山大一世曾在面对拿破仑时，选择了退出莫斯科，随后如历史上所记载的那样，沙皇不仅重新夺回都城，还联合欧洲诸国最终剿灭了法国皇帝。但此时的莫斯科已经不是一百年前的莫斯科，斯大林也不是沙皇亚历山大一世，拿破仑攻入莫斯科时，欧洲大陆的列国尚握有重兵，但此时的西线几乎落在了纳粹版图之内。此一时，彼一时，斯大林已经毫无退路。

斯大林接通了莫洛托夫的电话，要求苏联最高统帅部尽快召开战前会议。因为在基辅战役中与斯大林发生了激烈

★苏德战场上的严峻形势让斯大林愁眉不展

的争论，被调出最高统帅部七人小组的朱可夫将军此时已经回归，并且在9月底的列宁格勒战役中稳住了苏军的防线。但是铁木辛哥、伏罗希洛夫、库兹涅佐夫和沙波什尼科夫对战争忧心忡忡，远远没有朱可夫意气风发，而刚刚在基辅遭遇大败的布琼尼，则是胆战心惊地出现在作战会议上。手握烟斗的斯大林出现在了他们的面前，莫洛托夫开始向与会的各位将领讲述此时莫斯科城的危机四伏。

这是一次并不算激烈的作战讨论，因为在基辅的失利，使苏联的元帅和将军们都显得有些局促，只有在列宁格勒战役中有所突破的朱可夫看起来充满斗志。但是他在此时也不得不猜度领袖的意思，因为在基辅作战中的激烈争吵，他的官兵们甚至一度担心斯大林会像对待图哈切夫斯基那样处决他。但是，斯大林并没有将屠刀架到朱可夫的脖颈上，而且在战争最关键的时刻，偏执的领袖甚至捐弃前嫌，将他召回到了最高统帅部。

斯大林此时愁眉不展，希特勒显然是作好了将纳粹旗帜插到克里姆林宫的准备，不达到这个目的，德国人的装甲部队是不会善罢甘休的。此时的希特勒必然已经看到了战争胜利的希望，他距离自己的梦想似乎已经越来越近，而斯大林无疑有着跟希特勒截然相反的感觉，此时莫斯科城风雨飘摇，国家岌岌可危。

于是，朱可夫再次站了出来，提出了自己的看法。他没有提到任何有关基辅战役的事情，当然，对于一位统帅来说，过去的事情即便是错误，但它终究已经过去，重要的是如何把握当下。将军分析了苏联方面与德国方面的优劣，并且提出，要真正战胜德军，就必须大力发展苏联的装甲部队。虽然在战争中发展，有些"临时抱佛脚"的意味，但是朱可夫相信正是在国家存亡的关键时刻，强大的凝聚力才能迸发出真正的巨大能量，从而创造出奇迹。

另外，面对德军的步步紧逼，苏军不能够一味防守，应该在战略防守的前提下，寻求局部反攻。这些反攻虽然是小规模

★面对危局，朱可夫沉着应对。

的，但却可能为苏军的防御争取时间，"在激烈的战争中，每一秒的时间都是非常珍贵的"。朱可夫认为，与其等着敌军攻到面前，不如提前在敌军的来路上设置伏击，这样，将会为莫斯科防御体系的构建赢得宝贵的时间。

可还有一个问题是，基于当时莫斯科防御的考虑，苏军不可能抽调大部分兵力对德军展开伏击，也就是说，苏军必须选择一个非常合适的地方，以最小的兵力拖住德军最主要的进攻力量。最高统帅部的决策者们紧紧地盯着作战地图，在上面寻找着稍纵即逝的战机和至关紧要的位置，抽着烟斗的斯大林一刻也没有离开眼前的作战地图，他的目光在烟雾中依然显得非常笃定，忽然他站起身来，习惯性地用手指敲了敲地图上的一个位置，然后抬起头来，望向朱可夫。

朱可夫随着斯大林的手指看过去，他所指的地方是：姆岑斯克。

迅猛围攻：莫斯科危在旦夕

谈到第二次世界大战的欧洲战场，有人开了个玩笑，说是"三个烟鬼打败了一个不抽烟的人"，这个"不抽烟的人"就是纳粹头子希特勒。众所周知，丘吉尔是不能离开雪茄的，罗斯福是无烟不欢的，而斯大林则成天握着烟斗，希特勒呢，他对女人和烟酒从来不感兴趣，在著名的"狼穴"里，在希特勒的办公桌上，摆放着一个地球仪。只有希特勒身边最亲密无间的人才能知道，希特勒经常会望着地球仪陷入沉思。是的，这就是他的兴趣，蓝色星球上的这片世界。

闪击东欧、荡平西欧，让他距离最后的梦想似乎又迈进一步。此时的希特勒并没有将美国人看在眼里，在他看来，美国人居住在遥远的海外，他们还是新生的国家，根本没有经历过太多的征战和杀戮，疯狂的战争对时髦的美国人来说还是新鲜的玩意儿，在战争面前他们只有哆嗦的份儿。英国人之所以固守孤岛，誓死顽抗，是因为在东边还有苏联人，只要苏联人一天不倒下，英国人就依然对战争的胜利心存侥幸。与其用飞机漫无目的地轰炸英国人，不如将他们最后的希望扑灭，当他将纳粹的旗帜升起在克里姆林宫的广场上时，绝望的英国人必然就范。

但正如一百多年前的一代雄主拿破仑所说："最困难之时就是离成功不远之日。"亚历山大、阿提拉、成吉思汗、拿破仑……哪一个不是在霸业将成之际轰然倒下？这似乎是霸者无法更改的宿命，但是希特勒是不信邪的，因为他清楚自己所做的事情是亘古未有的，他也不能容忍从前的悲剧发生在自己的身上。他要攻下莫斯科，覆灭苏联，踏入克里姆林宫。所以，他早在东线战事发生之前，就已经命令德军的统帅部拟订了详细的作战方案，并且进行了多次的反复完善。

一切似乎进行得非常顺利，唯一让人不太舒服的插曲是在元首与陆军元帅之间发生的。博克在陆军中有"库斯将林的圣火"之称，为人性格耿直，具有德国军人最显著的特点。在发动对苏联的作战时，希特勒始终不肯放弃睥睨已久的列宁格勒，意图先行夺取盛产粮食的乌克兰、工业发达的顿涅茨盆地和经济繁荣的克里米亚半岛，而博克元帅却反对元首的分兵计划，认为在距离莫斯

★与希特勒意见有分歧的博克元帅

科仅250公里的地方停下来反而去攻击其他的地方，无异于是在坐等失败。希特勒与博克展开了激烈的争吵，希特勒甚至还讥笑博克对战争经济学根本一窍不通，恼怒的博克问希特勒进攻苏联是为了军事征服还是经济开发，希特勒则告诉博克，两者都是他发动此次战争的目的，两者同样重要。

博克最终只得被迫同意了希特勒的作战思路，率领自己的部队在斯摩棱斯克以东47公里的地方停了下来。一直等到1941年10月初，希特勒终于拨通了博克元帅的电话，告诉他，对莫斯科发动进攻的"台风行动"可以实施了。根据德军之前所制订的"台风行动"计划，德军计划以各装甲部队发动突击，割裂苏军的防御，然后在维亚济马、布良斯克两个地域合围并歼灭苏军的西方面军、预备队方面军和布良斯克方面军。然后，再以强大的快速集群从北面和南面包围莫斯科，在步兵兵团于正面发动进攻的同时，攻下苏联首都。

博克元帅率领"中央集团军群"辖施特劳斯上将率领的第九集团军、克鲁格元帅率领的第四集团军、魏克斯上将率领的第二集团军，以及霍特上将率领的坦克第三集群、霍普纳上将率领的坦克第四集群、古德里安上将率领的第二装甲集群，共74个师180万人，其中包括14个坦克师和8个摩托化师，有1 700辆坦克，1.4万多门火炮和迫击炮，可以说是来势汹汹。

随着"台风行动"计划的开始，德军第二装甲集群在布良斯克方面发动进攻，而第三、第四装甲集群则对维亚济马方向发动进攻，尽管苏军顽强抵抗，但是仍然无法阻止德军迅猛的装甲部队。不久，德军第二装甲集群就攻破了苏军第五十集团军的防线，德国坦克开进了布良斯克。10月3日，奥廖尔也被德军攻陷。"台风行动"发动伊始，苏军就在德军装甲部队的猛攻下节节败退，莫斯科城下的苏联精锐部队，终于见识到了德军坦克之迅猛，攻势之强大。斯大林愁容满面，眼看着莫斯科就要坍塌在德国铁骑的洪流之下。

★"台风行动"计划开始前集结的德军坦克部队

其实当时的苏联并不缺少装甲部队和坦克，但是在数量上和德军无法相提并论，在质量上更是和欧洲大陆的其他国家一样落后。苏联和英法等老牌军事强国一样，在第一次世界大战结束之后，仍然在发展骑兵，比如在最高统帅部中，铁木辛哥、布琼尼和伏罗希洛夫都是骑兵出身。而主张建立装甲部队的统帅如图哈切夫斯基、叶戈罗夫等则都在"大清洗"中遭到杀害，只有拥有骑兵背景的朱可夫得以幸免。但正是因为这些特定的历史事件，使得苏联在装甲部队的建设和坦克进攻战术上处在非常落后的阶段，所以在苏德战争开始时，面对德军坦克的进攻，苏军的统帅们毫无办法。

时空互换：独立坦克第四旅奉命阻击

虽然面对着武器与战术的落后，但是，苏军的统帅并没有就此任由敌人来践踏自己的国土。苏军最高统帅部面对敌人的迅猛进攻决定提前开始行动，斯大林告诉朱可夫，必须尽快派遣苏军的精锐装甲部队开赴姆岑斯克伏击德军，朱可夫随即通过电话向刚刚组建完成的苏军独立坦克第四旅下达命令，旅长卡图科夫上校接到朱可夫的命令之后，随即指挥自己的部队向姆岑斯克推进。

朱可夫深知此次在姆岑斯克的伏击战非常重要，不论付出怎样的代价都必须阻挡德军，但此时苏军的坦克主要是BT-7快速坦克，虽然这种坦克经过改装之后已经具备比较出色的机动性，但是其装甲防护依然非常薄弱，面对德军的猛烈炮火并没有太多办法，而新的T-34坦克还没有真正的大批量投产。当然最为重要的是，通过长期的理论积累和实战锻炼，德军的"闪击战"已经日臻完善，而苏军的装甲战术依然非常落后，处在摸索阶段，两相对比，苏军依然处在比较不利的局面。在困难重重的环境下，朱可夫还是组建了一支精锐部队。

卡图科夫上校是当时苏联红军中少有的装甲战能手，战前他曾经在工农红军机械化和摩托化学院指挥人员进修班进修过，还曾参加过彼得格勒十月武装起义，从一名普通的士兵历经排长、连长、团属学校校长、教导营营长、旅参谋长一直到坦克旅旅长，曾经无数次在生死线之间战斗，是具备

★苏军装备的"BT-7"型坦克

★苏军装备的"T-34"型坦克

理论而又经过实战锻炼的勇猛的装甲战士。朱可夫找到了这位苏军装甲部队中的佼佼者，告诉他最高统帅部对于在姆岑斯克发动坦克伏击战的计划，要求他务必在较短的时间内组建一支精锐的独立坦克旅，并且带领这支部队驾驶着苏军最先进的坦克开赴姆岑斯克，在那里尽可能地阻击德军的装甲部队，从而为苏军大部队在莫斯科完成防御体系的设置赢得宝贵的时间。

作为一名久经战火考验的老布尔什维克和红军指挥官，卡图科夫坚决接受了朱可夫的命令，他非常了解这位将军的脾气，只要他认定的事情，就不能够说

★卡图科夫上校

"不"和提出疑问。当时已经是1941年的10月初，德军的中央集团军群此时已经在斯摩棱斯克东北、罗斯拉夫利和绍斯特卡三个地区发动了进攻，此时苏军布良斯克方面军的防御岌岌可危，所以卡图科夫的时间非常紧张，他急忙赶赴苏军的各个装甲部队，精心挑选各部队的装甲精英，并将人员名单报送给苏军最高统帅部。朱可夫对卡图科夫的办事效率非常满意，经过最高统帅部的研究之后，认可了卡图科夫上校的工作。

于是，独立坦克第四旅就在莫斯科以西的库宾卡地区集合了，他们当时接到的命令主要是负责保护莫斯科到明斯克沿线的公路和铁路，除了少量的BT-7快速坦克以外，这支部队主要配备的坦克是苏联最新型的T-34坦克。随后，随着德军全面发动进攻，苏军统帅部关于姆岑斯克伏击战的具体方案正式出台，朱可夫随即电令独立坦克第四旅在卡图科夫上校的指挥下从莫斯科郊区出发，沿铁路开赴姆岑斯克地区。

10月3日，就在奥廖尔沦陷的第二天，独立坦克第四旅与其他几个预备队坦克兵团正式编入近卫步兵第一军，随后，以独立坦克第四旅为主的装甲部队分梯次开赴预定地点。此时德军的推进非常迅速，朱可夫几乎无时无刻不在关注着卡图科夫所率装甲部队的进展。卡图科夫指挥第一梯队的坦克在10月4日到达了指定地域，在图拉到奥廖尔的公路两侧阻击德军，其余的各路部队则继续前进。

★苏军的T-34-76型坦克

出于拖延时间的需要，必须要巩固住自己的防御阵线，卡图科夫仔细察看着手里的地图。为了创造组织防御的有利条件，同时组织德军对转入防御的苏军各分队发动突击，卡图科夫上校先后向奥廖尔市区方向派出了两支强大的侦察分队：一支侦察分队由古谢夫大尉指挥，包括10辆坦克和搭乘着坦克的一个步兵连；另一支侦察分队由布尔达上尉指挥，包括8辆坦克和搭乘着坦克的一个步兵连。

在当天傍晚，独立坦克第四旅及其所配备的一个85毫米高炮营和空降营全部抵达指定地点，并且在夜晚进驻奥廖尔东北5公里的宽阔正面，利用地形构筑了防御工事，将所有坦克都进行了设伏伪装。此时，布尔达上尉所率领的侦察分队已经在姆岑斯克到奥廖尔公路的一侧完成了埋伏。卡图科夫此时向朱可夫发去了电报，告诉将军他们已经在预定地点完成了埋伏，而他们的敌人已经在赶来的路上。

接到卡图科夫的电报之后，朱可夫连夜赶到克里姆林宫，将这个消息告诉给了斯大林。斯大林站在办公室里，望着窗外的夜空，这一夜注定无眠，莫斯科的生死存亡都在于姆岑斯克的这场阻击战。此时在莫斯科近郊的战线上，苏军的防御阵地正在紧锣密鼓地筹建，时间在一分一秒地流逝，而德军的炮火已经渐渐临近，卡图科夫的坦克部队能够坚持多久，无疑将关系到莫斯科乃至整个苏联的命运。

公路设防：卡图科夫设下口袋阵

斯大林和朱可夫都非常清楚，卡图科夫和他的坦克部队所遭遇的，将是德军最精锐的部队，不仅非常狡猾，并且有着他们从未感受过的凶悍。在战斗开始之前，朱可夫再三叮嘱远在姆岑斯克的卡图科夫，告诉他务必要非常小心。就在朱可夫的电报刚刚发出不久，姆岑斯克方向已经传来了一阵阵的轰鸣，朱可夫抬起头来，紧锁着眉头，心跳开始加速，苏军的阻击战已经开始。

苏军侦察群的伏击地遭到了德军的轰炸，但是卡图科夫并不急于让自己的坦克部队应战，对苏军伏击地发起进攻的是德军约一个团的纵队。德军的炮火非常猛烈，但是因为苏军的阵地布置得非常严密，所以德军的进攻并没有取得实质性的效果。德军坦克在猛烈炮火的掩护下，向着苏军的伏击地快速开进，在得知德军的装甲部队已经进入苏军坦克的火力射程之内以后，卡图科夫发动了进攻的命令。霎时间，苏军的伏击地炮火齐鸣，正在快速突进的德军装甲部队受到了苏军炮火的猛烈阻击，开进的速度立刻受到影响，很多德军坦克被苏军的炮火摧毁。

随后，在苏军完全压制了德军的炮火之后，苏军的部队对德军发起了进攻。虽然在坚硬程度上苏军的BT-7坦克无法和德军的坦克相提并论，但是良好的机动性使苏军的BT-7坦克充满冲击力，德军的炮火被苏军压制，所以无法发挥威力，而苏军的坦克则快速突进到德军坦克的附近，发动更大规模的进攻，德军部队很快就不得不撤退。苏军在此次伏击战中大获全胜，不仅抓获了三名德军俘虏，还缴获了一辆德军的装甲运输车和一些作战文件，而德军的进攻则在姆岑斯克受到了阻碍。

在战斗结束之后，侦察分队返回到了旅阵地，经过对俘虏的三名德国士兵的审讯，卡图科夫得知，如今他的部队所面对的将是德军名将古德里安坦克集群的第三、第四师和一个摩托化师。德国将领古德里安的名字，当时在欧洲早已经是尽人皆知，他的坦克部队如同一道闪电，几乎所有的装甲防线都无法阻挡其前进。古德里安的装甲部队，更是德军装甲部队王牌中的王牌，要与这样的劲敌交手，让卡图科夫更为谨慎。此时，古德里安的部队距离独立坦克第四旅仅为12~15公里，留给卡图科夫组织防御的时间已经非常紧张，而第四旅与苏军的步兵兵团的距离却比较远。

为了能够有效地阻击德军，卡图科夫将独立坦克第四旅编成了两个梯队：第

★战场上的德军坦克

一梯队是有建制的摩托化步兵营、反坦克炮兵和配属的内务人民委员部第三十四团混成营；第二梯队是用于设伏和反冲击的坦克第四团。第一梯队中的摩托化步兵营和第三十四团混成营的各连并列展开，另外给每个营加强一个坦克排，坦克主要负责占领防御地域的侧翼阵地。摩托化步兵营配置有4门45毫米反坦克炮。在第一梯队和第二梯队之间的地区，也就是伊万诺夫斯科耶东南方向3公里的地方，派出坦克设伏。卡图科夫要求第四旅的反坦克密度必须达到每公里正面12个单位，在公路方向反坦克火力的密度是最大的，每公里正面达到了20个单位。为了掩护第二梯队和指挥室，使之免受空中突击，将旅建制内的一个37毫米的高炮营用于担任防空任务。同时，第四旅还派出了坦克及相应的步兵到暴露的侧翼，并且在那里设伏。

10月4日的晚上，对于卡图科夫来说是紧张而又忙碌的，他在紧张地分配着手里有限的作战资源，将它们尽可能地分配到关键的位置上，留给他组织战斗的时间此时已经极为有限，只有4个小时的时间用于完成战前准备工作。卡图科夫亲临摩托化步兵营和第二梯队的坦克第四团所构建的设伏阵地，亲自向其下达在主要方向上执行掩护奥廖尔到姆岑斯克公路的任务。

随后他又面对地图，指示内务人民委员部第三十四团混成营，在次要方向上占领防御阵地。卡图科夫在下达完命令之后，要求各指挥员随时向他报告战斗准备情况，时间一分一秒地流逝，东方的天际逐渐露出光亮。第四旅的战斗准备工作在紧张地进行着，卡图科夫终于等到各部队到达预定地点完成部署并报告作好了战斗准备，才长出了一口气，看了看渐渐亮起的天色，松了松衬衣的扣子。就当旅长准备吃一口早餐然后迎接德军的进攻时，方才还平静的阵地忽然被德军的猛烈炮火吞噬了。

10月5日的早晨，在结束了乏味的侦察试探之后，德军的大部队发动了猛烈的进攻，德军的坦克和火炮对苏军的阵地展开了疯狂的攻击。苏军面对德军的突袭无法及时作出回击，在火力准备结束以后，德军的100多辆坦克成纵队地穿过硝烟，从奥廖尔方向冲着坦克第四旅的设伏地区开过来。卡图科夫的部队再一次展现了良好的战斗素养，沉着地面对着德军坦克的推进，耐心等待着德军坦克纷纷进入设伏地区的纵深。随后，卡图科夫下达战斗命令，独立坦克第四旅向德军坦克群突然发动了猛烈攻击。

面对苏军这种近距离猛攻的战术，德军显得有些猝不及防。按照德军装甲部队多年来的经验，敌人无不对其迅猛的速度感到惧怕，所以最担心的就是近距离的交火，但是苏军的坦克却截然相反，选择了与过去的对手相背的方法与德军展开激战，使得德军的坦克一时手足无措。德军的队形顿时被打乱，坦克与步兵之间的协同失调。抓住这个机会，"BT-7"在"T-34"坦克的掩护下对德军展开

★行进中的德军坦克编队

迅猛攻击，最终击毁德军坦克11辆，汽车8辆，许多步兵在战斗中受伤，德军不得不慌忙撤退。

突进的德军始料未及自己会在这里遭遇这样的惨败，不得不退回到原出发地。而苏军在击退了德军的突进之后，卡图科夫并没有因此忘乎所以，他清楚"T-34"坦克虽然不逊色于德国坦克，但当时苏军的主要作战坦克依然是"BT-7"，在使用"T-34"坦克上他必须要小心。在与最高统帅部进行简单沟通之后，卡图科夫率领独立坦克第四旅连夜转移到了第一军人村地区，另外再次在奥廖尔到姆岑斯克公路的两侧设下了埋伏。

连续伏击：德军损失惨重

对于在整个姆岑斯克地区进行伏击的苏军独立坦克第四旅来说，在整个伏击作战的过程中，主要的任务除了作战，就是昼夜不停地随时准备更换伏击地点。苏军的官兵们在卡图科夫上校的带领下，迅速转移到了第一军人村地区，并借着夜色在该地区完成了自奥廖尔到姆岑斯克公路两侧的设伏。11月6日的早晨，于前一天遭受苏军重创的德军装甲部队卷土重来，这一次，古德里安命令出动约150辆坦克沿着公路向姆岑斯克的方向前进，他要用德国人的履带碾碎苏联人的偷袭。

卡图科夫经过几天与德军的交火之后，对德军的战术有了一定的认识，而同样，德军对苏军的战术也作了必要的研究。就在德军接近独立坦克第四旅的防御阵地时，它们并没有像之前那样大规模前进，而是马上就展开了战斗队形，在行进中就发起了冲击。德军的坦克炮火显然比苏军的炮火要强大，区区几辆"T-34"并不能阻碍德国人前进的脚步，卡图科夫知道苏军的防御战线已经不能阻挡德国人前进的脚步，但他并没有慌乱，他知道真正的战斗才刚刚开始。在德国坦克密集炮火的猛攻之下，大概有50辆坦克突入了苏军的防御阵地，苏军的很多部队就此暴露在了德军坦克的炮口之下。

随后，德军坦克就开始在苏军的阵地里横冲直撞，它们如入无人之境，苏军的反坦克炮根本无法发挥功效，就一门接着一门地被德军的坦克摧毁，德军以为苏军的防御体系此时已经完全被他们摧毁，前线指挥官看着苏军阵地土崩瓦解大喜过望，他通过无线电焦急地催促着装甲部队全速前进，而坦克里的德国士兵更加有恃无恐，他们大胆地将坦克开向苏军阵地的纵深。卡图科夫看着德国坦克继续向苏军阵地纵深前进，但是他并不着急，他知道以苏军坦克的战斗力如果与德国坦克硬碰硬，恐怕只有惨败。

卡图科夫通过无线电告诉自己装甲部队的官兵们，将阵地和一些并不重要的辎重留给那些狂妄的德国人，然后将他们吸引到己方的纵深。德国坦克就这样轻松地前进，并没有觉得有什么不妥，或许，在从前的战斗中，快如闪电的德国坦克已经习惯了这种畅通无阻，德国人对此并没觉得有什么奇怪和异样，在他们的脑海里，德国坦克本来就应该是这样长驱直入的，没有人能够阻碍他们的脚步。

可是他们并不知道，就是在有意无意之间，他们进入了卡图科夫设下的伏击圈。如同之前的作战一样，德军坦克一步一步地接近着苏军的坦克部队，卡图科夫一声令下，苏军的装甲部队故技重演，待到德国坦克进入苏军坦克的火力范围之后，苏军坦克就发动了猛烈的进攻，正在长驱直入的德军猝不及防，他们很快遭到了苏军无情的攻击，不得不节节败退。BT-7再一次发挥了它们机动性强的特点，卡图科夫和他的部队熟练地使用着这种在这几天里已经非常了解的战术。

德国人又一次在苏联人的猛烈炮火里迷失了方向，他们慌乱地扭转着坦克笨重的机械身体，希图躲避开被摧毁的厄运，但是苏军的坦克炮口早已经架到了

★战场上的苏军T-34型坦克

他们的身旁。大地开始颤抖，德军坦克在苏军的炮火下遍体鳞伤。在苏军的反击中，仅是留布什金上士的一辆坦克，就击毁了9辆德军坦克，消灭了1个连的德军步兵。激烈的战斗在继续，苏军的坦克对德军坦克展开了围攻，一直从早晨杀到晚上，在12个小时的激战中，苏军坦克的炮火从未停止，地面上留下了无数被炮弹轰炸出的沟壑和履带碾过的痕迹。

在激战中，有43辆德国坦克被击毁，16门反坦

★被击毁的德军坦克

克炮被摧毁，付出了约500名德军步兵伤亡的代价。在整个战斗中，德军将领古德里安一直在催促着自己的前线指挥人员率部前进，对于装甲部队来说，畏缩和后退就意味着成为敌人攻击的目标，就意味着必然失败的命运。但此时的苏军已经完全控制了前线的火力，德军坦克根本没有还手之力，德军坦克部队虽然多次试图反攻，但是都没有能够成功。经过连番恶战，古德里安不得不面对失败的现实，下令前线的德军装甲部队后撤约1 000米，然后在一块洼地内集结整顿，而这无疑也为卡图科夫赢得了喘息的机会。

傍晚还在激战的时候，近卫"喀秋莎"火箭炮营营长丘马克来到了指挥所，他见到卡图科夫上校之后，就代表近卫"喀秋莎"火箭炮营请求出战。卡图科夫对此非常高兴，但当时双方的坦克正在作近距离搏杀，火箭炮一旦发动，就有可能误伤了己方的坦克。一直等到德军坦克后撤，卡图科夫转过身拍了拍丘马克的肩膀："营长同志，现在，你可以用你的'喀秋莎'问候一下远道而来的德国朋友了。"卡图科夫命令丘马克马上回到火箭炮营的营地，组织所有"喀秋莎"火箭炮对德军发动一次齐射。

★正在发射的"喀秋莎"火箭炮

丘马克接到卡图科夫的命令之后，随即赶回火箭炮营的营地。当天晚上，苏军的"喀秋莎"火箭炮齐齐竖起，向着洼地内的德军发起了猛烈进攻。霎时间，德军的阵地亮如白昼，整个姆岑斯克地区都在震颤，古德里安从睡梦中惊醒。洼地内的德军此时队形已经完全混乱，在"喀秋莎"火箭炮的攻击下损失惨重。在火箭炮的进攻结束之后，卡图科夫向苏军最高统帅部报告了这次战斗的详细情况。在此次交战中，尽管摩托化步兵营和反坦克炮兵营的损失较大，但是苏军独立坦克第四旅仅损失了6辆坦克。

在完成了对德军的重创之后，卡图科夫马上命令苏军进行转移，在当天夜间，苏军的坦克部队又转移到第一军人村北构建了新的防御地区。此时，苏军的空降第二〇一师和坦克第十一旅已经奉命前来协同苏军独立坦克第四旅对德军发动攻击。6月7日和8日，德军都派出了小股兵力进行战斗侦察，但此时的独立坦克第四旅早已经在新的防御地带上作好了战斗准备，德军在这几次局部战斗中也没有讨到便宜。

组织防守：为战略防御赢得时间

对于德军在姆岑斯克地区的停滞不前，希特勒非常生气，他打电话给前线的古德里安，要求他的部队必须尽快通过姆岑斯克地区，逼近莫斯科。古德里安对部队的表现也非常气恼，在遭到元首的痛斥之后，他随即命令前线迅速向苏军的防御阵地前进，不惜一切代价也要突破姆岑斯克地区。为了能够尽快突破苏军的防御阵地，古德里安决定实施他最为擅长的"闪击战"。

10月9日，德军出动了轰炸机，对苏军独立坦克第四旅的防御阵地进行了狂轰滥炸。此时，德军的"闪击战"战术早已经闻名欧洲，所有的将领和士兵几乎都清楚古德里安的作战风格和特点。当德军轰炸机掠到第四旅的阵地上空，并且发动连番轰炸的时候，卡图科夫上校就知道，古德里安必然对德军在姆岑斯克的表现大为光火，如今，他要使用"闪击战"来突破他的阻击了。这是真正的考验！一颗颗炸弹从高空落下，整个苏军阵地几乎被炸得翻了过来，卡图科夫命令苏军防空火力不惜一切代价对德军飞机展开反击。第四旅的防空作战部队不辱使命，以精准的火力击落了5架德军飞机。

在完成轰炸之后，德军飞机就飞走了，卡图科夫从掩体下观察着己方凌乱不堪的阵地，知道古德里安的装甲部队已经出动了。即将面对让整个欧洲大陆都胆寒的"闪击战"，卡图科夫内心也是充满了忐忑，无数的欧洲名将已经倒在了德意志的闪电之下，还籍籍无名的卡图科夫可以全身而退吗？但此时两军交战，已经没有时间让他过多地去思考，他告诉自己部队的官兵们，德国人必将倾尽全力发动前所未有的猛烈攻势，而此时他们能做的就是尽一切可能完成阻击。"别忘了，同志们，我们的身后就是莫斯科城。"卡图科夫高声地说，"伟大的领袖斯大林同志正在注视着我们，莫斯科乃至整个苏维埃的命运就在我们的手里，我们所能做的唯一的事情，就是竭尽全力阻挡住侵略者前进的脚步，为守住莫斯科防线拼尽全力！"

卡图科夫的话音刚落，德国人的坦克已经穿过飞荡的尘土出现在苏军官兵们的眼前，巨大的机械怪物一边喷射着火焰，一边向着苏军的阵地开进。德军坦克从第四旅防御阵地的中段和左翼发起了进攻，但是，此时群情激愤的苏军摩托化步兵营、独立营和混成营对德军坦克展开了顽强的阻击。苏军的坦克向着德军坦克猛攻，每个坦克里的乘员都在一刻不停地战斗着，德军的进攻再次遭到了阻碍。

看到正面的进攻并没有取得预想的效果，德军的坦克就决定采取迂回的方式进攻。但是在苏军的侧翼，早就有先见之明的卡图科夫在那里布置了伏击坦克和坦克预备队，并对它们进行了精心的伪装。德军坦克正在行进时，这些隐蔽的坦克忽然发动了进攻，毫无防范的德军坦克立刻遭受重创。负责侧翼伏击的装甲营营长拉夫托普洛大尉虽然在战斗中不幸受伤，但是仍然坚持指挥坦克营对德军发动进攻，战斗已经持续了8个小时。而该营的拉夫中尉则驾驶着自己的坦克冲入敌阵，击毁了16辆德军坦克。在这一次的激战中，德军损失了33辆坦克、数十门反坦克炮和大概两个营的步兵。

当天夜间，卡图科夫接到了军长列柳申科少将的命令，随即带领独立坦克第四旅前往姆岑斯克南郊附近构建了新的防御地区。随后，德军发动进攻，在发现

★全速推进的德军坦克

苏军已经转移之后，就向第四旅的左翼迂回，卡图科夫对德军的这个反应大感意外，因为当时苏军的防御阵地还没有完全构建完成，卡图科夫只能要求在侧翼负责防御的独立营匆忙与德军交战。

独立营的主要坦克是"BT-7"，在遭遇战中根本不是德军坦克的对手，在数量上也与德军的坦克数量相差悬殊，加之在此前的战斗中独立营已经付出不小的代价，此时的战斗力大打折扣。所以在战斗的一开始，苏军的坦克在交战中就限于被动。营长急忙将情况电告卡图科夫，以独立营当时的作战能力根本不可能再阻挡住德军的疯狂进攻。卡图科夫急忙与军长列柳申科少将取得联系，将独立坦克第四旅的情况告诉给他。

没过多久，苏军最高统帅部就接到了列柳申科的报告，斯大林在与朱可夫研究之后决定，为了日后的大规模作战，需要将作战勇敢的独立坦克第四师及其骨干力量保存下来，随即命令卡图科夫，让独立营撤退，随后向奥普图哈河北岸逐步转移。接到命令时的独立营其实已经濒临弹尽粮绝，装甲部队急忙在炮兵的掩护下撤退，德军在攻破了独立营的防御阵地之后，随即占领了姆岑斯克。

但此时的古德里安并没有准备就此结束，连续多日的交战，让他对这支苏联装甲部队深恶痛绝，他要求自己的装甲部队不能停歇，必须一鼓作气击败伏击己方的苏军装甲部队。德军的装甲部队随即展开追击，撤退中的卡图科夫并没有放弃对德军的攻击，他一边率领部队撤退，一边派遣机动性强的"BT-7"不时出现在德军侧翼对德军的追击部队进行袭扰，在德军面对袭扰有些慌乱之际，他再派出"T-34"进行攻击，使得德军不得不经常放慢追击的速度，到10月10日，卡图科夫的部队其实就已经摆脱了德军的追击。

10月11日，坦克第四旅及其配属分队撤退到了奥普图哈河北岸，在姆岑斯克地区的8昼夜阻击战中，独立坦克第四旅先后6次更换阵地，以伏击和短促出击的方法，协同其他部队有效阻击了德军两个坦克师和1个摩托化步兵师的进攻，先后共击毁德军坦克133辆、火炮49门、飞机8架、弹药车15辆、追击炮6门，歼灭德军步兵约1个团。成功阻止了德军的突进，并且缓解了莫斯科方向的压力，为苏军最终在随后的莫斯科会战中由防御转入反攻创造了条件。

虽然最终德军占领了姆岑斯克地区，但是却付出了非常惨重的代价，而且最后也没有能够打通通往图拉、逼近莫斯科的通道，独立坦克第四旅在姆岑斯克坦克战中的表现，赢得了苏联人民的尊敬。10月22日，苏联最高苏维埃主席团授予独立坦克第四旅32名官兵"苏联英雄"称号和奖章，随后经过改编，独立坦克第四旅成为了近卫坦克第一旅。

战典回响

时间换空间的典范

当德军对不列颠群岛进行狂轰滥炸的时候，斯大林并没有作好充分迎击纳粹德国进攻的准备，即便此时德国可能对苏联发动进攻的各种情报都已经被送到了他的办公桌上，但是斯大林仍然不能够完全相信，希特勒在没有攻陷英伦的时候就会突然在东线发动战争。然而，希特勒确实作出了这样大胆的举动，德军装甲部队秘密集结于东线，随着1941年6月22日希特勒一声令下，苏德战争正式爆发了。

与以往的侵略战争相同，希特勒选择的进攻方式仍然是以快为主，"闪击战"是纳粹德国无往不利的进攻利器。但是希特勒最早的计划并不是率部直袭莫斯科，而是先进攻列宁格勒和乌克兰，随后再对莫斯科发动进攻。但是在基辅会战结束之后，希特勒改变了自己的作战方针，将进攻重点放到了对莫斯科的进攻上，而对列宁格勒则只采取包围的策略。

德军的装甲部队长驱直入，直扑莫斯科。但是，在德军向列宁格勒和乌克兰展开进攻的时候，开战之初有些惊慌失措的苏军已经稳定下来，并开始思考如何拖延德军的进攻速度，为己方战争机器的完全运转争取时间。于是，苏军最高统帅部决定在姆岑斯克地区伏击德军装甲部队，在阻碍其前进的同时，从而建立和完善己方的防御体系。

可以说，苏军在合适的时间、合适的地点，选择了一位合适的指挥官去执行这项非同寻常的任务。卡图科夫胜利完成了最高统帅部交给他的任务，将古德里安的王牌装甲部队拖在了姆岑斯克地区。在争取了时间的同时，苏军则得以完善在莫斯科的防御阵地，从而增加了莫斯科防御阵地的纵深，给德军的进攻创造了更多的障碍和麻烦。在随后的莫斯科会战中，德军进攻缓慢，一时难以完全攻破苏军的防御纵深，从而最终导致在冬天到来时不得不放弃作战，而苏军则获得了转入战略反击的最好契机。

战争是一门高深而又微妙的博弈艺术，战争中的时间几乎是以秒乃至于更小的时间单位来计算的。而每一位战争中的指挥官，都试图去把握时间，去创造更为有利于己方的战略发展势态。姆岑斯克伏击战，是世界战争史上最有名的坦克伏击战，苏军通过对时间上的把握和利用，为自己赢得了在空间上的优势，在莫斯科城构建了足够的战略防御纵深，扩大了德军面对的防御阵线，德军不得不通过大量的消耗战以达到攻入苏军防御纵深的目的，结果在消耗了大量物资的同时，也失去了在时间以及空间上的主动权，也最终不得不面对第二次世界大战中必然失败的命运。

★ 沙场点兵 ★

人物：卡图科夫

米哈伊尔·叶菲莫维奇·卡图科夫于1900年9月17日出生于莫斯科大乌瓦罗沃镇，1919年参加苏军，先后到莫吉廖夫步兵训练班、高级步兵学校、工农红军机械化和摩托化学院指挥人员进修班进修，在此期间加入了苏联共产党。

在加入苏军之后，他曾参加过彼得格勒十月武装起义，国内战争时成为列兵，参加了对白军的作战和对地主资产阶级进攻波兰的反击。1922年起，历任排长、连长、团属学校校长、教导营营长、旅参谋长、坦克旅旅长等职。1940年11月任坦克第二十师师长。

苏德战争爆发以后，参加了卢茨克、杜布诺、科罗斯坚诸地的防御战役。1941年10月，德军逼近莫斯科，苏联最高统帅部任命卡图科夫组建独立坦克第四旅，前往姆岑斯克地区伏击德军装甲部队。由卡图科夫一手组建的第四旅在姆岑斯克地区伏击战中连续重创德军装甲部队，为莫斯科防御体系的完善赢得了宝贵的时间。随后他率部参加了莫斯科会战，第四旅于同年11月11日在坦克部队中第一个获得了近卫称号。

第二次世界大战结束以后，先后任集团军司令和苏军驻德军队集群装甲坦克和机械化兵司令。从1955年起，出任苏联国防部总监局总监、陆军总部副部长。1963年，出任苏联国防部总监组军事顾问监察员。1976年6月8日，病逝于莫斯科。

武器："BT-7"快速坦克

毫无疑问，"BT-7"快速坦克绝对是20世纪30年代苏联最著名的坦克。1930年，苏联向美国购买了2辆克里斯蒂坦克，经过试验和改进之后，由哈尔科夫工厂试制成功，被称为"BT-1"快速坦克。但是"BT-1"快速坦克并没有很快得以大量生产，开始大批量投入生产是从"BT-2"坦克开始的，此后经过多次改进，苏联先后生产了从"BT-1"到"BT-7"等多种快速坦克及其变型车。其中最负盛名的当属"BT-7"，该车型最早于1934年提出设计，因为之前的BT坦克在防护上比较薄弱，所以"BT-7"的车体改为了焊接装甲，同时增大了装甲倾角，并且采用了新型的炮塔和发动机，使得BT坦克的性能得到了进一步的增强。

因为在第一次世界大战以后，欧洲诸国大部分依然停留在重视发展轻骑兵的时代，所以当时苏军对坦克要求最高的是速度，也因此才会对美国的克里斯蒂坦克产生了非常浓厚的兴趣，克里斯蒂坦克可以说是当时世界上跑得最快的坦克之一，它的时速可以达到80公里。要想让一辆坦克的速度快，就要减轻它的重量，所以"BT-7"坦克虽然比之前的坦克略显结实，但仍然非常薄弱。在1941年的姆岑斯克地区伏击战中，它和苏军最新研制的"T-34"成为攻击德军的主要利器。虽然"BT-7"坦克机动性的特点让它一度成为苏军装甲部队中的骄子，但是在大规模作战中，它薄弱的装甲防护就成为了死穴，在经历了姆岑斯克伏击战最后的辉煌之后，它在莫斯科会战中的地位已经逐渐被"T-34"坦克所替代，到莫斯科会战以后，就逐渐告别了历史舞台。

✵ 战术：伏击战

作为一种以最小的代价、力求获取最大的胜利的战术，"伏击战"可以说是最古老的战术之一。伏击战一般分为"待伏"与"诱伏"两种：待伏，顾名思义，就是在侦察到敌人出动的兵力、时间和必经之路以后，预先设好埋伏，等待敌人到来以后进行伏击；诱伏，就是先将主要兵力在有利地形上设好埋伏，然后用少数部队诱敌上钩，等敌人进入伏击圈后再对敌人实施伏击。当然，除了上述两种，还有其他一些例子，比如故布迷局，引诱敌人上钩进行伏击，应该也属于"诱伏"的一种。而选择伏击的对象，多数都是敌方战斗人员较少的运输队、汽车、火车、船队和零星小股分队，以及因为饥饿、疲劳等战斗力比较低下的部队，从而能够获得完全的胜利。

在伏击时，最重要的就是选择伏击的地点，一般都会选在敌人的必经之路上，并且还要能够隐蔽地配置兵力和发扬火力，从而便于突然发起冲击、围歼和捕捉敌人，便于迅速转移，而且不利于敌军回和突围逃窜的地点。另外，伏击战的行动要迅速而且隐蔽，在行动时必须严密封锁消息，在伏击地域的伪装也必须做到完善。在指挥伏击战时必须做到灵活果断，要适时发起战斗，火力要做到突然、猛烈、集中，打敌人一个措手不及，讲求出奇制胜，速战速决。如果是遇到强敌，不能达到速决，那就应该给予火力杀伤后，隐蔽而迅速地转移。

伏击战这种诞生于冷兵器时代的战术，带有鲜明的冷兵器时代烙印，而到了坦克战的陆地战争时代，虽然伏击战依旧是一种行之有效的作战方法，但是对于作战的要求则更为苛刻。相比较冷兵器时代进行伏击的人，到了坦克战时代就变成了体积庞大的坦克，除去选择伏击地点和伏击战术这样的问题，对于坦克的伏击战来说，最为重要的是要进行伪装。如何巧妙地将坦克伪装起来，适时进行行之有效而又突然的伏击才是最重要的。

在人类的坦克伏击战历史中，姆岑斯克坦克战无疑是最为经典的范例。从开战之初选择伏击地点，到卡图科夫上校率领的独立坦克第四旅在伏击战中的伏击方法，都堪称是坦克伏击战中的范本教材。开战之前，苏联最高统帅部将伏击地点设在了姆岑斯克地区，这里地形复杂，易于实施伏击而不利于展开大规模的装甲部队行动。在发动伏击以后，卡图科夫上校在姆岑斯克坦克战中数次变换使用伏击战的各种战术，让德军坦克部队防不胜防。可以说正是得益于卡图科夫的出色指挥，使得苏军最终赢得了这场伏击战的胜利。

战典

THE CLASSIC WARS

陆战之王的直接对话

THE CLASSIC WARS

坦克战

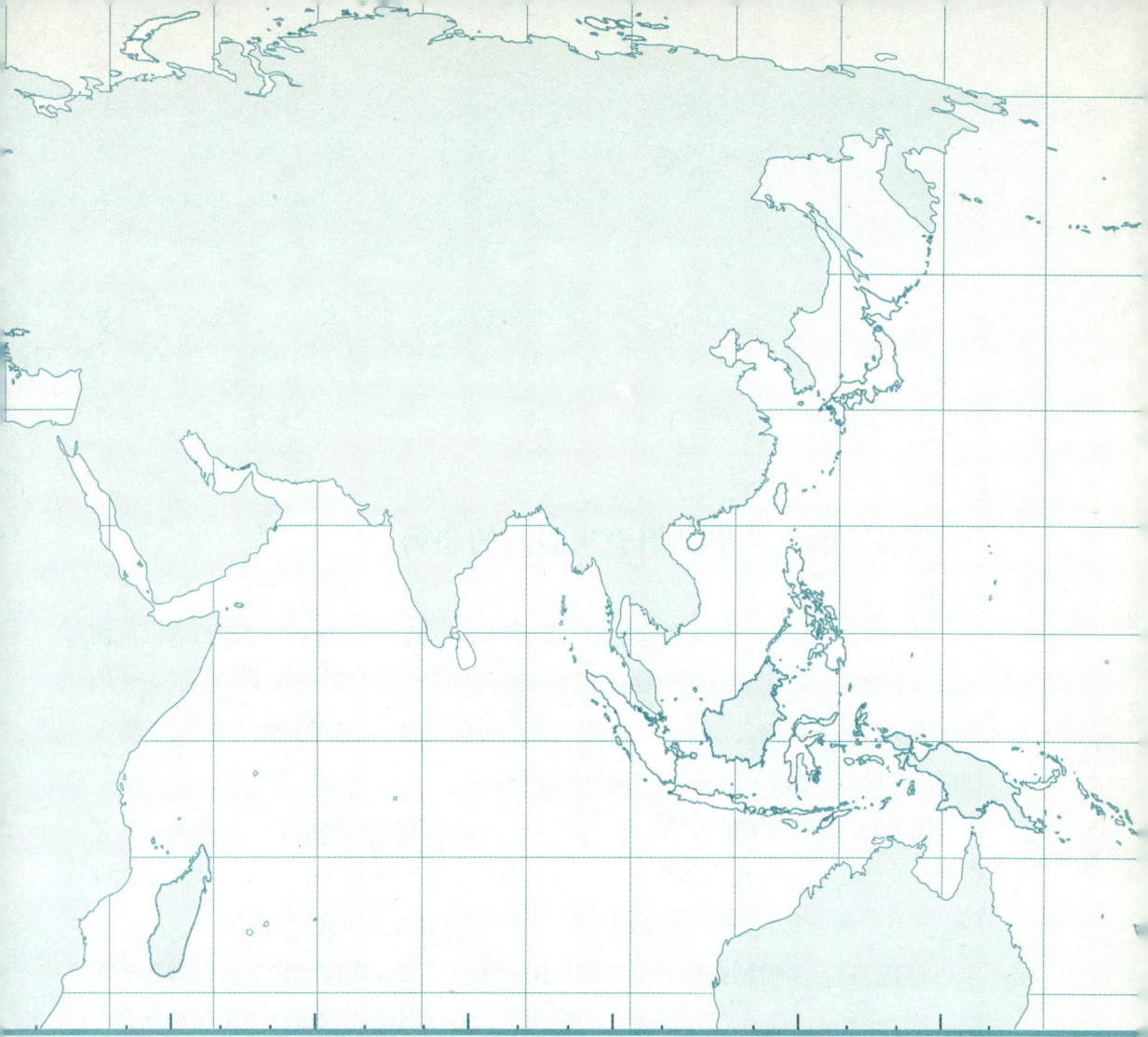

第七章

东线坦克大决战
——斯大林格勒的坦克之魂

▲苏德战争前期苏联的准备不足，斯大林的刚愎自用，给了德国人长驱直入的机会。苏联的防线一次又一次被德军的坦克突破，一直攻到斯大林格勒城下。斯大林格勒对于苏军来说有着非常重要的战略意义，一旦失去斯大林格勒，苏军将有可能失去与德军进行抗衡的能力，因此，苏军必须倾其所有与德军在斯大林格勒展开激战。保卫斯大林格勒，其实就是保存苏联继续战斗下去的希望。而苏德在斯大林格勒战场上的坦克对决，对于此次战役的胜负起到了至关重要的作用。

前奏：斯大林格勒坦克决战前的态势

1941年11月，一场百年未遇的寒流袭击了莫斯科，付出了50多万人巨大伤亡代价的德军此时士气低落，这场不期而遇的寒流又让其被迫在苏联的冰天雪地里转入了艰苦的防御。而正是在这段时间，苏联得到了很好的休整和喘息，斯大林得以有时间和他的将军们探讨战争的发展。

随着1942年春天的来临，冰雪融化，东方的道路也变干了，野心家希特勒再度焕发了活力，他知道必须要尽快重新调整部署，整军再战，夜长梦多，欧洲的局势恐怕也会发生变动，他必须在下一个冬天来临之前打败苏联人。

3月27日，希特勒在他的"狼穴"作战室里，又一次向德意志的元帅和将军们发布了他精心构思的战略思想："先生们，去年冬天的麻烦已经离我们远去，战争的主动权还在我们手里。我们成功地战胜了一个无情而又可怕的冬天，它在130多年前曾经毁灭过一个伟大的人物，但很显然，我们比他（拿破仑）幸运。春天是我们的，而夏天和秋天更是我们的。我们要在今年给斯大林以致命的打击。这次作战，我们要将主要力量集中于南方，夺取高加索油田、顿涅茨工业区和库班产麦区，最终夺取斯大林格勒。"

激动不已的希特勒在说到这里时，握紧拳头，也提高了嗓门："先生们，只要我们占领了高加索和伏尔加河流域，把斯大林格勒从地球上抹掉，战争也就结束了。"

希特勒将这次战斗的主要目标确定为消灭苏联的残余部队，并且要切断其战争资源，此次"夏季攻势"分为两部分。首先，他要发动克里米亚战役和哈尔科夫战役。曼施坦因上将指挥第十八军团在6月份以前攻占刻赤半岛和塞瓦斯托波尔要塞，保卢斯上将指挥第六军团攻击哈尔科夫，为进攻高加索和斯大林格勒打

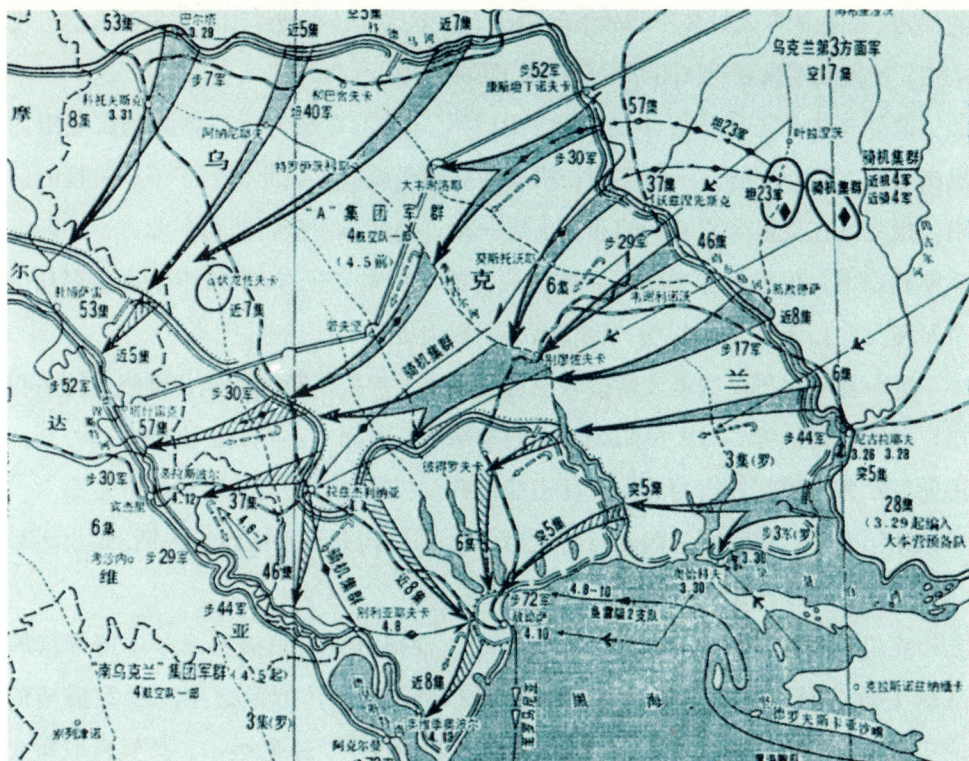

★克里米亚战役作战示意图

开道路。然后从7月份开始实施第二步，就是由中央集群和北方集群对莫斯科和列宁格勒发动牵制性进攻，起到迷惑敌人的作用，而南方集群则倾其全力，夺占斯大林格勒，围歼顿河以西的苏军重兵集团。

就在希特勒潜心谋划"夏季攻势"的同时，苏军统帅部也在积极策划下一阶段的战略计划。从3月份以来，苏德战场出现了难得的平静。双方都在利用这个寒冷的冬天积蓄力量，显然，一场更大规模的激烈战斗，正在悄悄地酝酿着。

经过莫斯科战役的失败之后，德军已经无力发动全线进攻了，只能集中兵力于主要方向，向苏军展开突击。所以，准确发现德军的战役企图和进攻方向，成为苏军下一步夺取战役主动权的关键。

但是，德国人成功实施了一系列的战略欺骗计划，使得斯大林和他的总参谋部对德军夏季的战役企图和突击方向作出了错误的判断。他们认为德军的主要突击方向是莫斯科，所以把大量预备队放到了莫斯科外围，而没有部署足够的兵力到南线。

接着，苏军统帅部又犯下了第二个致命的错误。因为斯大林乐观地认为苏德两军的力量对比因为这个寒冬已经发生了根本变化，他主张以积极的进攻来打乱德军的部署。固执的斯大林在不明敌情的情况下，就这样轻率地作出了先发制人的进攻决定，使得刚刚恢复元气的苏军又陷入了危机当中。

噩梦首先从克里米亚半岛开始。因为坚守的苏军放弃了完备的防御工事而准备对德军发动攻势，一向都擅长机动作战的曼施坦因因此得到了千载难逢的良机。他先是在克里米亚半岛的北部虚晃一枪，迫使苏军预备队留在北方，然后突然率兵南下，攻下刻赤半岛。经过激战，苏军克里米亚方面军的3个集团军几乎全军覆没，17万人成为俘虏，物资装备的损失更是不计其数。

苏军在哈尔科夫的进攻紧接着也遭受了重大挫折。擅长迂回合围战的德军利用自己的装备优势，对脱离防御阵地的苏军西南方面军实施大范围的穿插分割，迫使苏军各集团军各自为战，首尾不能相顾。在经过一场混战之后，苏军第六、第九和第五十七集团军的数十万将士遭到合围，24万官兵被俘，包括3位集团军司令在内的数万人壮烈殉国。

克里米亚战役和哈尔科夫战役的失利，使得苏军在莫斯科之战中所夺得的战场主动权损失殆尽，整个南线的苏军都陷入了一片混乱之中。德军最精锐的第六装甲军团于6月28日在保卢斯将军的指挥下，乘胜进击，挥兵直取斯大林格勒。

最惨烈的战斗开始了。

挥师猛进：德军坦克长驱直入

1942年7月，斯大林格勒方面的苏联守军见识到了德军"闪击战"的威力，德军第六装甲军团几乎在转瞬之间就冲垮了苏军西南战区匆匆建立的防线。只用了短短十几天时间，德军的坦克便在顿河的大河湾一带俘虏了苏军5万多人，摧毁或缴获坦克400多辆，火炮800多门。

德军的坦克来势凶猛，使得战役形势顿时变得异常严峻，斯大林清楚地知道，斯大林格勒此时

★开往斯大林格勒的德国装甲军

坦克战

陆战之王的直接对话

THE CLASSIC WARS

已经是危在旦夕，到了和德国人拼死一战的时候了。于是，一道道紧急命令从克里姆林宫发往了苏联各地。

7月4日，第五预备集团军接到命令：集团军主力火速进抵顿河东岸并在那里扼守，无论如何不能让德军渡过顿河。

7月9日，一支正在图

★斯大林格勒城中的苏军坦克

拉集训的后备军被紧急改编为第六十四集团军，司令员崔可夫中将奉命率领该部驰援斯大林格勒。

7月11日，驻守斯大林格勒市区的第六十二集团军接到命令后，马上在该城市外围设置防线。

斯大林紧锣密鼓地调兵遣将，准备在顿河沿岸与德军展开激战，但是保卢斯早就看出了苏军的企图和防御布势上的弱点。他趁苏军第六十二、六十四两个集团军在顿河大河湾一带立足未稳，兵分两路实施双向迂回，一下子就将苏军这两个初上战阵的集团军合围，随即就发出了"在行进间攻占斯大林格勒"的命令。

此时的战场形势已经岌岌可危，斯大林一边命令斯大林格勒外围的守军严防死守，不许后退一步，一边火速从远东调来10个坦克师加入斯大林格勒战场，并调派足智多谋的华西列夫斯基将军到前线坐镇指挥，力图以猛烈的反突击扼制住德军的进攻，为苏军大批后备部队的集结争取时间。

随着苏军几个精锐师团的加入战斗，一直推进得非常顺利的德军遭到了猛烈而坚决的反突击。苏军经过血战之后击破了德军对第六十二、第六十四集团军的合围，救出了在包围圈中苦苦支撑的近万名红军将士。

保卢斯命霍特的第四坦克集团军于8月19日火速北上，会同第六集团军强渡顿河，钳击斯大林格勒。德军经过4天血战之后终于渡过顿河，前进到了斯大林格勒市郊的加夫里洛夫卡地区，对市区构成了直接威胁。

斯大林格勒已经近在眼前，保卢斯下达了进攻斯大林格勒的命令。德军各装甲兵团迅速向斯大林格勒集结，德军准备使用最引以为傲的"闪击战"，以最快速度冲破苏军的防线，将斯大林格勒攻陷。

心事重重的斯大林已经无法在克里姆林宫里继续安稳地坐着了，德军兵临斯大林格勒城下，战争一触即发，已经到了决定苏联命运的时刻了。斯大林清楚地认识到：没有一个钢铁般意志的指挥员，是很难扭转目前这种危难的局势的。于是，他拿起电话要通了西方面军司令部。

"朱可夫同志，请你以最快的速度赶到最高统帅部来，留下你的参谋长代理你的工作。"斯大林的话语中，已经难寻往日的镇定和从容。

于是，朱可夫肩负着斯大林和全苏联人民的重托，来到了已经是满目疮痍的斯大林格勒。一直在前线指挥的华西列夫斯基向他介绍了目前的战况，朱可夫在详细了解了当前的战情战况之后，果断决定马上组织力量对德军实施反突击。在朱可夫看来，就算是无法击破德军的包围圈，至少要以猛烈的突击来滞缓德军的进攻，为苏联预备队的到来争取时间。果然，突遭打击的德军被迫进行防守，对斯大林格勒的进攻暂时停滞了下来。

斯大林格勒近在咫尺，可是集德军第六集团军和第四坦克集团军两个精锐兵团之力，竟然苦战数月不能得手。希特勒对此非常恼怒，他从进攻高加索的部队中又抽调了10个师到斯大林格勒方向，严令保卢斯无论如何要在冬季来临之前拿下斯大林格勒。

遵照希特勒的指令，德军第六集团军和第四坦克集团军又分西、南两路向斯大林格勒发起了猛攻。到9月12日，德军突进到了斯大林格勒城区的边缘，把苏军第六十二、六十四两个集团军残部完全逼进了市区。

9月13日，德军对斯大林格勒城区展开了全线突击。

坚如磐石：巷战中的苏联坦克

面对德军的强势进攻，已经伤亡过半的苏军第六十二、六十四两个集团军接连退守，几乎已经到了力不能支的境地。为了统一指挥，方面军司令员叶廖缅科果断地把两个残缺的集团军合二为一，将其组建为新的第六十二集团军，并任命足智多谋的崔可夫为新的第六十二集团军司令员。

9月12日，临危受命的崔可夫以集团军军事委员会的名义，向所属各部发出了命令：

"1．我们已陷入绝境，无路可退，也绝不允许后退。必须粉碎敌人的进攻，斯大林格勒是我们最后的战场，为了保卫这座城市，我们要与敌人背水一战，要么守住城市，要么战死沙场，别无选择。2．在市内各大企业里，建立由工人和职员组

★巷战中的德军

成的武装队伍，按军队的标准发给其武器装备，要求其依靠自己的力量来保卫工厂。3．未经集团军司令或参谋长同意，严禁擅自撤离现有阵地，违者严惩。4．集团军司令部留在右岸的斯大林格勒城内，在任何情况下，都不得向左岸或岛上撤退。"

崔可夫随后马上着手收整分散于各防守地域的苏军部队，重新指定指挥员、明确防守任务。就在苏军决心和德军作殊死一搏的时候，9月13日凌晨，德军坦克忽然向斯大林格勒城区发动了猛攻，其攻击目标是市中心的中央车站和可以俯瞰全城的制高点马马耶夫岗，苏军坦克急忙应战。双方在斯大林格勒城下展开激战，尽管希特勒手下的装甲作战高手古德里安及隆美尔都没有来到斯大林格勒城下，但是德军装甲兵自身出色的作战素养让他们在作战中总是能够找到歼敌的最好时机。经过激烈的交战之后，苏军坦克构筑的钢铁防线逐步被德军坦克击溃，苏军坦克不得不退入市区，在步兵的配合下对德军坦克进行反击。

于是，人类战争史上最激烈也是实力最悬殊的巷战开始了，德军坦克开入斯大林格勒市区，而在那里，苏军坦克在步兵的指引下对德军坦克实施突击，正面冲突的坦克战，变成了坦克的突袭战。但是，尽管苏军在斯大林格勒城下被德军重创，但是当他们退无可退之际，苏军装甲兵表现出了强大的韧性和耐力，尽管在数量和火力上都不如德军坦克，但是苏军坦克通过灵活利用防御阵地里的纵深空间，对德军装甲师进行出其不意的攻击，使得德军装甲师难以像在斯大林格勒城下那样狂飙突进。

尽管如此，德军和苏军在攻防中还是都付出了惨重的伤亡代价。

★正在向斯大林格勒冲锋的德军坦克

保卢斯对于装甲部队在斯大林格勒进展如此缓慢恼怒不已，所以他不断催促更多的德军坦克开进斯大林格勒，以加快对这座城市的控制。9月14日，在斯大林格勒城内苦苦支撑的苏联守军快要支持不住的时候，朱可夫命令勇敢善战且齐装满员的近卫步兵第十三师强渡伏尔加河，投入斯大林格勒城区的战斗。

在有限数量坦克的配合下，苏军强大的步兵开始了与德军坦克的周旋，虽然德军的步兵也在同时进入了斯大林格勒市区，但是对市区地形的陌生再加上数量上的差距，苏军步兵把德军步兵搞得晕头转向。苏军在掌握了德军的具体位置之后，就开始通过无线电指导苏军的坦克穿过斯大林格勒复杂的街道绕到德军坦克的背后，在对德军坦克发动毁灭性的进攻之后，依据苏军步兵的指示迅速撤出战场。这种游击战式的坦克战在与德军长期的战斗中行之有效，德军步兵也曾试图复制苏军的这种战术，但是因为对地形非常不熟悉，德军步兵往往在分散之后就会遭到苏军狙击手的射杀。

力图速战速决的德军装甲师在斯大林格勒如同陷入了一片池沼，强大坚固的德军坦克经常会因为遭到苏军的打击而瘫痪在路边，而一旦失去了坦克，德军在巷战中完全不是苏军的对手。尤其是随后驰援斯大林格勒的近卫十三师，更是一支年轻而又优秀的部队，曾获得最高统帅部授予的"列宁勋章"和"近卫师"的光荣称号。其作战素养很高，作战能力尤为出色，德军步兵在其面前几乎没有什么还手之力。保卢斯深知攻取斯大林格勒的艰难，也深知坦克进入斯大林格勒以后难以生还，但仍然不得不将大批德军坦克派入斯大林格勒城内，因为他知道自己已经是无路可退。

于是，奇迹就此发生，斯大林格勒城区内原本岌岌可危的局势得以扭转，濒于崩溃的第六十二集团军重新站稳了脚跟，牢牢地守住了阵地。

势均力敌：斯大林格勒城内的坦克对决

希特勒曾经对保卢斯说过："你带领着第六集团军，将所向无敌。"而自从保卢斯就任第六集团军司令以来，这支精锐的装甲劲旅确实还未尝败绩：在哈尔科夫，他们一路披荆斩棘，抓到的俘虏甚至超过了部队自身的人数；在大河湾，他们打得苏军两个集团军节节败退，溃不成军。但是在斯大林格勒，这支纳粹的精锐之师却碰到了真正的对手，在斯大林格勒纵横交错的城市街道中，这支装备精良的机械化部队被弄得晕头转向，碰得头破血流。

随着战斗一天比一天残酷，德军的伤亡逐日增加，"闪击战"已经不可能成立，反而即将陷入旷日持久的"消耗战"，胜利似乎距离它们越来越遥远。一向冷静、理性而善于自制的保卢斯上将，开始冷静下来思考现在的局势，思考这场战役的发展和他的第六集团军的命运。

斯大林格勒是在伏尔加河右岸和伏尔加丘陵之间建立起来的一个狭长城市。它南北长50公里，东西宽只有5公里。由于受到地形条件的限制，德军坦克只能

★斯大林格勒战场上的坦克大战

从城市的北面进行攻击，这无疑极大地限制了正面进攻的宽度，使优势的兵力难以展开。对进攻者来说非常麻烦，可对防守者来说，防守纵向的深入则可以让他们逐次抵抗，步步退守，在防守的时候还能够通过火力给敌方带来损耗，做到游刃有余。

事实上，不仅保卢斯对斯大林格勒之战逐渐失去了信心，德国陆军总参谋长哈尔德大将也意识到，斯大林格勒之战有可能是一场灾难。经验丰富的哈尔德随即得出结论：斯大林格勒必须放弃，这个废墟般的城市毫无军事价值，第六集团军应当撤离伏尔加一线。

但是当哈尔德大将向希特勒提出自己的建议时，遭到了希特勒无情的斥责。

几天以后，哈尔德就被解除了职务。

希特勒信奉进攻，在他的字典里，战争就意味着进攻，只有进攻才能得到胜利，而防守往往就意味着放弃进攻，放弃进攻所带来的很有可能就是失败。希特勒无视于第六集团军此时早已经是筋疲力尽，而严令他们对斯大林格勒市区再度发起疯狂的攻势。

但是因为受斯大林格勒地形的影响，素来以机动和火力见长的德军坦克在市区根本没有办法发挥自己的擅长打法。德军坦克乱糟糟地闯入市区，却根本找不到任何攻击的目标，而苏军士兵则利用熟悉的地形各自为战，他们隐蔽在地下室、废墟甚至弹坑里，用反坦克武器肆意射击德军坦克，而德军坦克则要冒着枪林弹雨前进，等好不容易开到苏军隐藏的地方，却发现对手早就已经消失得无影无踪。以坦克作战为主的第六集团军在斯大林格勒始终处于被动，而斯大林格勒

★苏军的T-34型坦克

★在坦克掩护下冲锋的德军

城中的60万市民则和苏军一起，对德军坦克进行着无情的伏击，以性能可靠著称于世的苏军T-34坦克则发挥出了其机动性强、火力凶猛的特点，对德军坦克实施致命的突袭，而由于T-34的防弹性能出色，所以德军即便是及时发现并攻击苏军的坦克，苏军坦克只要尽快利用熟悉的地形撤离，也只会受到极小的损伤。面对苏军坦克这种消耗的打法，德军坦克无能为力，往往要付出数辆坦克的代价，才能将一辆T-34留在攻击的现场。

战局发展到这里，保卢斯作为一个优秀的参谋军官而不是优秀的战地指挥官的局限性被完全暴露。正如崔可夫在战后所说："如果德军能够及时切断伏尔加河这条对于苏军来说是性命攸关的供应线，那么在9月初我们就被赶进伏尔加河里了。"

但正是因为德军忽视了对伏尔加河流域的封锁，使得苏军援兵才能源源不断地渡过伏尔加河，从而进入城区，有了如此充分的兵源补充，德军一次又一次的正面突击都只能以失败告终。

德军官兵在血战中几乎都失去了再打下去的勇气和信心，一位在斯大林格勒战役中存活下来的德国士兵在战后写道："在斯大林格勒我们不是在打仗，而是进了屠宰场。我们在那里只有死亡，在巷战方面俄国人是行家，而我们只会猛打猛冲，其结果就是谁冲得越猛，谁的脑袋就掉得越快……街道不再是用长度单位来计算，而是用尸体做单位来丈量的。斯大林格勒已不再像一座城市，而像一座炉火正红的大熔炉在焚烧人尸。"

斯大林格勒，终于成了战争史上的又一个凡尔登。

暗度陈仓：朱可夫全线大反攻

1942年11月初，伴随着顿河大草原上吹来的阵阵寒风，让正在斯大林格勒苦苦厮杀的数十万德军官兵突然想到，俄罗斯可怕的冬天又将来临。

保卢斯和他的第六集团军面对着久攻不下的斯大林格勒，几乎已经没有了再打下去的勇气和信心。而一向能言善辩的希特勒也只好在公开演说中自我解嘲："我想从俄国的某一个城市到达伏尔加河畔，而那个城市恰好是以斯大林的名字命名的。尽管我们应该谦虚，但我还是要告诉大家，我们已经把它夺到手了！现在仅剩下几小块孤立的地区还在俄国人手里。为什么我们不能打得更快一些呢？因为我不想再在战争史上制造第二个凡尔登，只要我们能达到目标，时间其实无关紧要。"

希特勒虽然说得轻松，其实他最焦虑的就是时间问题，莫斯科冬天的寒冷天气对希特勒来说，就是一场噩梦。

其实早在9月份，也就是斯大林格勒的巷战还在激烈进行的时候，朱可夫就向苏军最高统帅部大胆建议，用斯大林格勒牢牢地拴住德军第6集团军，以持久的防御战消耗德军的实力和锐气，使之"欲进不能，欲罢不忍"。而与此同时，苏军则迅速组建强大的预备兵团，在外围对德军实施深入纵深的反包围，力争将斯大林格勒的德军一举歼灭。斯大林立即批准了朱可夫的这个建议，斯大林深知这个方案很有可能一举扭转苏德战场的局势。于是，总参谋迅速开始组建以反攻为目的顿河

★斯大林格勒城内激烈的巷战

方面军和西南方面军，以
尽快加入已初显战绩的斯
大林格勒战场。

截止到11月中旬，
苏德两军已经在斯大林格
勒浴血拼杀了3个多月，
德军的装甲部队损失了近
70万人、1 000余辆坦
克，在斯大林格勒的街
头，几乎随处可以见到

★斯大林格勒战役中苏军的炮兵阵地

搁置在那里、已经破烂不堪的德军坦克。但不可否认的是，在斯大林格勒城外
以及市区的整体战斗中，苏军最终的损失是大过于德军的，但是，苏联有着远
比德国雄厚的战争资源，后勤供应线也要比德军短得多。

另外，随着苏军对T-34坦克大批量的研发和生产，苏军在坦克上的劣势逐
渐消失，而德军则陷于苦战。

苏军于11月13日紧急抽调和组建的各预备兵团陆续抵达战区外围，并摆开
了大反攻的架势。当时苏德双方的基本态势是：德军B集团军群共有80个师3个
旅，共计100万人，另有火炮10 000多门，坦克近700辆，飞机约1200架。其
中主力部队第六集团军和第四坦克集团军均在斯大林格勒城垣与苏军绞杀。掩护
其西北翼的是罗马尼亚第三集团军、意大利第八集团军和匈牙利第二集团军。

苏军方面，共集结了三个方面军近150万人的强大兵力，另有火炮15 000
门、坦克1 500多辆、飞机1 300多架。而且还拥有不少先进的"T-34"型坦
克和100多门令德军闻风丧胆的"喀秋莎"火箭炮。

11月18日午夜，坚守在斯大林格勒城内的苏军第六十二集团军收到了
最高统帅部关于次日凌晨将发起全线反击的命令，这让苏军官兵非常兴奋。第
六十二集团军用鲜血和生命铸成的口号"不允许后退"，现在终于可以换成"勇
猛前进了"！

与此同时，在斯大林格勒城北，从顿河左岸的巴甫洛夫斯克到耶尔佐夫卡一
线约400公里的战线上，苏军西南方面军和顿河方面军的数十万部队在森林和夜
幕的掩护下，已经全部进入了反攻阵地。而在其正面的德军第六集团军10个均不
满员的步兵师，对苏军的大反攻毫无察觉。

1942年11月9日凌晨，斯大林格勒飘起大雪。到7时30分，随着朱可夫一声令下，3 500多门苏军大炮一起发出了怒吼。

在炮火的掩护下，早已蓄势待发的苏军在坦克和装甲车的引导下，首先扑向战斗力最弱的罗马尼亚第三集团军。早已心灰意冷的罗马尼亚军队面对苏军如此勇猛而突然的进攻惊慌失措，很快就全线崩溃了。苏军在暴风雪的掩护下迅速渡过顿河，向西直捣德军后方；另一路则快速南下，直取战略重镇卡拉奇。

在西南方面军发起进攻的次日凌晨，斯大林格勒方面军也在城区发起了猛烈的反攻。早已无心恋战的德军一触即溃，斯大林格勒方面军几乎没有花费什么气力，就直抵卡拉奇，实现了和西南方面军的会师。

苏军两大方面军在卡拉奇的胜利会师，意味着斯大林格勒城下的德军第六集团军已经同B集团军的其他部队分割开来，保卢斯的22个师，近33万人的残兵败将，已被围困在斯大林格勒城下。

灭顶之灾：德军坦克的"滑铁卢"

当进退维谷的第六集团军在斯大林格勒城下浴血奋战时，保卢斯上将就有一种大难临头的预感。随着苏军开始突然而猛烈的反攻，他终于相信了自己的判断。斯大林格勒漫长的消耗战使保卢斯在付出了千辆坦克的巨大代价之后，装甲集团军几乎是一贫如洗。粮弹不济，后援无着，再加上可怕的严寒。上天为勃劳希契元帅和博克元帅准备了一个风雪莫斯科，难道又要为他保卢斯准备一个风雪斯大林格勒吗？面对司令部里惊慌无序的下属们，他以自己那种处变不惊的大将风度让每一个陷入绝望的人先稳定了下来。他相信局势还未恶化到不可收拾的境地，"苏军虽然强大，但他们的合围并非无懈可击。集我第六集团军数十万将士之力，杀开一条血路并非完全不可能"。

保卢斯为了摆脱厄运，连夜打电话给希特勒及B集团军司令部，请示突围事宜。

遗憾的是，希特勒是从来不允许后退的，他电令保卢斯："第六集团军占领环形防御阵地，等待从外面发起的进攻，以解除苏军的包围。"

在斯大林格勒的冰天雪地里就地死守，无疑会使保卢斯和他的数十万精兵陷入绝境。陆军总参谋长蔡茨勒将军向希特勒直言："第六集团军必须突围，否则必将全军覆没！"

但是希特勒粗暴地拒绝了蔡茨勒将军的建议："戈林元帅已经向我保证，德国空军将向第六集团军提供足够的供应物品，如有必要，保卢斯和他的第六集团军将在斯大林格勒坚守一个冬天，直至我们援军的到来。"

其实希特勒另有一个计划：他命令陆军元帅、同样是装甲战天才的曼施坦因组建一个新的顿河集团军群，以强大的兵力冲破苏军的包围圈，与保卢斯的第六集团军会合后再对斯大林格勒发动猛攻，从而扭转整个战局。接受任务的曼施坦因元帅立刻精心制订了一个两翼突击牵制，拉开苏军空当、让第六集团军乘势突围的行动计划。该计划的代号为"冬季风暴"。

曼施坦因精心策划的"冬季风暴"于12月16日正式打响，凶猛的德军坦克集群分南北两路，向包围第六集团军的苏军阵地猛攻过去。

面对曼施坦因疯狂的进攻，苏军前线指挥员并没有丝毫的慌乱和畏惧。他们一边利用既有阵地阻击进攻的德军，一边派精锐部队进攻德军的侧翼。曼施坦因元帅立刻感觉方寸大乱，经过十几天的艰苦进攻，本来已推进到距第六集团军仅50公里的地方。但因为顾及到自己的侧翼，曼施坦因不得不紧急收缩兵力，以免被分割围歼。这样一来，苏军"围城打援"的架势立刻收到奇效，曼施坦因元帅因为担心后路被抄，不得不痛苦而无奈地结束了历时十几天的"冬季风暴"。

保卢斯和他的第六集团军的最后一线生机至此彻底破灭，他来到斯大林格勒的街区，看着那些被风雪覆盖的坦克残骸，如同是在凭吊一座一座的枯冢。

★斯大林格勒战役中被击毁的德军坦克

困于包围圈中1个多月的第六集团军此时此刻已经陷入了饥寒交迫的绝境。戈林的空中支援因为苏军严密的空中封锁而毫无效果，日甚一日的严寒和暴风雪夺去了无数德国士兵的生命。

1943年1月8日，苏军前线指挥部派人向保卢斯下了最后的通牒："你军已陷入绝境，你们饥寒交迫，疾病丛生。俄罗斯的寒冬才刚刚开始，严霜、寒流和暴风雪还在后头……为避免无谓的牺牲，建议你们在24小时内无条件投降。"

面对绝境，保卢斯深知回天无力，遂电告希特勒："……为了挽救活着的人，请允许我们即刻投降。"

第二天，希特勒回电："不允许投降，应固守阵地，战斗到最后一个人，最后一粒子弹。"

为了给保卢斯及第六集团军的其他军官打气，希特勒下令授予保卢斯陆军元帅军衔，同时给被围的其余177名军官各晋升一级。可就是在希特勒忙于嘉奖的这一天，苏军第六十四集团军第三十八摩步旅的官兵们出现在保卢斯的司令部门口。没有任何的抵抗和交火，当上元帅还不到24小时的保卢斯和他的24名将军一起，向苏军举起了双手。两天以后，整个斯大林格勒战场上的德军全部停止了抵抗，向苏军投降。

在斯大林格勒城内进行的坦克消耗战，自此正式结束。

战典回响

闪击战的终结

苏军装甲部队的强悍战斗力和绝对数量，是任何一支军队都无法比拟的。德国的"闪击战"曾经横扫欧洲大陆，所向披靡，但这个不败的神话在莫斯科保卫战中终于被苏军粉碎，而在斯大林格勒战役中，这个神话则被苏军终结。

所谓闪击战，就是充分利用飞机、坦克的速度优势，以突然袭击的方式制敌取胜。这种战术往往是先利用飞机猛烈轰炸对方重要的战略设施和通信中心，尽量在机场消灭对方的飞机，取得制空权，并使对方的指挥系统瘫痪。从而通过一种快速、压迫的强大火力给对手多重打击，以最快的速度、最猛烈的火力消灭对手。

德军在1942年对苏联发起全面战争之前，凭借着堪称完美的"闪击战"横扫欧洲大陆，以为用这样的战术足以征服苏联，而事实上却是起到了截然相反的作用。不仅没有在预计的时间里结束战事，达到预期作战效果，反而深陷战争的泥潭，损失惨重。在斯大林格勒战役期间以及后来对德国本土作战，苏联都充分依靠强大的重装甲集群部队和空中支援作战部队，强势穿插分割德军作战部队，从而实现集中优势兵力对其猛攻，各个击破，展现了一个真正陆战强国的实力。

★ 沙场点兵 ★

人物：崔可夫

瓦里西·伊万诺维奇·崔可夫，苏联著名将领，斯大林格勒战役期间他率领第六十二集团军在长达两个多月的时间里，经受了德军优势兵力的多次进攻，守住了斯大林格勒，为整个会战的胜利作出了极为重要的贡献。

1942年3月，崔可夫从中国回到莫斯科，他在汇报了在中国的工作之后，就坚决要求上前线。7月初，最高统帅部命令将崔可夫中将指挥的预备队第一集团军改称第六十四集团军，并将该集团军部署在顿河地区，其主要任务是在顿河或伏尔加河与顿河之间的某一地域接敌。

斯大林格勒战役于7月17日开始，崔可夫所率第六十四集团军被部署在顿河大弯曲部。7月25日，崔可夫参加了卫国战争中的第一次战斗。由于德军占有优势，苏军后援部队未能及时赶到，第六十四集团军被迫退过顿河。8月初，崔可夫的第六十四集团军被编入东南方面军，展开层层阻击战，阻滞德军接近斯大林格勒。崔可夫还指挥部队不断对敌军主力实施强有力的反击，以消耗德军的有生力量。

在保卫斯大林格勒的鏖战中，崔可夫坚守阵地拒不后撤，并研究和创造性地运用了城市作战的各种方法和模式，充分显示了他的英勇无畏和军事才干。而第六十二集团军经过战斗的洗礼，也威名大震。最终守住了被德军重兵围困的斯大林格勒。

武器：T-34坦克

在斯大林格勒战役中，苏军将大量T-34坦克用于战争，德军竟然找不到能够与之抗衡的坦克，这就是历史上有名的"T-34危机"。为苏军成功抵御德军进攻，取得斯大林格勒战役的胜利发挥了重要作用。

"T-34危机"最终导致了德军大量坦克遭到淘汰，被迫推出更新型的坦克以应付局面。作为应对措施，德国Ⅲ号改装长身管50毫米火炮，Ⅳ号坦克则改装长身管的75毫米火炮，同时都大大加强了装甲，勉强可以对抗T-34/76。同时又开始研制Ⅴ号"黑豹"式和Ⅵ号"虎"式，其中"黑豹"坦克的设计思路明显效仿了T-34坦克。

战术：消耗战

1941年12月，在苏德战争初期被德国连番打击的苏联终于在莫斯科保卫战中取得了胜利，随后，德军因为过度消耗和缺乏对冬季的战争装备、稳定的供应线，莫斯科城下的德军遭受重击，部分区域甚至遭到了苏军的反攻。但是到了1942年的春天，漫长的苏德战线逐渐稳定下来，参战的双方此时为了争取战略的主动权，都开始准备再度发动大规模的作战。为了能够尽快结束东线的战事，尽可能地削弱苏联，德军决定集中优势兵力对苏联的重要后勤基地斯大林格勒发动大规模进攻。

随后，保卢斯率领第六集团军对苏军展开了大规模进攻，该集团军所辖装甲部队迅速进抵顿河，苏军面对德军的装甲部队毫无办法，很快就在德军的"闪击战"下溃退，就连苏军第六十四集团军司令员崔可夫所在的指挥部都险些被德军投下的炸弹击中。9月12日，德军不顾自身的重大伤亡，对斯大林格勒发起了猛烈进攻，德军的装甲部队冲入斯大林格勒，从早到晚连续攻击。世界战争史上最著名也是最惨烈的巷战就此爆发，德军坦克驶入斯大林格勒的街道，用猛烈的炮火驱赶苏军士兵。而苏军的装甲部队退入斯大林格勒之后，也与德军坦克展开了明争暗斗。

史学家对于斯大林格勒的巷战评述得已经很多，但是却很少说到两军装甲部队在城中的激烈交战，其实就步兵的作战能力及战斗素养来说，苏军的战斗力并不在德军之下，德军只有装甲部队在当时还拥有较明显的优势。所以，即便是在巷战中，德军的装甲部队依然是非常重要的力量。加上作为欧洲著名的大都市，斯大林格勒的街道比较宽阔，适于装甲车在上面行进和机动，苏军的装甲车虽然熟悉街道，但是因为在技战术上的差距，往往在狭路相逢时就会遭受德军的猛烈攻击。

面对如此惨烈的斗争，指挥斯大林格勒保卫战的崔可夫毅然决定使用"消耗战"对抗德军的"闪击战"，崔可夫的"消耗战"看起来是非常冒险的，这是一种以己方的战争资源消耗来交换敌方的战争资源消耗的战术，有着"置之死地而后生"的决绝。但正是这种看似危险的战术，却是最为切实可行的。希特勒之所以发动斯大林格勒战役，就是为了能够尽快结束东线的战事，显然，一直这样消耗下去，对德军是非常不利的，从综合国力来衡量，德国是没有办法跟当时的苏联相提并论的。但是就苏联来说，一旦能够将德军进攻的速度滞缓，依靠自身强大的战争机器，苏联完全有能力在长期的战争中消耗掉德国的战争资源，到时德军自然后继乏力，在战争中后继乏力就意味着无法决定自己最终的命运，崔可夫正是看到了这一点。

所以说，"消耗战"对于使用者有着极高的要求，是只有大国才可以使用的战术，而"消耗战"所比拼的也并不是当时当地的作战能力，而是参战双方战争机器的耐力和综合国力。"消耗战"是基于战略性意义考虑的作战战术，就战术而言它并不一定是胜利的，而一方的部队如果要使用这种战术，也一定要考量自身的各个方面，确定自己是否能够维持长时间的战争。

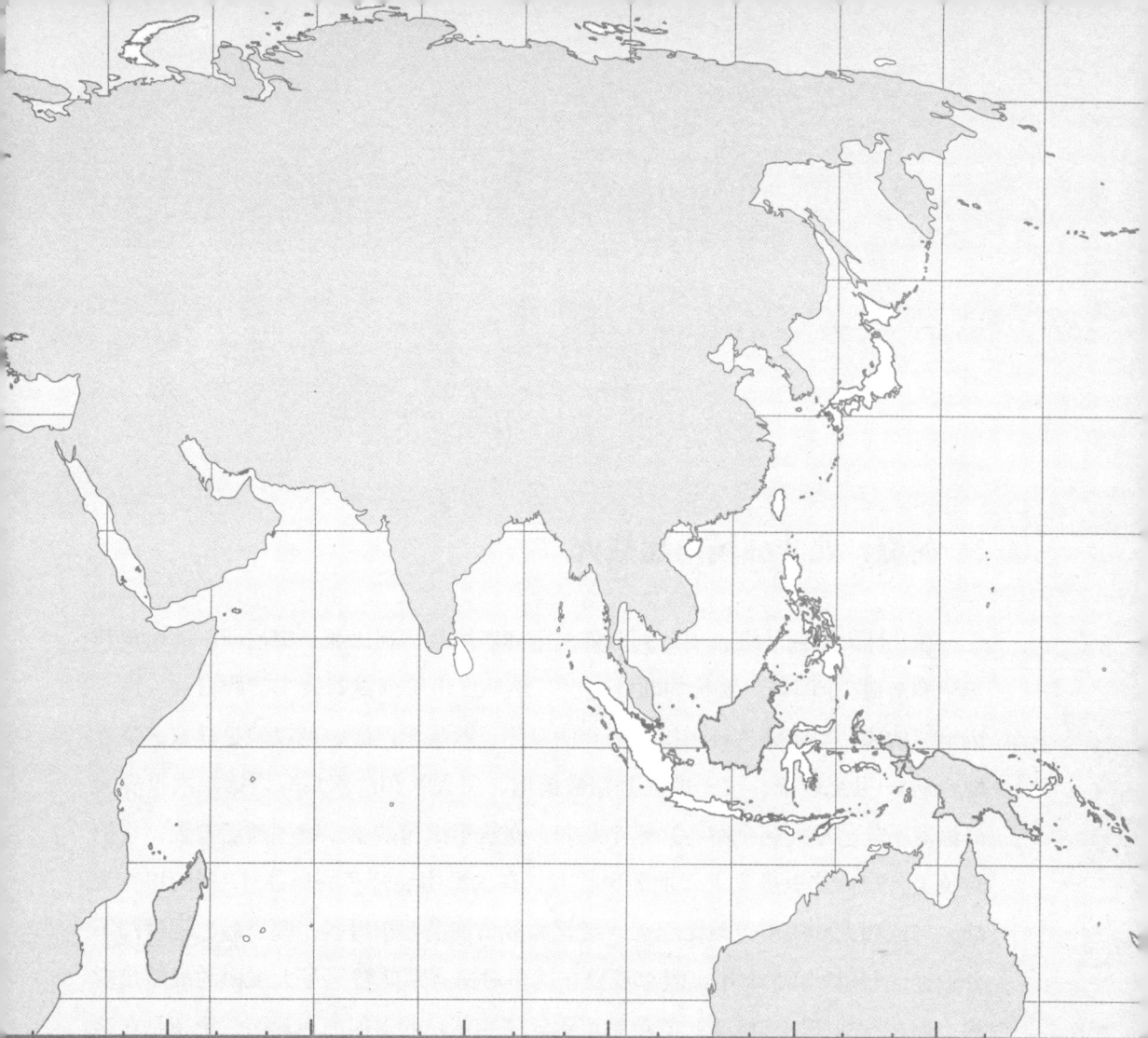

第八章

阿拉曼坦克战
——击碎希特勒的非洲梦

▲希特勒对于北非虽然垂涎已久，但他并不想过于分散自己在欧洲战场的兵力，但是急不可耐的墨索里尼打乱了他的计划。墨索里尼觊觎北非已久，他迫切想要再现当年罗马帝国的辉煌和荣耀，但无奈此时的意大利军队早已不复当年的神勇，在北非被英军打得大败而归。北非局势已经到了希特勒非派兵不可的地步，于是他派出自己最信赖的将领隆美尔亲赴北非。而隆美尔也没有辜负希特勒的厚望，在北非战场上纵横捭阖，猖狂至极，直到蒙哥马利的出现，隆美尔才遇到了真正的对手，阿拉曼沙漠里的经典坦克战在他们两人之间上演了。

前奏：北非战场再起战火

在非洲大陆的北端，由东到西依次排列着埃及、利比亚、突尼斯、阿尔及利亚和摩洛哥5个国家，统称为北非地区。该地区由于蕴藏着较丰富的石油、铁、铝土、磷酸盐等矿藏，且东接西亚石油宝库，西临大西洋，可以说是兵家必争之地。从19世纪以来，这一地区分别被英国、意大利和法国瓜分。第二次世界大战爆发不久，意大利企图吞并整个北非，在这里挑起战事，德国随后卷入，它们与英美各自向这里投入了大批装甲兵力，在大漠中展开了一场连续3年的坦克大战。与欧洲大陆的坦克战比起来，这里的战事规模要小得多，但是激烈程度却不分伯仲。1942年下半年，盟军正是在这里对德意军队转入了大规模的战略反攻的。而在欧战初期连续受挫的英军坦克兵团和年轻的美国坦克兵团，也正是在这里经受了战火的洗礼，最终成长为老练强悍的钢铁之师。

★意大利军队入侵北非

北非坦克战是二战中唯一的，也是迄今为止唯一的沙漠坦克战。它于1940年夏开始，时间早于苏德大战，但是因为北非战场的价值不及欧洲，双方在这里投入的力量均有限。此后随着"沙漠之狐"隆美尔带着他的"魔鬼师团"来到北非，打破了战斗力量的均衡，英国和意大利的装甲兵作战水准明显无法和"魔鬼师团"相提并论。

1940年6月中旬，在希特勒横扫西欧的惊人战绩的刺激下，墨索里尼贸然出动50万军队、500辆坦克，向北非发动攻势。其中20余万人从意占埃塞俄比亚向英属东非发起进攻，23万人从意属利比亚东进，对埃及发起进攻。

当时负责北非防务的英军韦维尔将军手下的军队仅有5万人，其中在北非作战的西沙漠部队仅有3.6万人，包括英军、新西兰军和印军，坦克不到300辆，从数量上看，英军处于绝对劣势。但是，意大利军队斗志差，行动迟缓，

★负责北非防务的英军统帅韦维尔将军（右）

战术呆板，坦克多为只装机枪、装甲薄的轻型坦克。而英军的"马蒂尔达"坦克装甲防护力强，意军的大部分反坦克炮在它面前显得脆弱不堪。韦维尔决定发挥装甲力量优势，以装甲机动战对付意军，以动制静、以快制慢。

意军发起进攻后动作迟缓，足足有3个月时间停在利埃边境忙于进行局部的小规模战斗。处于防守地位的英国人行动反倒更加积极，韦维尔从第七装甲师中抽出部队组成第十一轻骑队，命令他们不停地袭扰意大利军队阵地。这支小部队频频越过边境进入意大利军队的纵深，以快速灵活的机动战术四处袭击意军。在3个月里，意军就伤亡3 500人，而英军仅伤亡150人。

9月中旬，意大利元帅格拉齐亚尼集中6个师、120辆坦克的兵力发起了大规模进攻，但其行动太过小心，深入80公里后就逡巡不前，在西迪巴腊尼安营扎寨，与东面112公里处的英军对峙。韦维尔见意大利军队居然这样前来交战，决定再次主动出击，利用坦克发起一次大规模袭击。原本韦维尔是想打乱意军的阵脚，推迟其重新展开进攻的时间。哪里知道意军的战斗力之低大大超出了他的估计，这次袭击导致意军全线崩溃，一次小规模的袭扰竟然变成了一场胜利进军。

12月7日晚，西沙漠部队司令奥康纳指挥部队插向意军设在西迪巴腊尼的防线，第七皇家坦克团的50辆"马蒂尔达"坦克发挥其装甲厚的优势，一马当先，连破敌阵。第七装甲师的"巡洋舰"坦克则发挥速度优势实施纵深迂回穿插，切

★战火中的托卜鲁克港口

割意军防线。想不到一天过后，意军的防线就全线崩溃，近4万意军官兵被俘，丢弃火炮400门，残部逃回利比亚。

1941年1月3日，英军展开大规模反攻，攻入利比亚。此次反攻中，"马蒂尔达"坦克再次成为开路先锋，首先攻克了意军边境据点巴尔迪尔，之后又夺取了纵深120公里处的著名要塞托卜鲁克，两战俘虏意军7.5万人，缴获火炮700门，坦克210辆。

意军在托卜鲁克战败后，退守东利比亚弓形海岸西侧的大港班加西。2月3日，意军获悉英军准备进一步西进的消息后立刻弃城撤逃，企图沿海岸公路撤往西利比亚。韦维尔收到空军侦察发回的情报后，立即命令部队兵分两路，展开追击，一路沿弓形海岸从正面突向班加西，一路插向班加西正南，切断意军退路。数月来连战连捷的第七装甲师担任了敌后穿插的重任，克雷师长亲率第四装甲旅和第十一轻骑队投入战斗。他们33个小时越野行进272公里，于2月5日下午占领了班加西以南100公里处的贝达富姆地域，切断了意军后撤的路线。

意军在6日早晨以100辆坦克打头阵沿着公路向贝达富姆奔来，第四装甲旅打响了贝达富姆阻击战。此时第四装甲旅仅有29辆"巡洋舰"坦克，数量上处于劣势，但该旅官兵巧妙地利用起伏的地形掩护自己，准确地向意军射击，打得意军坦克一辆接一辆起火爆炸。第三、第七轻骑大队的轻型坦克则灵活游动，不断从侧翼攻击意军坦克部队。激战到当天下午，第四装甲旅的"巡洋舰"坦克只剩下了7辆。好在第七装甲师的10辆"巡洋舰"坦克及时赶到，挡住了意军的攻势。战斗整整进行了24个小时。到7日黎明，意军的100辆坦克全部报销在英军阵地。失去坦克掩护又后撤无望的意军步兵成批地缴械投降，他们交出的枪支、物品堆成了一座座小山。在这次阻击战中，第七装甲师俘虏意军2万人，毁、伤、缴坦克120辆、火炮211门，而参战的人员不到3 000人，参战坦克80辆。

英军在当日胜利攻占班加西。9日，进抵通往西利比亚的咽喉阿盖拉，打开了进击的黎波里的大门。在这场历时3个月的沙漠战中，英军以4万之师击溃了意军第十集团军，俘虏13万人，击毁、缴获坦克400余辆、火炮1 000门，向西前进800公里，夺取了整个东利比亚-昔兰尼加。在第二次世界大战中连连溃败的英军，终于赢得了对轴心国军队的第一次胜利，丘吉尔闻报后亲自发来贺电。

决战之初："沙漠之狐"依然恐怖

英国人在攻取阿盖拉后本来可以更进一步夺取的黎波里，这样就能将意大利人彻底逐出北非。但此时地中海对岸的巴尔干一带战事吃紧，丘吉尔无意在北非再作进取，就把部分兵力调去巴尔干，剩下的部队则转入休整，维持现状。趁着这个机会，希特勒开始了他对北非的军事计划。

希特勒一直企图夺取埃及，摘取大英帝国的"中东明珠"，并进一步东进，拿下英国人在远东最大的殖民地印度，从而彻底捣毁"日不落帝国"。意大利人发兵之初，他就曾建议派兵相助，但被墨索里尼婉拒。如今意大利人被打得头破血流，终于给了他插足的机会。

1941年2月6日，希特勒决定进兵北非，于是派装甲部队组建"非洲军"出战，而领衔者便是在西线坦克战中以"魔鬼之师"闻名遐迩的隆美尔中将。

★德国装甲部队进入北非

韦维尔最开始得知隆美尔抵达北非并不以为然，因为隆美尔2月12日到达的黎波里的时候身边并没有多少兵马，他指挥的第五轻装甲师在3月11日才到达，该师装备坦克不足百辆，而第十五装甲师要到4月中旬才能到达。英军此时有200余辆坦克驻在昔兰尼加。因此，韦维尔断言隆美尔最早也要在入秋以后才有可能发动进攻。而隆美尔的上司的确要求他在兵马到齐的5月底再发起进攻，可是隆美尔却不这样想。

3月底，隆美尔就派出50辆坦克率两师意军展开了反击。但是手上的坦克数量确实不足，隆美尔就找人用木板造出大批坦克模型装在大众牌卡车上愚弄英国人。不明就里的英军果然中计，被其气势所慑，仓促后撤。英军的行动乱成一团，相继放弃阿盖拉和班加西。4月6日夜，西沙漠部队新任司令尼姆和改任顾问的奥康纳同乘一辆汽车撤退，却昏头昏脑地闯入了德军的队伍之中，从而成为俘虏。新抵达北非不久的第二装甲旅司令官连同一个摩托化旅遭到德军包围被迫投降，另一个装甲旅的坦克在后撤时几乎损耗殆尽。4月11日，除了被困在托卜鲁克的一支小部队外，英军被全部逐出昔兰尼加，回到埃及境内。战场形势几乎回到了1940年6月以前的状况。隆美尔就这样夺回了北非战场的主动权。

接着，英德两军围绕着托卜鲁克展开了一场为时一年的拉锯战。托卜鲁克的部队地处利比亚海岸公路上，距利埃边境120公里。4月30日，隆美尔对托卜鲁克发起进攻，一度从西南角突入英军的环形防线，但其投入的坦克仅有70辆，战到第2天就被击毁一半，于是只好暂停攻击。

★在装甲车上指挥作战的隆美尔

韦维尔对自己被赶回埃及的状况也不满意，于是在5月中旬以后连续发起攻势，以图打回昔兰尼加，解托卜鲁克之围。5月15日，英军发起第一次进攻，代号为"短促作战"。这次行动打了不足半个月，在边境一带就被德军挫败。此战之后，隆美尔晋升为上将。

7月14日，英军发起

★北非战场上的"马蒂尔达"坦克

第二次进攻，代号为"战斧作战"。这一次，韦维尔得到了丘吉尔派船送来的238辆新坦克，其中135辆是"马蒂尔达"坦克，其手下装炮坦克已达到200辆，而隆美尔仅有同类坦克100辆，其中50辆留在托卜鲁克，只有50辆部署在边境。但隆美尔巧妙用兵，用4门88毫米高射炮和坦克设下两个"坦克陷阱"，开战当天就将进攻的英军坦克击毁一半。之后他又集中坦克猛攻英军左侧翼，英军的攻势顿时被瓦解，退回到进攻出发地点。整个行动仅仅持续了3天，英军损失坦克91辆，德军只损失坦克12辆。

不甘失败的英国人在经过4个月的精心准备后，于11月中旬又发起了第三次进攻，即"十字军作战"。这一次，丘吉尔撤掉了韦维尔的中东司令职务，改派驻印军总司令奥金莱克爵士接替，师一级指挥官也通通撤换。奥金莱克将西沙漠部队扩编为第八集团军，由在东非肃清意军作战有功的坎宁安中将任司令。集团军下辖十三军和三十军，分由奥斯汀中将和诺里中将任军长。十三军辖新西兰师和第四英印师，加强一个坦克旅。三十军辖第七装甲师、第四装甲旅、第二十二摩托化警卫旅和第一南非师，第二南非师担任预备队。英军总共拥有5个师、3个旅，共13万人，"马蒂尔达"、"瓦伦丁"等装炮坦克多达710辆，其中200辆为步兵坦克，这还不包括驻托卜鲁克的部队以及作为后备的500辆坦克。隆美尔也对部队进行了整编，将第五轻装甲师改为第二十一装甲师，抽兵组建了一个非摩托化师"非洲师"，他麾下的意军从3个师扩大到6个，其中1个为装甲师。但他手下仅有德军的174辆装炮坦克和意军的146辆老式装炮坦克，且没有后备。

但他得到了大批新式50毫米长筒反坦克炮。这种炮的穿甲能力超出德军老式37毫米反坦克炮的70%，比英国反坦克炮要高20%。

11月18日，"十字军作战"打响，英军装甲部队以旅为单位分头插向托卜鲁克一带，抢占周围要地。第七装甲师率先夺取了托卜鲁克西南的西迪拉杰格高地，与托卜鲁克守军构成呼应之势。但英军从一开始就暴露出兵力分散、战线过长、相互联系薄弱的问题。指挥装甲部队的诺里军长又是骑兵出身，对装甲兵作战只是一知半解。隆美尔机敏地抓住了对手的弱点，将有限的坦克集中起来，以师为单位在战区内四处游动，选择英军的要害部位进行打击，各个击破。他判断最大的威胁来自西迪拉杰格，于是在21日集中第十五、第二十一两个装甲师对该地进行猛攻，英军第七轻骑队被德军第二十一装甲师的猛烈炮火打得几乎全军覆没。第二皇家装甲团凭借高超的行进间射击技术给德军第十五装甲师以重大打击，但最终还是兵力悬殊。德军擅长将反坦克炮和坦克巧妙地搭配使用，第七装甲旅损失极为惨重，多亏第四装甲旅和第二十二装甲师赶到，才稳住了阵脚。几天后，补充了油料弹药的非洲军卷土重来，绕到英军阵地侧后发动猛击，英军仓皇溃退。开战时的500辆坦克至此被打得只剩70辆。

隆美尔不甘心在战场上与英国人继续纠缠下去，于是在24日率队插向埃及境内，直捣英军后方，英军因此阵脚大乱。好在隆美尔在此战中损耗也不小，通信联络又出现了问题，才使得这次纵深反击没有给英国人造成致命一击。

但英军损失还是要比德国人大得多，所幸后备充足，因此在12月4日再次举兵西进。隆美尔此时只剩下约60辆坦克，被迫向西撤退。但因为饱尝隆美尔的苦头，所以英军坦克此时也不敢大胆追击，一到天黑就立刻停止行动，就这样跟在隆美尔的后面小心前进，终于在12月下旬打回到了班加西，大体恢复了1941年年初的局面。在"十字军作战"中，德意军损失3.3万人，英军损失1.8万人，但德意军损失的三分之二是意军，德军损失的人员中大部分都是后勤人员，而英军损失的大都是战斗人员，其中不乏受过高级训练的老兵。

在从3月开始的英德坦克角逐中，

★"沙漠之狐"隆美尔

★将炮管放平后的88毫米口径高射炮

双方各有优劣：在兵员和装备数量、后勤补给方面英军占有绝对优势，但在用兵技巧上隆美尔明显高出一筹，他的机敏狡诈、勇猛果敢在沙漠大战中再次展现得淋漓尽致。每次与英军对垒他都处于劣势，但他极善于发挥坦克的机动能力与敌较量，每战都强调集中兵力，形成局部优势，攻击对方的要害，经常以大范围的机动在战场上神出鬼没，寻机攻击敌侧翼和后方，打得对手几乎无喘息之机。英军坦克装甲厚、火力强，性能上强于德国坦克，隆美尔便将反坦克炮与坦克配合使用，将反坦克炮配置在坦克前轰击英军坦克。

德军的37毫米反坦克炮在开战之初对"马蒂尔达"坦克毫无办法，隆美尔将88毫米高射炮配置在关键地域上平射敌军坦克，屡屡奏效。在作战中，隆美尔总是身先士卒，把指挥部设在最前沿，关键时刻直接领军冲杀。与他相比，英国人坦克作战显得笨拙得多，他们不善于集中使用坦克，战时多将其配属分散在步兵师中行动，也不善于进行步兵、炮兵、坦克协同作战，而且，英国人的作战理论强调将敌坦克部队作为首攻目标，战时总以先消灭敌坦克为快。事实上，坦克游动性很强，很难歼灭。英国人为此耗费了大量精力，劳而无功。

在为时9个月的交战中，隆美尔虽还没有取得决定性的胜利，但他所消灭的英国坦克比自己损失的要多出好几倍，更重要的是他以少胜多的屡屡战绩和飘忽神勇的流动作战给对手造成了极大的心理恐惧，在己方官兵心目中也树立起了极高的威望。"沙漠之狐"的名号在沙漠中不胫而走，甚至连英国人也对他敬畏有加。在1941年11月中旬的一个雨夜，6名英国特工潜入了昔兰尼加西面的贝达

★被88毫米高射炮击毁的"马蒂尔达"坦克

利托里，袭击隆美尔位于此处的"司令部"，结果除打死几名下级军官和卫兵，根本没有看到隆美尔的影子。他们并不知道，这个"司令部"是意大利人为隆美尔设的，但是隆美尔从来不会在这种远离前线360公里的地方指挥战斗。

初出茅庐："沙漠跳鼠"蒙哥马利空降北非

隆美尔在被迫退守西利比亚后，很快得到了一批由德国海军冒死运来的新坦克，其中有新型"马克－IIIJ"特种坦克，其装甲厚度由原来的30毫米增至50毫米，配备一门50毫米长筒坦克炮，性能远比以往使用的坦克要好。隆美尔稍作休整后，不顾意大利国防部的反对，于1942年1月21日发起了强大的东进攻势。

隆美尔在这次行动中投入了他拥有的全部560辆坦克，非洲军也升为非洲集团军，但德意军队坦克中三分之二是意军那些老掉牙的破坦克。而同样得到补充的英军新增加了第一装甲师，拥有850辆一线坦克和42辆后备坦克，数量上仍占优势。其反坦克部队换装了57毫米长筒反坦克炮，性能优于德军的50毫米反坦克炮，但英军的斗志和战术并没有太大改观，所以在隆美尔的猛攻之下又转入了大溃退。

溃不成军的英军向东狂奔。大名鼎鼎的第七装甲师师部被歼，新任师长梅塞维被俘，幸而他混在普通士兵中没有暴露身份，几天后伺机逃走。6月20日，隆美尔猛攻托卜鲁克，守将克洛珀招架不住，次日率3.5万人投降。坚守了两年之久号称"不屈要塞"的托卜鲁克终于落入德国人之手。6月22日，隆美尔晋升为元帅，率部对英军继续穷追猛打，杀入埃及，并且一路打到距亚历山大港仅96公里的阿拉曼城下。

阿拉曼是一个海岸小镇。沿海平原自西向东延伸于此，由于受到南面不可逾越的卡塔腊盆地的挤压，渐渐收缩到宽仅90公里，之后又豁然展开，直通埃及心脏尼罗河三角洲。

消息传到伦敦，议会哗然，群情激愤。反对党议员指着丘吉尔鼻子斥责政府和军界无能，又四处串联，欲扳倒丘吉尔政府。在开罗，英军中东司令部更是一片慌乱。总司令兼第八集团军司令奥金莱克宣布进入紧急状态，驻亚历山大港的军舰起航，躲向外海，金字塔旁垒起工事，参谋们忙不迭地焚烧文件……整个开罗和亚历山大市区被惶惑和恐惧所笼罩。而在意大利，墨索里尼则喜不自胜，匆匆飞抵利比亚，准备前往开罗参加入城庆典。

危急时刻，丘吉尔先是回击反对党议员，将战败的责任推给前任政府疏于军备的政策，归咎于隆美尔的"强悍"，终于渡过政府危机。美国总统罗斯福在此刻也给予了丘吉尔必要的帮助，派6艘快船把从美国军队中抽调出的300辆新型"谢尔曼"式坦克运到埃及。"M4谢尔曼"坦克是从"M3"坦克改造而来的，车体很高，只有一个炮塔，装一门75毫米炮，发动机功率340马力，重29.7吨，最大时速41.6公里。这种坦克装甲较

★战斗中的盟军M3轻型坦克

薄，防护力不强，但可靠性高，故障率极低。综合性能优于德制"马克Ⅲ"、"马克N"型。

更为幸运的是，隆美尔的部队此刻也是强弩之末，只剩下了37辆坦克，随行的意军仍然难堪大用，7月份对阿拉曼发起首轮进攻，因乏力受挫。惊魂未定的英军想趁机杀回去，结果一场混战之后，谁都没有占到便宜。战线就此稳定在了阿拉曼，双方掘壕固守，各自埋下几十万枚地雷，在海岸与卡塔腊盆地间形成对峙局面。

对这种局面丘吉尔当然不能满意，决定调兵增援埃及，亲赴开罗，改组中东司令部，撤掉奥金莱克的职务，为北非派来了两个新人——亚历山大和蒙哥马利。

蒙哥马利身材精瘦，本人跟隆美尔有很多相似之处，他不沾烟酒，傲慢专横，有鼓动力。蒙哥马利从未在中东打过仗，只是在第一人选、赫赫有名的戈特将军的座机被德机当成丘吉尔的座机击落殒命后才受领这个差事。他于8月10日由伦敦出发，12日到达埃及。到任后，他发现情况相当糟糕，军队里士气低落，办公桌上赫然放着奥金莱克的撤退计划。蒙哥马利没有等到正式接任的日子，就接过了指挥权。他先是给参谋部大换血，改编部队，成立第十军。随后下令烧毁撤退计划，决心背水一战。等到丘吉尔再度前来视察时，全集团军上下面貌一新，士气高昂。

蒙哥马利到任不久就得到隆美尔即将进攻的情报。他深知隆美尔此举不仅威胁到整个中东英军的安危，也是对自己名誉和地位的考验。此时他虽有3个军，700辆坦克，但部队刚刚完成改编，还没有完全摆脱战败的阴影，于是决定不主动出战，而是等隆美尔来攻。蒙哥马利亲临前线视察，发现一个名为阿拉姆哈勒法的狭长山脊极为重要，于是派兵固守。另外，蒙哥马利还忙里偷闲跟隆美尔打起了"谍报战"。

早在7月的战斗中，英军就俘获了两名德军情报人员，之后顺藤摸瓜，破获了德国人在开罗的间谍网"康德尔小组"。蒙哥马利让参

★北非战场上的蒙哥马利将军

谋长甘冈利用这个秘密渠道，不断向德军发假情报，情报内容多是诸如"英军兵力不足"、"一旦来袭只能勉强抵挡"等。甘冈还画了个假地图，把遍地流沙的阿拉姆山岭前标成"硬地"，然后逼着一名被德国女间谍用美色勾引下水的少校带着地图开车驶入德军雷区。倒霉的少校很快在地雷的爆炸声中毙命，假地图也就"自然而然"地落入隆美尔之手。

隆美尔不知是计，

★盟军坦克向敌阵冲击

对这份地图进行了仔细的研究。8月中旬，他得到新补充的人员和装备，坦克增至440辆，又得到南线德军总司令凯塞林元帅和意军总参谋长的保证，一定会得到1000吨汽油，因此信心倍增，决定大举进攻，第一个目标就是阿拉姆哈勒法山岭。

第十五装甲师和第二十一装甲师的200辆坦克借着夜色的掩护进入了据说是英军防御最薄弱的防线南端，德国工兵下车后开始快速排雷，但是没多久就发现这里的地雷似乎无穷无尽，雷场远比情报介绍的要宽。这时一枚枚照明弹升上天空，照得雷区如同白昼，等在这里多时的英军迅速开火。措手不及的德军死伤累累，第二十一装甲师师长俾斯麦中弹身亡，非洲军军长奈宁的指挥车被炸翻，虽然幸免一死，但身负重伤。

此时的蒙哥马利正如同往日一样呼呼大睡，那个参谋长甘冈摇醒他并报告了战场的情况，他说了一声"好极了"，就转过身去继续酣睡。

第二天早晨，德军费了好一番力气才得以穿过雷区，向北进攻阿拉姆哈勒法山岭。中午时分，因为突起沙暴使英机无法起飞，德军得以推进几公里，不料在"硬地"陷入流沙中，速度骤降，到16时才抵达阿拉姆哈勒法山岭西端的

132高地。按照那份地图上标示的，这里只有一个师的英军。其实驻扎在这里的英军有3个师，英军猛烈的炮火让德军根本不能行进一步。白天，英国火炮不停轰击，德国人开一炮，英军就回十炮。隆美尔本人也险些被弹片击中。入夜，英机又飞来乱炸一通，不让非洲军得以片刻安宁。更糟糕的是，因为开往北非的意大利油船被击沉，凯塞林和意大利人答应送来的汽油沉入了海底，油料眼看着将要耗尽。隆美尔发现自己进退两难，不禁暗暗叫苦。不久，他获悉新西兰旅正向德军的后方穿插，准备对他实施围歼，内心更加紧张，随即下令撤回己方防线。

初战获胜，但是蒙哥马利并没有穷追猛打，他知道隆美尔惯于用88毫米高射炮痛打冒进的追兵。

此役史称阿拉姆哈勒法之役或第一次阿拉曼之战，双方在此役中的损失都不大。德军损失38辆坦克，英军为28辆。但是后勤补给充足的英军可以及时得到补充，而隆美尔的坦克则是丢一辆就少一辆，更重要的是，双方士气完全颠倒过来。英军因为找到了战胜"沙漠之狐"的方法而信心倍增，蒙哥马利也树立起自己的权威。而这一切都对以后的总决战具有至关重要的影响，正如隆美尔的作战参谋日后写道："这次战斗无疑是沙漠战争的转折点，是前线一系列败仗中的第一个，预示了德国的战败。"

以后的一个多月里，两军均掘壕对垒。隆美尔在战线的己方一侧构筑了层层防线，埋下44万枚地雷，由步兵、坦克和火炮把守，号称"魔鬼乐园"。从什么

★行军途中的盟军坦克

地方才能冲过"魔鬼乐园"，怎样对付德军的装甲部队，成为蒙哥马利和部下们考虑的首要问题。

10月下旬，随着兵员和装备的开到，第八集团军已成为一支兵强马壮、士气高昂的精锐之师，有3个军共12个师，其中4个是装甲师，拥有兵力23万，一线坦克1440辆，其中500辆是新式美制"格兰特"式和"谢尔曼"式坦克，二线还有坦克上千辆。英军不仅在坦克数量上占据优势，在坦克质量上也与德军持平，在装甲师的质量上也缩小了与德军的差距。英国陆军在北非沙漠装甲战中，对其装甲部队的指挥和控制系统进行了改进。因为在沙漠中的机动距离很大，英国坦克原有的车载Q型电台虽作用距离很大，但体积也大，无法使用专用的电池，只得同坦克共用一个，一旦坦克停车时间太长，电池就没电。为了解决这一问题，英军坦克兵最初使用II型步兵电台凑合，但由于作用距离太短，最后决定用装甲车改制成指挥车，安装大功率电台，用以跟坦克里较小的电台联络，这样师司令部设立了通信连。英军装甲师的各旅、团开始融为一体。在装甲师的编制上，英军装甲师在1942年下辖2个装甲旅、1个装甲侦察团、3个炮兵团、1个步兵营，仅有1个摩托化步兵营和1个工兵营，全师561辆装甲车辆，其中340辆坦克、58辆装甲车、163辆输送车和侦察车，人员15 000人。英军在阿拉曼战役前夕在北非组建了3个装甲师，将其中的2个师组成第十军用于扩大胜利的态势，"丘吉尔"式步兵坦克配属给步兵用于突破。

虽然蒙哥马利的装甲师在编成和经验上尚劣于隆美尔，但在坦克数量上居绝对优势，盟军空军也压倒了德军。此外，他手里还攥着一张神秘的王牌——设在英国本土的密码破译机"超级机密"，正是这架密码破译机在掌握着隆美尔的一举一动。

巅峰对决：狐鼠大战阿拉曼

隆美尔此时的日子并不好过。阿拉姆哈勒法一役失败后，他自知无力冲过阿拉曼，但又不甘心让出阵地，就开始挖沟埋雷，营造"魔鬼乐园"，在南北防线纵深各部署一个德国装甲师和一个意大利装甲师，在其前方配置步兵和炮兵，准备依托防线中部的米泰里亚山脊，以层层拦截挫败蒙哥马利的进攻。然而，他的兵力装备远逊于对手，仅10万余人，500余辆坦克和350架飞机，其中德军仅5万人，坦克260辆，与英军坦克之比是1∶6，况且性能不及对手，仅30辆为最新式的MK4型。意大利人的坦克没有一辆中用。更要命的是后勤补给本来就不好，蒙哥马利偏利用"超级机密"破译的情报，让海空军准确地在地中海攻击德意运输船队，把隆美尔急切需要的人员、装备、汽油、食品和弹药沉入海底，德意运输船队的损失率陡然上升到40%。德意军储备严重不足，前线部队经常一个月不见蔬菜和肉，疾病流行，减员严重，到10月中旬，德意军油料储备仅为7天，食品21天，弹药9天。

隆美尔看到此景，与凯塞林和意大利人大吵大闹，但是却无济于事，心灰意冷之际，在9月23日称病回国，把指挥权暂时交给了施登姆将军。

10月中旬过后，万事俱备的第八集团军只待一声号令。19日和20日，蒙哥马利召集三军中校以上军官，发布实施"轻盈作战"的指示。23日21时40分，蒙哥马利的1 000门火炮向德意军发动猛烈轰击，炮弹非常密集，炸得德意军尸骨横飞。30分钟后，英军第三十军和第十三军分别在北南两个方向发起进攻。在北段的第三十军的任务是在德军防线上打开两条走廊，引导全部是装甲师的第十军向纵深攻击。南段的第十三军则采取佯攻。一切都按计划进行。

北面，第三十军的第九澳大利亚师、第五十一苏格兰高地师和第四英印师冲入烟尘弥漫的战场，冒着德军猛烈的炮火排雷清障，到次日晨，在雷区打开了两条通道。第十军的第一、第十装甲师随即驶入通道，沿仅有一辆坦克宽的小道向东小心翼翼地前进，不料遭到从米泰里亚山岭横射过来的炮火阻击。在南边，第十三军成功地把德军第二十一装甲师牵制在对面。北走廊的英军第一装甲师到黄昏时终于杀出一条血路，冲出雷区，但是南走廊的第十装甲师却没有丝毫进展，指挥官见德军火力凶猛，意图撤退。蒙哥马利因此大为愤怒，指挥官只好不顾损失继续前进。25日晨，各路装甲部队终于以200辆坦克的代价冲过雷区。

★阿拉曼战役中正在进攻的盟军战士

★北非战场上的德军坦克

　　就在两军激战的时候，德军司令部在24日这天却陷入了群龙无首的混乱中。指挥官施登姆将军自23日晚登车离去后就杳无音信，谁也不知道，这位将军此时因为心脏病猝发已经死在了战场上。慌成一团的参谋们赶紧向希特勒发报，报告此讯。

　　25日傍晚，刚刚离去32天的隆美尔再度归来。他发现形势已相当险恶，英军坦克已冲过雷区，揳入沿海开阔地带，而且还占领了瞰制这一开阔地带的腰子岭。但他毕竟是身负"沙漠之狐"之名的战将，马上看清了英军的主攻方向是在北面，立刻将南线的第二十一装甲师北调，准备决一死战。而此时蒙哥马利也调整了部署，把第七装甲师从南线调来，同时把北面的进攻地域压缩至靠海岸仅9公里的狭窄地段上。

　　26日，隆美尔亲自指挥坦克反攻腰子岭，卡车载着步兵跟在坦克后向腰子岭冲去。山头上的英军第二来复枪旅和第一装甲师的士兵以凶猛的火力抗御德军的冲击。特德将军的沙漠航空队也来助战，成群的炸弹砸向沿光秃秃山脊向上爬的德军纵队，德军死伤累累。隆美尔失望地放下望远镜，驱车离去。在以后的几天里，德意军又数次猛攻，均大败而归。27日这天，仅第一装甲师就击毁了德军50辆坦克。

　　祸不单行。在前线德军连连告急时，后方又传来运输船被击沉的噩耗，

★阿拉曼战役中的蒙哥马利

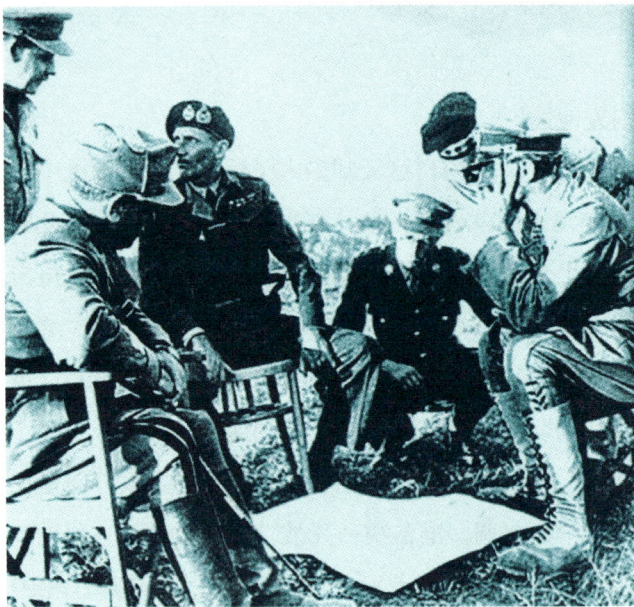
★正在研究战局的蒙哥马利

给了隆美尔重重一击。此时前线坦克所剩油料太少，已经没有办法进行他所擅长的远距离机动战，只能固守，与数量上占据着绝对优势的对手硬拼。隆美尔绝望了，他甚至想到了死，在28日给妻子露西的信中写道："我在最后一刻将会念及你们，我死后切勿悲伤，要为我感到自豪。"

当晚，蒙哥马利发起猛攻。身经百战的澳大利亚第九师一鼓作气冲到海边，隆美尔慌忙调兵堵截，暂时稳住了阵脚。

战场在以后的4天半中稍稍平静了些。英军决定下一步发起"超级冲锋"行动，彻底粉碎隆美尔的抵抗。蒙哥马利最初决定在北线德军主力正面强攻，其参谋长等人建议避实击虚，改攻稍靠南些的意军。蒙哥马利觉得非常有理，就采纳了这个建议，命令第九装甲旅为前锋，突破雷区和反坦克炮阵地，为后继部队打开缺口。

隆美尔此时已经是焦头烂额了。德军于30日击退了一次澳大利亚师的试探性进攻，抓了些俘虏，墨索里尼发来贺电"大为赞赏"，这让他哭笑不得。他一面严令部下死守，一面悄悄计划撤到96公里以外的富卡。

11月1日夜，"超级冲锋"行动开始了。200门火炮对准狭窄的突破地段齐射，轰炸机飞来狂轰滥炸。黎明时分，第九装甲旅的坦克轰鸣着冲入敌阵。德军88毫米高射炮打得又猛又准，英军坦克一辆辆起火爆炸。但英军似乎根本不在乎牺牲，不顾一切地猛冲，结果又在开阔地遭到无情的射杀。沙漠上空黑烟滚滚，到处是燃烧的英军坦克。在短短的几个小时里，第九装甲旅的123辆坦克仅剩19辆，坦克手死伤过半，但他们终于打开了一个突破口。

第一、第七装甲师和第五十一苏格兰高地师从走廊一穿而过，然后呈扇状展开，分头杀向德军纵深。隆美尔调集坦克拼死拦截，双方爆发了一场空前的坦克大战。隆美尔站在一座小山顶上指挥战斗，眼看着英军轰炸机一队接着一队飞来，把他的士兵炸得血肉横飞。英军几百辆坦克隆隆驶来，如入无人之境，德军炮手来不及射击就被打死。晚上，非洲军军长托马报告说他手下能作战的坦克只有30辆，至多不超过35辆，意军已溃不成军。

这样的战斗显然已经无法继续了，隆美尔当即下令全线后撤，并向希特勒发报，闪烁其词地说自己正在撤退。闻讯以后的希特勒暴怒，立刻口授回电，严词训示："不胜利，毋宁死，别无他途！"

看到希特勒如此措辞严厉的回电，隆美尔犹如五雷轰顶。他知道这道命令非常荒谬，在独自一人的作战室里，他不禁哀叹："希特勒简直发疯了。"但是对希特勒的忠诚又使他别无选择，只得不顾部下的强烈反对，下令停止撤退，但是心存恻隐的隆美尔还是默许部下作些"小小的撤退"。他把全部积蓄托人带回国，同时附上一封悲惨的诀别信："别了，露西。别了，我的孩子。"隆美尔此时终于明白，只要希特勒不收回成命，他必将战死在此地，他已经没有退路。

4日，凯塞林从意大利飞来给隆美尔打气，当到达战场发现他只剩22辆坦克时，这才相信隆美尔真是已经到了穷途末路，赶紧亲自发电给希特勒请他收回成命。蒙哥马利在这一天则毫不手软，猛攻勉强支撑着的德军防线。隆美尔下达数道死命令也无法扭转混乱局面，意大利第二十军首先崩溃，全军覆没。

晚8时50分，希特勒终于同意撤退。

但此时要完成撤退已经非常困难，德军只好开着11辆坦克和从意军手中抢来的汽车

★北非战场上的隆美尔

★阿拉曼战场上投降的德军坦克

★德军指挥官向盟军投降

向西狂奔，第八集团军全线追击，坦克在地面疾驶，飞机追到溃军头顶轰炸扫射。到处是德意军丢下的坦克、枪炮和行李。

拖着病体的隆美尔顽强组织着后撤，碰巧此时天降暴雨，洪水遍野，追击的英军受阻，隆美尔侥幸得以逃脱，躲过了全军覆没的命运。9日，德意军残部越过边境退入利比亚。英军随即越境追击，在12日，肃清了全部德意残军。

蒙哥马利在当天发表文告宣布："今天，11月12日，在埃及的土地上，除俘虏外，再也没有德国和意大利士兵了。"

第八集团军深入利比亚以后依然穷追不舍。但是隆美尔在此时再次表现出名将风范，军队败而不溃，一气向西狂奔，一直退到2200公里外的突尼斯。

阿拉曼一战，英国第八集团军打死打伤、俘虏德意军5.9万人，其中俘虏一名德军将军和9名意大利将军，缴获坦克350辆，火炮400门，军用物资数千吨，把德意军彻底逐出了埃及西部和利比亚。自己付出了损失人员1.35万人、坦克432辆的重大代价。

蒙哥马利因此战而荣升上将。

在阿拉曼战役进行的同时，11月8日，美英军队发起"火炬"战役，在法国统辖的摩洛哥和阿尔及利亚登陆，迅速控制了这两个国家。为将轴心国势力彻底逐出北非，1943年2月，第八集团军及戴高乐的"自由法国"在中非组建的勒克莱尔装甲师由利比亚，美军由阿尔及利亚两面杀入突尼斯。隆美尔凭借突尼斯山地负隅顽抗。2月下旬再施先发制人之计，用多管火箭炮掩护坦克，对美军第一装甲师驻守的凯塞林山口发起猛攻。初出茅庐、傲慢狂妄的美军遭受重创，损兵6 500人，损失坦克183辆、装甲车194辆、火炮208门、汽车512辆。美将布拉德莱将此战称为美军战史上"最不光彩"的一页。但这是已成强弩之末的隆美尔在北非取得的最后一个、也是不足以影响整个战役全局的胜利。从3月开始，美英军两线夹击，逐步将德意军压向突尼斯北部海岸。5月6日，盟军发起总攻，于5月9日全歼德意军残部，胜利结束突尼斯战役。

至此，轴心国彻底失去了北非，隆美尔也凄然回到德国。

战典回响

"沙漠之狐"惨败的原因

北非的阿拉曼战役，作为世界上第一次真正意义上的现代化战争对抗，也被称为第二次世界大战的转折点之一。数十年来，很多的战争爱好者都对这场战役津津乐道，"沙漠之狐"与"沙漠跳鼠"的对决似乎永远也很难盖棺定论，但毫无疑问，隆美尔在北非享受了荣光，也遭遇了挫败，而他的失败主要还是因为下面几点：

1. 兵力相差悬殊

从正面看，隆美尔有7万作战部队，而蒙哥马利有23万；隆美尔有550辆坦克，其中有300辆是意大利的"薄皮"坦克，不堪一击，蒙哥马利则有1 450辆，而且有500多辆都是美制新型"谢尔曼"和"格兰特"坦克，就连德国88毫米高射炮都打不穿它的装甲；隆美尔有不到350架飞机，蒙哥马利有1500架之多。所有这些，都说明双方兵力相差实在是悬殊，而隆美尔在北非与英军作战，一直是以少胜多，兵力从未赶上过英军。从另一个方面看，阿拉曼战役前，英国又一次增强了非洲第八集团军的补给、空中支援，而且击沉了一艘给隆美尔送燃油的船；而隆美尔经过长时间苦战，补给不足，燃油短缺，不能充分发挥部队的机动性与战斗力。

2. 希特勒的错误命令

在阿拉曼战役前，隆美尔知道了蒙哥马利兵力强大，而且自己不会得到兵员补充后，就极力向希特勒请求撤退，以便建立一道坚固的防线，否则将无力对抗英军。但此时的希特勒根本不知道北非战场处于怎样的境地，也过分高估了德军实力，轻视了英军的兵力，从而下令不准北非军队撤退，坚守每一块得来的土地。隆美尔虽然知道自己实力不足，却不能违抗希特勒的命令，无法撤退，从而陷于绝对被动中，更加深了他的劣势。

3. 情报失败

在第二次世界大战中，轴心国的情报系统水平之差简直有目共睹。阿拉曼战役就是一个典型的案例，从轴心国看，希特勒从来没有给隆美尔提供任何的情报，而阿拉曼战役前，隆美尔仅有的一个侦察连还在侦察时被歼，这就更加导致了隆美尔情报资源的匮乏。在开战之前，他几乎得不到任何关于敌军实力、部署的信息。而盟国的蒙哥马利则因为拥有英国最好的密码破译机构及情报机构的支持，使他在战役前就充分了解了隆美尔的部署、兵力，从而制订了包括欺骗行动在内的周密作战计划，得以在之后的对抗中占据绝对的主动位置。

4. 指挥

除了上述几点，要真正击败隆美尔，没有一个优秀的指挥官是不行的。在阿拉曼战役前，隆美尔因为疾病缠身被迫回德国治病，希特勒派施登姆代替隆美尔指挥非洲军团，这直接导致了阿拉曼前期的失利。蒙哥马利是一个有先进战略思想与独到见解的优秀将军，他较好地部署、指挥了英军，率领第八集团军逐渐打败非洲军团，使得后来隆美尔的军队千里溃退。虽然此后隆美尔依然多次阻击了蒙哥马利的攻势，但蒙哥马利还是充分利用了自己的优势条件，稳住了胜局。

★沙场点兵★

人物：伯纳德·劳·蒙哥马利

伯纳德·劳·蒙哥马利，1887年11月17日出生于伦敦。

第二次世界大战爆发时率远征军第三师横渡英吉利海峡，参加了在法国和比利时的战斗。1940年5月，德军闪击西欧，被迫随英远征军从敦刻尔克撤回英国。因在敦刻尔克大撤退中表现优异，受到丘吉尔的高度重视。

1941年，先后任第五军、第十二军军长。12月，奉命调任对德军入侵威胁最大的英格兰东南地区担任司令官，负责选拔、调整、培养各级指挥官，严格训练部队，提高英军军事素质。

1942年8月，正式接管英国第八集团军，临危受命接任司令。同年10月至11月间，组织向德军发动了阿拉曼战役，一举击溃了德国非洲军团，扭转了北非战局。随后又挥师乘胜追击。

1943年5月，率领第八集团军与盟军配合在突尼斯全歼北非残敌。由此声名大振，被人们称之为捕捉"沙漠之狐"的猎手，誉称"沙漠跳鼠"。阿拉曼战役后，受封为爵士，并因功被提升为陆军上将，同时被授予巴斯骑士勋章。

在这次大战中蒙哥马利与隆美尔斗智斗勇，他很好地利用了自己手中充足的战争资源，将"巧妇难为无米之炊"的隆美尔逼出北非，保证了盟军的胜利。

武器："瓦伦丁"步兵坦克

英国"瓦伦丁"步兵坦克是一种轻型坦克，特点是装甲防护较好，但行驶速度较慢，主要用于协同步兵作战。该坦克由克斯-阿姆斯特朗有限公司于1938年研制，1940年5月交付首批车辆。到1944年初停产时，共生产了各种型号的"瓦伦丁"坦克8 275辆，其中加拿大生产了1 420辆。

瓦伦丁步兵坦克于1941年在西非沙漠首次参战，其改进型一直使用到沙漠战结束。这些改进型坦克的可靠性比较良好，据说在阿拉曼战役后，其中部分坦克随英军第八集团军转战4 800多公里，却从没有更换过履带。

该坦克除装备英军外，还曾装备苏联、新西兰和埃及等国军队。其中，苏军装备的2720辆都用苏制的76.2毫米火炮替换了原来的火炮。新西兰军队装备的这种坦克参加了太平洋战争。

瓦伦丁也有十多个型号的改进型，主要区别在于武器和发动机。它的变型车有自行反坦克炮，自行加榴炮和坦克架桥车等。在北非战役中大战德国坦克，为战役的胜利发挥了重要的作用。

战术：反坦克防御作战

在这场会战中最重要的经验就是对坦克集群突击的防御是可以做到的。在此之前，人们对坦克机械化部队的长驱直入简直束手无策，坦克集群的进攻被认为无法阻挡。隆美尔的作战经验告诉人们，以大口径火炮和88毫米高射炮组成的机动反坦克火炮群，配合己方坦克集群共同实施战场机动防御，将有效地挫败坦克集群进攻，一直到现在，反坦克战依然受到这条经验的影响，而隆美尔能够在北非战场所向披靡，正是因为他熟练掌握了这种反坦克战的诀窍。

战典

THE CLASSIC WARS

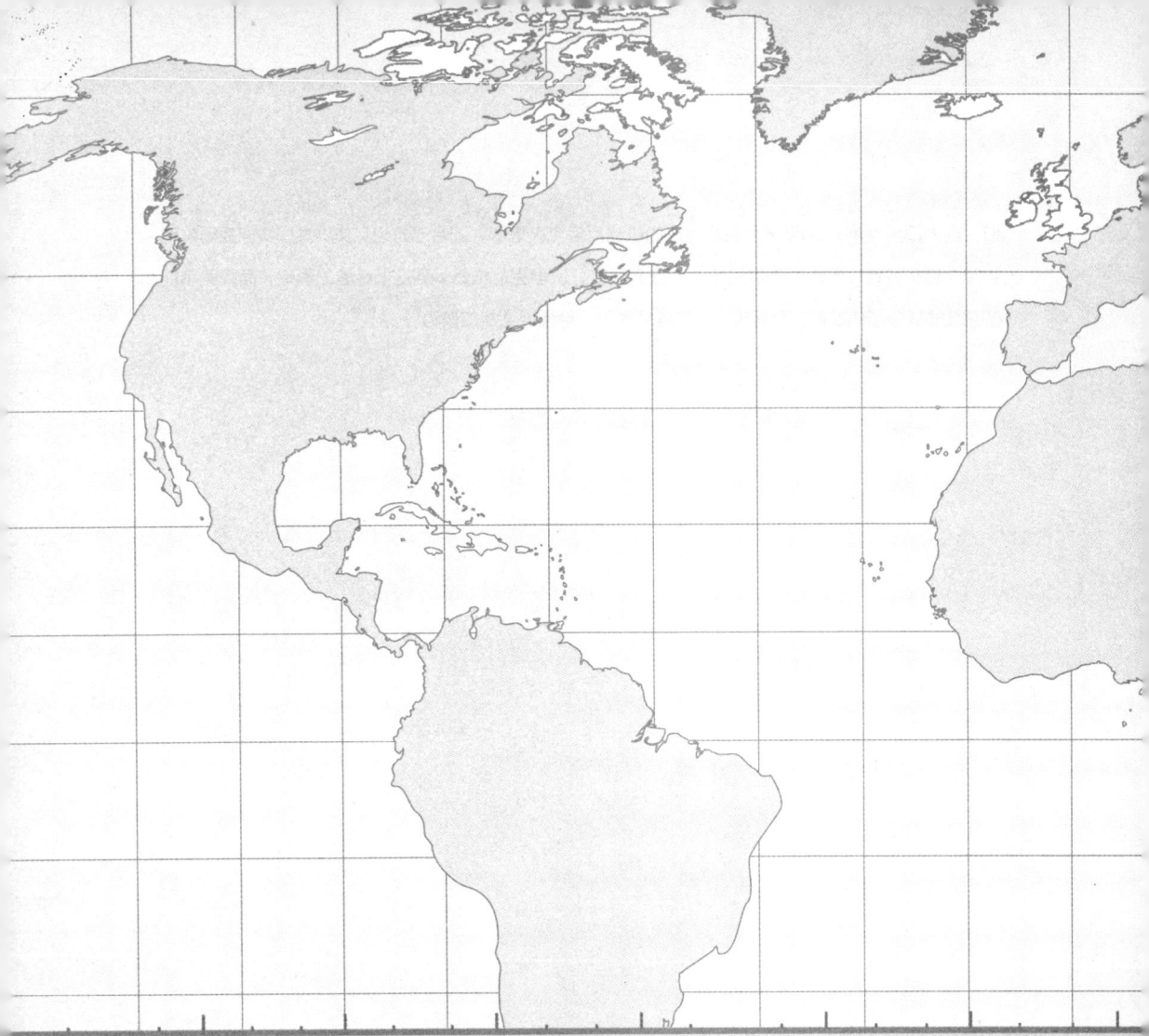

陆战之王的直接对话

THE CLASSIC WARS

坦克战

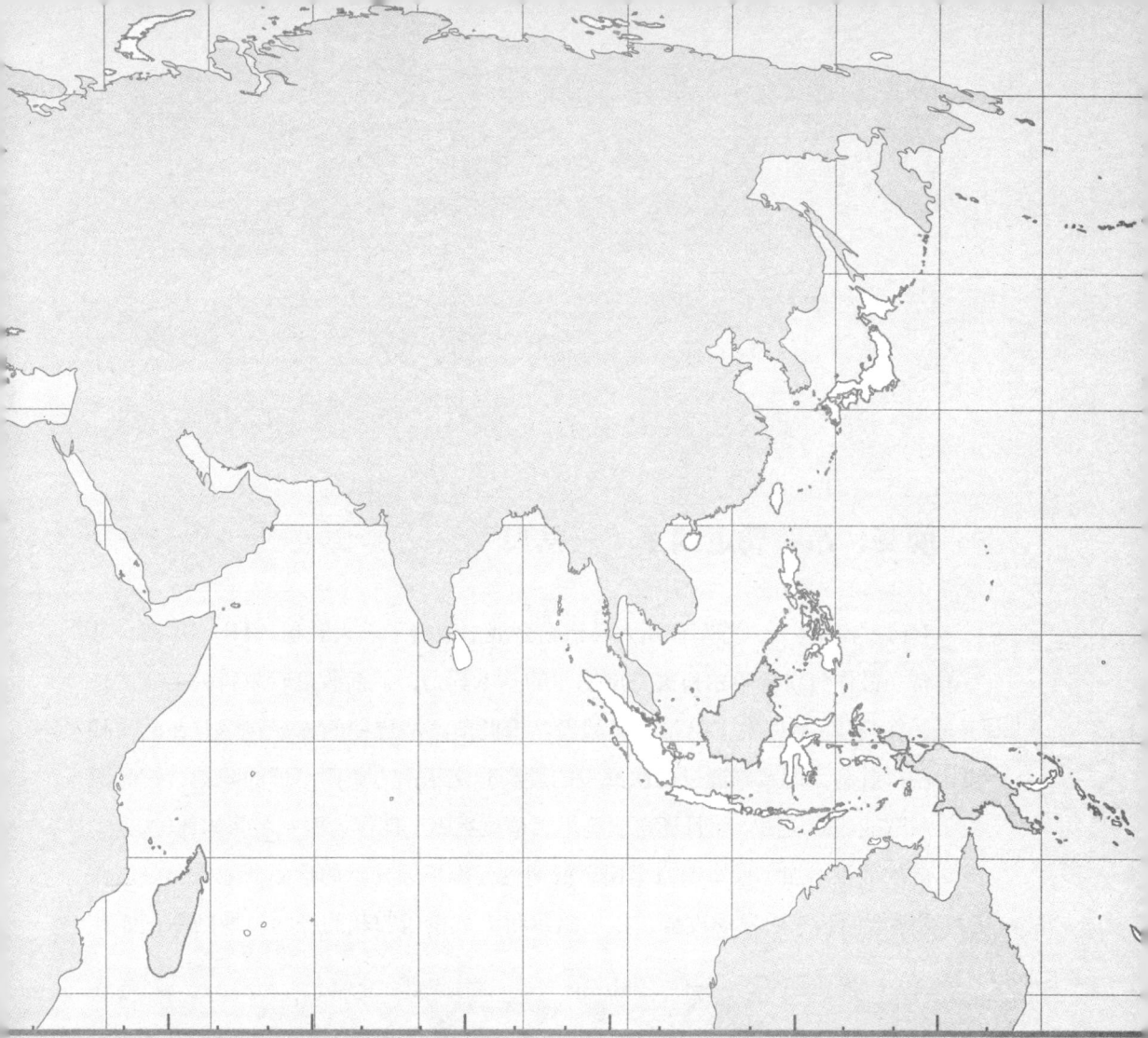

第九章

库尔斯克坦克大决战
——坦克壁垒的坍塌

　　▲惨烈的斯大林格勒战役结束了，希特勒再次遭到了惨败，苏德战场的局势已经偏离了他设定好的轨道，希特勒急需一根救命稻草来挽救他在东线战场上的颓势，此时曼施坦因再度进入了希特勒的视野，在曼施坦因的策划下，德军决定在库尔斯克与苏军一决高下，希望以此重振德军士气，扭转战场上的不利局面。广袤平坦的库尔斯克地区，是坦克一展身手的绝佳舞台，这次战役也成了坦克战历史上的经典之一。

前奏：希特勒走到了"三岔口"

　　1942年的冬天，苏军在斯大林格勒会战中取得了重大胜利。1943年初，苏军准备一鼓作气粉碎哈尔科夫方向德军的基本兵力，从而收复哈尔科夫工业区，于是，在当年1月爆发了哈尔科夫战役。但此前连战连捷的苏军并没有在此次战役中获得胜利，德军则通过此次战役的胜利稳定了南方集团军群的阵地，暂时避免了东部战线的崩溃，而且还帮曼施坦因再度巩固了他作为德军名将的地位。

　　此次战役增加了德军南方集团军群司令曼施坦因元帅的信心，他认为应该在5月初融雪期结束后发动攻势。根据哈尔科夫战役所收获的经验，他判断在如此

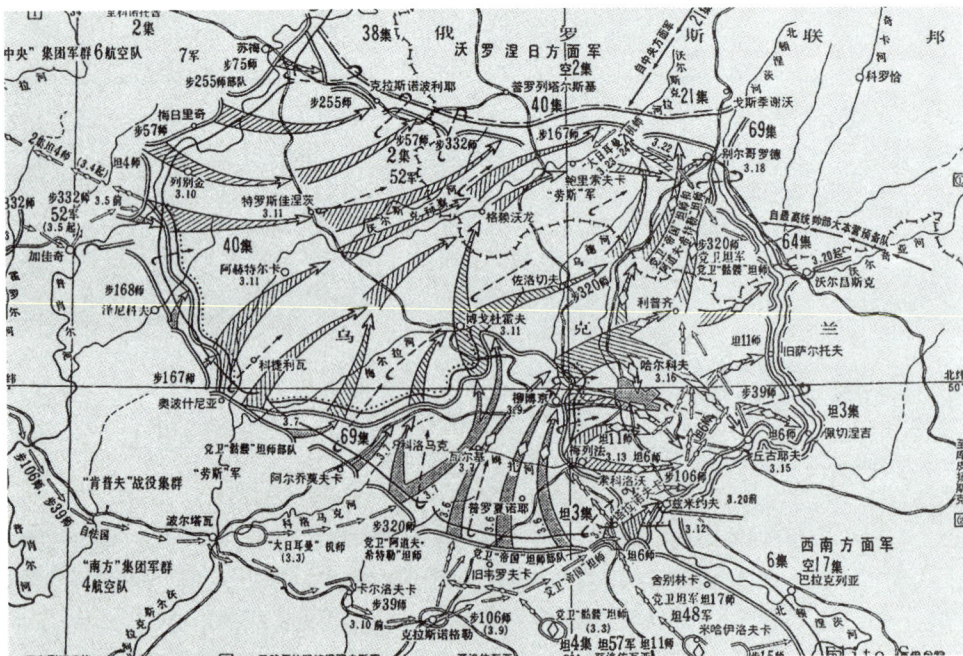

★哈尔科夫战役示意图

短的时间内，刚刚经历了斯大林格勒大血战的苏军很难完成休整补充。德军有可能让对手措手不及，从而彻底扭转战局。但是，由于当时德军的坦克数量不足，再加上北非战场的失利，德军向苏军发起攻击的时间一再拖延，直到7月初才完成进攻准备。这时，大量情报显示，苏军正在加强库尔斯克一带的兵力，显然，曼施坦因的战机早已经错过。

其实，和曼施坦因一样，斯大林和朱可夫也早就注视着库尔斯克。

★库尔斯克战役中的曼施坦因

库尔斯克是一座只有12万人口的小城，此前并没有多少人知道这个地方。斯大林格勒战役后，经过拉锯战，苏军在这一带占领了一个长约240公里，宽160公里的突出部，苏军对这块突出部的战略意义非常重视，最高统帅部经过研究之后，决定以这块突出部作为阵地，在拥有足够的装甲部队之后就向德军战线发动进攻。负责指挥的朱可夫元帅多次亲抵突出部前线，检查准备工作的进展，库尔斯克战役此时已经是箭在弦上。

但事情在1943年春发生了变化，苏联潜伏在德军内部的间谍网传来德军将发动夏季攻势的情报，而库尔斯克的苏军战线突出部是德军攻击的主要目标。得到消息之后，苏军情报机构火速将情报送进了克里姆林宫，战事的发展超过了斯大林的预期，最高统帅部经过研究之后决定以优势兵力有计划地转入防御，进而歼灭、消耗德军的突出集团，然后再转入反攻。

于是，苏军最高统帅部根据德军的此次作战迅速制订了应急作战方案，最终下达了名为"库图佐夫作战"的计划。根据这个计划，苏军在库尔斯克地区先后集结了133万名士兵、超过2万门火炮、3400辆坦克以及2172架飞机，分属罗科索夫斯基大将指挥的中央方面军和瓦杜丁大将指挥的沃罗涅日方面军，科涅夫大将指挥的草原方面军则担任了战役预备队。苏军的准备工作紧锣密鼓地开始了，成群的飞机飞往库尔斯克前线，黑压压的坦克轰然开过广袤的平原，突出部地区的苏军力量在短时间内迅速得到提升。

苏军的战前准备工作进行得紧张而又有序，抓紧一切时间才终于完成了战前的部署，可是德军方面却仍然没有如同情报所示的那样发动进攻。苏军迅速通过谍报人员了解德军的消息，原来，德军的准备工作居然还没完成。对于向来注重速度和效率的德军来说，战前准备工作如此拖沓实在是有着难言的苦衷。过长的战线加上北非战场的僵局，使得德国战争机器的运转终于出现了问题，后勤补给线因为苏军空中力量不断打击经常瘫痪，德军的战前准备工作不得不经常中断。

在了解到德军的情况之后，斯大林并没有急于先行挑起战事，对库尔斯克地区即将到来的这场战斗，苏联领袖的心里非常清楚，这场战斗将会对苏德战场的形势起到至关重要的作用。

德军直到7月初终于完成了所有的进攻准备，担任北面夹击任务的是克鲁斯指挥的中央集团军群，担任主攻的第九集团军由莫德尔指挥，第二坦克集团军则防守奥廖尔突出部以掩护第九集团军的侧翼。"堡垒"作战计划的南线是由曼施坦因的南方集团军群担任。担任主攻任务的德坦克第四集团军由霍斯指挥，右侧是肯百夫指挥的"肯百夫"战役集群。德军一共集结了90万名士兵、2 700辆坦克以及10 000门火炮，占德军总兵力的三分之一。德国空军也全力支援"堡垒"作战，这场战役调集了约2 000架飞机。

希特勒于7月初在东普鲁士的总统大本营中，召见了德军的高级将领及主要的前线指挥官，决定于7月5日3时30分开始进攻。

大战爆发：苏德坦克大对决

1943年的7月4日，贝尔科洛地区的一名奥地利士兵向苏军投诚。这名士兵透漏自己所属的工兵部队已经奉命清除德军阵地前的铁丝网及地雷，德军后勤还给各部队分发了5天的干粮，按照德军统帅部的要求，德军已经作好了在7月5日3时30分发动攻击的准备。在当天晚上，苏军中央方面军侦察部队也抓获了一名德军士兵，这名德军士兵供认德军将在翌日3时30分对苏军阵地发动攻击。

此时，距离德军发动进攻的时间已经不到12个小时了，苏军中央方面军司令员罗科索夫斯基大将将这个消息汇报给了苏军最高统帅部，统帅部随即告诉罗科索夫斯基，一切按照最高统帅部之前制订的"库图佐夫作战"计划进行。罗科索夫斯基随即召集了自己的下属，告诉他们关系到战争胜负的拼杀将在明天清晨展开，他需要各部队在午夜之前进入战斗位置。

会议非常简短，结束之后，苏军的官兵们就开始忙碌。在夜幕之下，苏军的阵地里紧张而又有序地进行着战斗准备。罗科索夫斯基则和自己的将领们在开战之前作最后的沟通，经过再一次对所掌握情况的研究和推断，决定在德军开始进攻之前采取先发制人的策略。

距离正式进攻只剩下40分钟时间了，德军在作着最后的紧张准备。就在此时，苏军方面的罗科索夫斯基命令前线炮兵向德军阵地发起火力袭击。几乎是在突然之间，炮弹从苏军的阵地上飞出，穿过漆黑的夜幕落到德军的阵地上，德军前线顿时被火光照亮，刚刚作

★库尔斯克战役中的罗科索夫斯基

好的战前部署完全被打乱，不得不改变原本定在3时30分发起的进攻。德军不得不顶着苏军密集的炮火攻势重整旗鼓，经过一个小时的挣扎，才终于组织起火力反击。德军第一航空军的300架飞机于清晨5时10分起飞，对苏军的第十三集团军阵地以及两侧的第四十八集团军及第七十集团军发动空袭。20分钟以后，莫德尔的第九集团军向苏军第十三集团军第十五及八十一步兵师防守的左翼发动了进攻。

在这轮攻势中，德军的装甲部队终于发动了进攻，包括3个坦克师和4个步兵师，约500辆坦克冲向苏军的阵地。在进攻中德军各坦克梯队排成楔形，每个梯队前端是10到15辆"虎"式重型坦克或者"斐迪南"式自行反坦克炮，随后是数十辆中型坦克或自行反坦克炮，后面则跟着其他装甲车辆。

苏军则在坚固的纵深阵地上进行了顽强抵抗，他们将反坦克炮伪装好以后，通常等德军坦克驶到距阵地500~600米时才会开火。苏军第十六航空军在战场上空，不断向地面的第十三集团军提供支援。德军第九集团军所属的六六三、六五四两个重型自行火炮营配备的"斐迪南"式自行反坦克炮在这次战役中首次亮相。"斐迪南"式坦克的装甲厚度超过了当时德军的所有坦克，其正面装甲厚达200毫米，几乎和巡洋舰不相上下。这种自行火炮口径为88毫米，可以在1800米左右的距离击毁KV-1坦克，但该炮却没有配备机枪，无法对付近距离的

步兵。因此，当它凭借厚重的装甲突破苏军的阵地以后，对方的士兵只要将它和后续步兵的联系切断，就可以轻易靠近其车身进行爆破。

在当天下午，德军装甲部队的进攻达到了高潮，它们在反坦克炮的掩护下不断冲击苏军的阵地，苏军的KV-1坦克与德军的王牌坦克"虎"式第一次的火力碰撞就再次展开，这也自然而然成为日后库尔斯克战场上两种坦克大拼杀的一次预演。在这一次的预演中，双方谁也没有能够占到便宜，机动性强的KV-1坦克与重装甲的"虎"式坦克打了个旗鼓相当，但因为"虎"式坦克是进攻一方，所以它们和苏军坦克不分上下，就意味着它们很难突破苏军的防线。

因为在漫长的拉锯战中始终无法取得突破性的进展，所以战斗到傍晚几乎完全停顿下来了，莫德尔指挥下的德军虽然付出了巨大的代价，但是德军也只是向前推进了几公里。在这次坦克战的拼杀中，苏军在阵地前布下的地雷发挥了不小的作用，因为这些地雷，使得德军的重装甲坦克始终不能靠近苏军的阵地，无法发挥近距离坦克战中它们在装甲厚度和火力上的优势。在第一天的作战中，德军就有100辆左右的坦克被地雷炸毁，当天晚上，苏军第十三集团军又趁着夜色埋下了6 000枚地雷。

第二天，德中央集团军群再度对苏军阵地展开猛烈进攻，德军坦克不

★行进中的苏军坦克部队

顾苏军阵地前密集的地雷群疯狂进攻，结果多数碰到地雷的"虎"式坦克因为履带和车轮被炸毁而瘫痪在了苏军的阵地前。德军坦克不得不在地雷群外向苏军阵地开炮，意图将"虎"式坦克的火力优势发挥出来，但是苏军的坦克机动性能出色，很快就退出了德军的火力范围，使得德军坦克的攻击都落了空。在前两天的战斗中，德中央集团军群就伤亡了25 000人，尤其是军官损失最为严重，其中第9集团军第七十八师一九五团几乎所有的连长都换了一遍。

★库尔斯克战场上激烈的坦克战

7月7日，莫德尔不得已将预备队投入到了战斗中，虽然连续对苏军阵地发动进攻，但是苏军的坦克发挥其机动性强的特点，不断利用阵地的纵深从多个方向对德军的坦克进行攻击，德军坦克的装甲虽然很厚，但是却无奈苏军的连番进攻，加上苏军在纵深布设的大量地雷，让德军举步维艰，"虎"式坦克空有强大的火力却没有办法在运动战中找到T-34坦克和KV-1坦克的身影，反而陷入被动，接连挨打。到当天晚些时候，德军依然没有能够获得太大的进展，无法攻破苏军的防线。

莫德尔决定实施最后的攻击，他在7月8日上午集结了300辆坦克再度发动猛烈的攻势。德军坦克穿过苏军的地雷区，向苏军的阵地纵深疯狂进攻。而苏军坦克则继续顽强地对德军发动阻击，充分利用KV-1坦克打击德军，同时，苏军的反坦克部队也在此战中发挥了至关重要的作用。其中第三反坦克旅的一个营在摧毁敌人17辆坦克后，仅剩下了3个人，到后来，全旅几乎牺牲殆尽。

在苏军的阵地前，爆发了惨烈的战斗，双方的官兵为了一条战壕都会战斗到白热化。苏军以生命捍卫着自己的阵地，履带在地面上留下纵横交错的碾轧痕迹，德军统帅莫德尔立志攻破苏军的防线，他就像是一个发了疯的赌徒，不断将自己的预备队派往前沿阵地。血战一直持续到7月10日，莫德尔此时已经用完了所有的预备队，并且损失了近三分之二的坦克，苏军官兵感觉到德军进攻的压力骤减，随即转守为攻。

南线激战："闪击战"之间的碰撞

在南线，德军的攻势拖延到7月5日午后才正式展开，在不足50公里的正面，曼施坦因元帅投入了3个坦克军，由左至右分别是坦克第四十八军、党卫军坦克第二军及坦克第三军，共有8个坦克师、1个机械化师及6个步兵师，坦克约700辆。但是，德军要突进就必须面对苏军的反坦克雷区，面对苏军密集的地雷群，曼施坦因命令他的装甲部队必须不惜一切代价向前进攻。结果，德军虽然最终突破了苏军的反坦克雷区，但是却将36辆坦克留在了满目疮痍的阵地上。

在越过雷区之后，德军的装甲部队就对苏军第六十七近卫步兵师的防线展开猛攻。为了消灭德军第四航空军，苏军沃罗涅日方面军原本计划对哈尔科夫附近的德军机场进行空中突击，但是德国空军凭借新装备的雷达击落了400架苏军战

★战场上的德军坦克

★库尔斯克战役中的苏军坦克群

机，取得了南部战线的制空权。在空中火力的配合下，德军的进攻非常顺利，苏军第六十七近卫步兵师难以抵挡，不得不选择后退。

苏军南线的指挥官瓦杜丁将军曾在斯大林格勒战役中立下战功，是苏军中善用装甲战术的名将。而颇为巧合的是，这位苏联将军擅长的是德军最引以为傲的"闪击战"，还因此获得了"闪电将军"的绰号。面对德军的"闪击战"，瓦杜丁将军急忙调来预备队协助近卫第六集团军加固第二道防线。但是，霍斯的坦克纵队在空军及炮火的有力支援下，于6月6日在苏军第二道防线上打开了一个缺口，从而顺利攻破苏军近卫第六集团军的阵地，并且强渡佩纳河。

德军的进攻显然让瓦杜丁将军有些无措，因为德军的攻势显然比他所预计的要猛烈，他原定在7月6日发动反攻，但是面对德军的猛攻，不得不选择将原本用于反攻的第一坦克集团军的部分坦克布置在防线后方，以支援步兵进行防守，另外还将部分坦克布置在侧翼打击德军。就在这一天，德国空军在空中完全压制了苏联空军，瓦杜丁得到消息之后非常沮丧，因为制空权将更有助于德军使用"闪击战"。

6日傍晚，瓦杜丁通过电话向华西列夫斯基请求援助，华西列夫斯基随即将瓦杜丁的请求上报给苏军最高统帅部。统帅部同意了瓦杜丁的请求，并且立即将草原方面军第五近卫集团军的第二和第十坦克军的253辆坦克调往沃罗涅日方面军。与此同时，斯大林亲自给前线的瓦杜丁打去电话，告诉他统帅部已经派去了他所需的援兵，但是他必须保证不惜一切代价阻挡德军在库尔斯克突出部南线的突破。瓦杜丁随即向领袖保证，德军的坦克不会再向前推进。

7月7日，德军坦克第四十八军夺得了战场上的几个苏军据点，从而向前推进了数公里，但依然没能突破苏军的防线。到了7月8日早晨，苏军第三机械化集团军以40辆T-34坦克向德军第四十八军展开反击，战斗进行得非常激烈，但是德军的阵形非常稳固，苏军并没有取得实质性的效果。攻击正面中央的德党卫军坦克第二军与第四十八军随后一起击退了苏军第一集团军及近卫第二、第五集团军，肯百夫战役集群也巩固了第四坦克集团军的右侧翼方向。

但是在这两天的战斗中，苏军也得到了好消息，那就是苏联空军在空战中逐渐扭转了局势，这就意味着德军的"闪击战"战术将无法完全展开，这对苏军来说是最好的反攻契机。瓦杜丁知道机会一旦失去就很难再得到，他决心以"闪击战"对抗"闪击战"，于是他向最高统帅部再次发出请求，希望能够把草原方面军的第五近卫坦克集团军和第五近卫集团军调给他指挥，斯大林批准了他的请求，但是，这些部队要抵达库尔斯克突出部的南部至少还需要几天的时间。瓦杜丁必须要在援军赶来之前，阻挡住德军在第二天必将到来的疯狂进攻，他知道7月9日将是决定命运最紧要的时刻。

★快速突进的德军坦克部队

正如瓦杜丁所想，7月9日注定成为库尔斯克会战最为关键的一天，为了能够向奥博扬推进，霍斯将军指挥德军装甲部队发动了迅猛的进攻，而瓦杜丁不得不在苏军的援助部队到来之前，死缠烂打地将德军阻挡在己方的阵地前。瓦杜丁将军并没

★库尔斯克会战中的德军坦克分队

有一味死守，而是派出装甲部队从两翼向德军发动连续反攻，苏军的KV-1坦克和T-34坦克非常适合这种突击，霍斯将军要打退苏军的反攻，就不得不抽调兵力保护自己的侧翼，从而始终没有办法全力攻击正面的苏军。

霍斯将军意识到从正面无法突破到奥博扬，于是决定攻击苏军的右翼，他命令第二党卫装甲军转向进攻东北的普罗霍洛夫卡。接下来，德军开始向瓦杜丁的右翼发起猛烈的进攻，因为此前瓦杜丁的防御力量主要集中在正面，使用侧翼攻击霍斯的侧翼，所以自己侧翼的兵力其实已经没剩下多少，攻守之势忽然转换，由霍斯发动进攻，瓦杜丁侧翼的薄弱立刻显现出来。加上KV-1坦克一旦转入阵地战，在装甲坚固、火力凶猛的"虎"式坦克面前就很难有所作为，瓦杜丁侧翼的防线连连告急。

瓦杜丁有心调集军队去增援右翼，但是无奈霍斯在正面的压力并没有丝毫放缓，这让瓦杜丁一时手忙脚乱。德军南方集团军群的3个集团军在当天的战斗中取得了突破，迅速逼近奥博扬，苏军的装甲部队则连连败退，双方的战斗持续到7月11日，德军此时已经到达了奥博扬以及交通要地普罗霍洛夫卡的前方，对库尔斯克构成了严重的威胁。瓦杜丁急忙向朱可夫请求火速增援，朱可失下令科涅夫的草原方面军向奥博扬及普罗霍洛夫卡驰援。

巅峰对决："KV-1"坦克大战"虎"式坦克

就是在普罗霍洛夫卡的前方，瓦杜丁和霍斯这两位苏德双方的指挥官，却有了难得的默契。瓦杜丁知道无论如何不能再让德军前进一步，付出再大的代价也

★二战中的德军"虎"式坦克

必须阻挡德军；而此时的霍斯也意识到，他的对手孤注一掷的时候到了，他必然会使用所有的力量阻挡自己的前进。在这个时候，谁能够先发制人，无疑就会拥有整个战役的主动权。于是在7月12日的早晨，苏军与德军在普罗霍洛夫卡展开了激战，有趣的是，双方几乎是在同时发动了进攻。德军对普罗霍洛夫卡势在必得，因为他们一旦能够顺利占领普罗霍洛夫卡，就意味着他们将有希望进攻库尔斯克。

德军方面担任主攻任务的是党卫军坦克第二军。党卫军是希特勒种族优越神话下的产物，加入党卫军的士兵不仅要有纯正的雅利安血统，也要具备强健的体魄。这支部队在人员及装备补充方面享有优先权，编制比国防军大。党卫军坦克第二军装备有将近700辆坦克，其中约100辆为"虎"式坦克。当天清晨，在坦克第四十八军和肯百夫战役集群的引导下，党卫军坦克第二军开始沿着铁路向普罗霍洛夫卡进发，大约上午9时，与苏军主力在普罗霍洛夫卡的南郊遭遇。

德军遇到的苏军是刚刚赶来驰援的草原方面军主力，主要是近卫第五集团军及近卫坦克第五集团军，近卫坦克第五集团军拥有850辆坦克，大部分是T-34坦克。这两支部队是战役的预备队，刚刚经过充分补给，拥有充沛的战斗力。苏军的T-34坦克向德军阵地发起了猛烈进攻，而德军则运用"虎"式坦克著名的88毫米炮进行进攻，在同样的距离下，德军的88毫米炮可以击中苏军的坦克，而苏军T-34坦克上的76毫米炮却根本无法对德军的坦克造成威胁。瓦杜丁对于战事的发展忧心忡忡，德军的88毫米炮是坦克的克星，很多坦克就是倒在了这种炮前。

为了能够有效地打击德军坦克，苏军的T-34坦克开足马力，全力向德军装甲部队冲去。这样的冲锋是非常危险的，苏军的坦克在冲锋中付出了惨重的代价，一辆又一辆的坦克倒在德军的阵地前，但是，苏军坦克就是靠着这样的方式，终于一步一步拉近了与德军坦克之间的距离。瓦杜丁不时将电话打到前线阵地上，要求苏军的

★苏联"KV-1"坦克

坦克必须不惜一切代价向前冲锋。这无疑是一场与失败的赛跑，与死亡的赛跑。

苏军坦克终于接近德军坦克，双方在近距离展开了激烈的拼杀，一旦拉近距离，苏军T-34坦克机动性强的特点就能够得以发挥，德军的"虎"式坦克强大的火力及厚重的装甲都无法发挥作用，而且由于它的炮塔不易旋转，就显得非常笨重，因而在与T-34坦克的近身搏杀中渐处下风。

另一方面，苏军的KV-1坦克与德军"虎"式坦克最激动人心的搏杀开始了，苏军第十六坦克军第一八一坦克旅第二营与德军的一个"虎"式坦克营在战场上相遇，第二营营长史可布利金上尉指挥着他的KV-1坦克全速冲向德军，同时射出炮弹击中了一辆"虎"式坦克的侧面，"虎"式坦克同时也向史可布利金的坦克射击，KV-1坦克身中两弹后起火，史可布利金上尉随即受伤。驾驶员尼古拉耶夫和报务员合力将负伤的史可布利金拖出坦克，就在这时，一辆

"虎"式坦克向着这边冲了过来，尼古拉耶夫立刻跳回燃烧的KV-1坦克里，开着它全速撞向迎面而来的"虎"式坦克。一声巨响过后，两辆车都陷入了熊熊的火海之中，尼古拉耶夫当场阵亡。

德第四十八坦克军也和苏军第一坦克集团军、近卫第六集团军展开了激战，由肯百夫指挥的"肯百夫战役集群"随后也投入到了战斗中。这同样是一场精锐装甲部队之间的碰撞和拼杀，苏军的KV-1坦克穿过滚滚烟尘冲向德军部队，而德军的"虎"式坦克则通过88毫米炮进行攻击，无数的KV-1坦克瘫痪在德军阵地前，而更多的苏军坦克则以瘫痪的坦克作为掩体，采取曲线方式迂回前进，力求靠近德军的坦克。德军坦克不得不向后移动才能够避开苏军的近身战，但是德军的防御纵深有限，而且一味后退等于在放弃自己夺取的阵地，最终，德军还是不得不与苏军展开近距离的搏杀。

巨大的坦克装甲车在地面上留下深深的履带痕迹，重火力的炮弹将四周都炸得面目全非，无数的坦克穿过浓烟出现在战场上。一辆又一辆的坦克在中弹之后瘫痪，满目残骸，坦克中的乘员一批一批走出来，参与到肉搏战中。经过8个小时的血战，德军损失坦克近400多辆，人员伤亡多达10 000人。在付出如此巨大的代价之后，德军终于控制了战场，但随后面对苏军后续部队赶来驰援，因为自身的战斗力已经消耗得所剩无几，又不得不放弃。

双方的坦克一辆一辆地被摧毁，而就在废弃的坦克旁边，双方仍然在进行着射击，战斗之惨烈超乎了人们的想象，这只是这场巨大的坦克战的缩影，机械肉搏在持续着，炮声、枪声、爆炸声响彻天际。苏军的坦克在中弹以后，活着的乘员们从燃烧的车体里爬出来，拿起步枪像步兵一样去作战，有的人还拔出匕首和敌人展开肉搏。于是，机械与机械在近距离展开交火，而人与人则展开了近身肉搏，在这块场地上，现代化与原始的格斗交融，炮火与刺刀都在狞笑和嘶吼。

这样惨烈的战斗一直持续到了傍晚，双方都战斗到精疲力竭，战场上到处都是坦克的残骸和战士的尸体，双方退回到了彼此的阵地中。在此次战斗中，双方直接参战的坦克和自行火炮有600辆，其中德军约200辆，苏军约400辆。而在这一天的坦克战中，德军虽然以相对较小的损失摧毁了很多苏军的坦克，但是最终并没能攻下普罗霍洛夫卡。而随后不久，苏军的援军就赶到了，瓦杜丁在得到这些兵力之后，迅速加固了己方的防线，而德军则一时无法再发动强大的攻击。

在此战结束后很长一段时间里，史学家们都将普罗霍洛夫卡坦克战视为人类历史上规模最大的坦克战，甚至一度认为双方在此战中共出动了1500余辆坦克和自行火炮，从此使得普罗霍洛夫卡坦克战成为一段传奇。但是随着时间流逝，岁月更迭，前苏联的很多资料被破解，史学家们才失望地发现普罗霍洛夫卡坦克战并不如人们想象的那么规模宏大。饶是如此，此战无论从战略意义还是惨烈程度，在世界坦克战史上都是极为罕见的，即便它没有那么宏大的规模，也当之无愧地成为坦克战中的一段传奇。

苏军反攻：壮怀激烈的坦克决战

就在普罗霍洛夫卡坦克战激烈进行的同时，苏军对防守奥廖尔突出部的德军第二装甲集团军发起了大规模的进攻，这一下，德军变成了被夹击的对象，蓄势已久的苏军投入了大批的预备队，使得库尔斯克一带的苏军总共达到264万人、火炮52500门、坦克8200辆、飞机多达6950架。双方这一天在奥廖尔突出部展开激烈的装甲大战，拥有绝对优势的苏军对德军展开猛烈进攻，在空中火力和地面炮火的掩护下，KV-1坦克和T-34坦克冲入德军的队形里横冲直撞，重创德军的"虎"式坦克。

★苏联士兵在坦克的掩护下冲锋

7月13日，因为盟军在西西里岛登陆，西线形势进一步恶化，纳粹德国的后院起火，希特勒将克鲁格和曼施坦因紧急召到东普鲁士讨论战场形势。在阴暗的"狼穴"里，希特勒认为德军必须抽调兵力到意大利及巴尔干半岛去，他告诉他的将领们，"堡垒"计划可能被迫停止。

克鲁格在这个时候也支持停止作战，因为苏军已经开始进攻奥廖尔突出部，如果不及早将突出部里的德军撤出，极可能会重演斯大林格勒的一幕。曼施坦因则认为德军已经到了胜利边缘，他表示至少要把苏军的预备队全部击溃才罢手。最后，希特勒同意让曼施坦因单独继续作战。

曼施坦因素来以兵行险招而著称，他总是能够找到战争中不易察觉的地方，然后利用它去夺取战争的胜利。但是这一次，酷爱冒险的曼施坦因错误地判断了战场态势，苏军集结的预备队兵力早已经大大超过了他的想象。在奥廖尔方面，苏军以近卫第十一坦克集团军为主力，向德军第二装甲集团军的阵地发起了猛烈攻击。苏军用在奥廖尔的兵力达到128万人、2万门火炮以及2 400辆战车、2 000架飞机。而莫德尔手上的兵力只有49万部队、1 000辆战车及1 000架飞机。

此前一直不愿意放弃奥廖尔突出部的希特勒这个时候同意让莫德尔撤兵，在苏军的装甲部队的猛攻下早已经身心俱疲的莫德尔，在7月31日率兵向布良斯克方向的"哈根"防线撤退，撤退途中，为了防止苏军的快速追击，他们实施残酷的"焦土政策"，犯下了累累罪行。战斗一直持续到8月5日，苏军收复了奥廖尔。

而在南线，希特勒于7月17日将党卫坦克军撤往意大利。尽管对希特勒此举非常不赞同，但曼施坦因也无法更改希特勒的命令，可是这样一来，曼施坦因想要对苏军发动进攻的计划就不得不搁置，最后只好转攻为守。但是曼施坦因并没有放弃继续在东线作战，他此时仍然认为经过如此长时间的连续作战，苏军的后勤已经乏力，武器已经枯竭，战败似乎只是时间问题。就在曼施坦因将进攻转为防守的时候，大批量的军用物资已经运抵苏军前线，苏军就此展开了全面反攻。

此时，德军不论是在兵力、武器乃至士气上都已经不复当年横扫欧洲的态势，因为对战场形势的错误估计，曼施坦因的部队一直都处于消极防御状态，根本无力压制苏军的全面反攻。曾经在欧洲不可一世的德军坦克，如今在苏联人面前彻底哑火，虽然苏军的坦克经常会遭到德军反坦克火力的破坏，但是一批坦克被毁之后，立刻就会有新的坦克投入到战斗中。

苏联强大的战争机器此时正在高速运转，综合国力上本来就与超级大国相去甚远的德国，此时终于尝到了多条战线作战的滋味。德国国内的战争机器已经是在超负荷运转，根本难以维持德军日益高涨的战争需求。曼施坦因在抵挡了一段时间以后，发现苏军的坦克数量一直在增多，并没有减少的态势，顿时感觉大势已去。曼施坦因的装甲部队与苏军的机械化部队在南线进行了库尔斯克战役最后的交火，纵然德军坦克拥有出色的战斗素养，但也没有办法去对抗数量几倍于己方的苏军坦克，随着时间一天一天过去，曼施坦因终于感觉到力不从心了。

库尔斯克战役之后，德军元气大伤，再也无力阻止强大的苏军前进。苏军于8月23日夺回了哈尔科夫。11月6日，进入基辅，接着光复了整个乌克兰。此后，整个东线就是苏军在不停进攻，德军在不断防御，这种态势一直延续到苏军攻入柏林。因此，可以说库尔斯克战役，称得上是德军在东线的最后一次挣扎。

战典回响

防御中的攻势

世界上没有绝对的进攻，也往往不会有绝对的防御。伟大的战争指挥者往往都喜欢从战略的角度来审视一场战争的胜负，统帅会执著于一城一地的得失，只有真正深谙战场取胜之道的指挥者，才会从战略的高度来巡视战争的胜负和得失。所以，真正能够将战术运用到巅峰的指挥者，都是将战术运用于战略中，而非一场或者几场战役中，这无疑也是博弈论的核心论点。

就库尔斯克会战而言，苏军从一开始就占据了战略上的优势，他们成功控制了库尔斯克地区的突出部，首先将自己固定在进攻的一段。此时德军所发动的进攻，其实是出于自身防御体系的考虑，所以在战斗中，虽然德军是攻方苏军是守方，但其实在战略上，真正在防御的是德军，而在进攻的则是苏军。所以，德军虽然在进攻，但是他们的意图却是要防守，所以他们的进攻并没有太多向纵深发展的考虑，在连续突破苏军的防线之后，他们所想的是稳固防线而不是继续扩展纵深。当然，基于德军之前的损耗，他们此时如果进行纵深作战也是不现实的。

而苏军此时想的则不仅仅是要防御德军的进攻，而是在掌握了足够的机会之后，对德军的纵深发动进攻，真正将自身置于战略进攻的位置上。所以当双方的装甲部队在阵地上发生交火时，苏军的坦克并不会一味防御，而是会展现出进攻作战的一面，而德军的坦克一旦占据一部分苏军阵地，首先便会稳固防御，然后再向前推进，但是这样的打法显然是不适合德军的。众所周知，德军装甲部队最擅长的战术是"闪击战"，这是一种以机动性进行进攻的战术，而在防御作战中，要求更多的是坦克的稳定性而不是机动性，所以当德军从防御角度考虑进行进攻作战时，他们首先就必须放弃自身最擅长的机动作战，转而去运用稳定性更强的作战战术，而这种作战战术恰恰是苏军最为擅长的。

扔掉了机动性的撒手锏，德军装甲部队的战术优势荡然无存，而这场战争最终也就成为了稳定性的比拼，德军等于是以己之短攻击别人的长处。要比拼装甲部队的稳定性，苏军在世界上绝对是首屈一指。因此，虽然德军攻破了苏军的第一道防线，但是一旦德军在完成对刚刚夺得的防线部署防御之后，再次展开向前推进，那么就等于是将自己的弊端暴露在了苏军的面前。苏军完全可以击溃德军的进攻，并且将之前失去的阵线夺回，漫长且残酷的苏德战争早已经为苏军积累了足够的经验。

在这场事关装甲部队稳定性的对抗中，苏军最终凭借自己在战术及武器上的优势，完全战胜了德军，并且树立了自己在战略上的进攻地位。而德军不得不转入战略防御，也失去了在东线战场再次发起进攻的能力。在库尔斯克的坦克战之后，苏军秣马厉兵，随后就通过突出部对德军的防御地带发动了连续进攻，并且在11月份最终收复了基辅。可以说，库尔斯克会战对苏军完全拥有战略进攻的主动权，有着举足轻重的作用，它破灭了德军在东线重新掌握战略主动权的最后一丝希望。

★沙场点兵★

人物：罗科索夫斯基

康斯坦丁·康斯坦丁诺维奇·罗科索夫斯基，苏联著名将领，苏德战争爆发后，罗科索夫斯基作为苏联前线的重要将领参加了苏德战场上的多场大规模战役，1943年4月10日在给总参谋部的报告中罗科索夫斯基明确指出："1943年春夏时期，敌人的进攻将只能在库尔斯克-沃罗涅日方向。"准确预测到了德军的进攻意图。

在库尔斯克战役中，罗科索夫斯基担任苏联中央集团军司令，指挥所属部队与德军坦克展开激战。战役开始后，罗科索夫斯基建立了纵深梯次配置，设立了6道基本防御地带、大量的中间地区和斜切阵地，挖掘堑壕和交通壕5 000公里。罗科索夫斯基断定德军将以主要兵力突击方面军右翼上方的奥廖尔突出部的根部，他毅然决然地在这一方向上布置了高密度的兵力和兵器。在这95公里的地段，他集中了方面军全部步兵兵力的58%，炮兵的70%，坦克和自行火炮的87%，并配置了第二梯队和预备队。为加强奥廖尔—库尔斯克铁路沿线的第十三集团军，罗科索夫斯基调去拥有700多门火炮和迫击炮的炮兵军，使每公里正面上有92门76毫米以上的大炮，这是前所未有的密度，是敌人进攻所能建立的密度的1.5倍。

经过激烈的战斗，苏军最终挫败了德军对该地区的进攻，取得了库尔斯克坦克大决战的辉煌胜利，保住了斯大林格勒战役取得的胜利果实。

武器："KV-1"重型坦克

"KV-1"重型坦克也就是"K·伏罗希洛夫"坦克，"KV-1"重型坦克是以1937年制造的SMK双炮塔样车为基础制造出的。 1940年2月，"KV-1"正式投产，位于列宁格勒的基洛夫工厂开始进行大批量生产，当年就生产了243辆，到1941年德军入侵前，总共生产了636辆。

在库尔斯克战役中，凭借其强大的阻击能力，苏军多次阻挡住了德军中央集团军群的猛烈进攻，成为苏联最终取得库尔斯克坦克战的最重要武器。但是，尽管成功阻击德军，并且帮助苏军赢得了库尔斯克坦克战的最终胜利，但KV系列也有其自身的弊病，那就是它虽然拥有厚实的装甲，但是其机动性和火炮的威力一直都不是特别理想，于是在第二次世界大战后期，终于还是被IS系列重型坦克替代。

战术：大纵深作战理论

围绕着如何行之有效地发动进攻，苏联军事专家们在第一次世界大战和国内战争经验的基础上，形成了大纵深作战思想。最早对大纵深作战思想进行研究的是特里安达菲洛夫。他提出，为了夺取对敌人的全面胜利，必须实施一系列连续的突击，以打击敌人的所有兵力，打乱敌人的组织，使之无法继续抵抗。

在大纵深理论中，突破理论和追击理论是最关键的两个组成部分，它们构成了大纵深理论的核心内容。突破敌人防御是进行大纵深战役的前提，没有突破的完成就谈不上进行纵深进攻。

而追击一般有三种方式：正面追击、平行追击和正面与平行相结合的追击。

正面追击一般是在敌军进行预先退却条件下，或者己方军队的兵力特别是快速军队不足，兵力对比不利，无法通过坚决行动前出敌退却道路时实施的。目的是在整个退却正面牵制敌人基本兵力，限制其机动，迟滞其退却。

平行追击就是沿着与敌军退却平行的路线进行追击，这样做可以破坏敌人行军队形，使其无法向中间地区前出，还使退却之敌一直处于侧翼遭突击的威胁之下。

正面与平行相结合的追击，就是以一部兵力从正面实施追击，目的是迟滞敌军基本兵力的退却，不让其脱身，并以集团军主力实施平行追击，前出退却集团侧翼，切断退却道路，最后合围并且消灭敌人。

而苏军之所以就突出部与德军展开激战，正是基于对"大纵深作战理论"在战略意义上的考虑，苏军所掌握的突出部如同是一把尖刀，一旦获得机会就有可能对奥廖尔地域和别尔哥罗德地域进行深远攻击。从战略上来看，德军的进攻实则是出于防御的考虑，而苏军的防御则是进攻上的考虑。双方在战役中的攻守之势，在战略上却发生了交换，而战争真正的胜负往往取决于双方在战略上的地位。

苏军深知自己在战略上所处的位置，所以在进行库尔斯克会战时，充分利用自身的纵深，使用大纵深作战与德军展开周旋，尤其是在与德军的中央集团军群作战中，看似防御的苏军实则是在推动自身的攻势，所以德军并没有在猛烈的进攻中取得任何的优势。相反，苏军则通过对德军行之有效的反击，始终将自己固定在突出部，完成对德军的进攻威胁，在战略上处于上风。

而库尔斯克作为苏军在斯大林格勒战役后掌握的一块突出部，正是大纵深作战理论的最好实践之地，在此次战役中苏军很好地执行了大纵深作战理论，在正确的战略战术指导下取得了这场战役的胜利。

战典

THE CLASSIC WARS

陆战之王的直接对话
THE CLASSIC WARS

坦克战

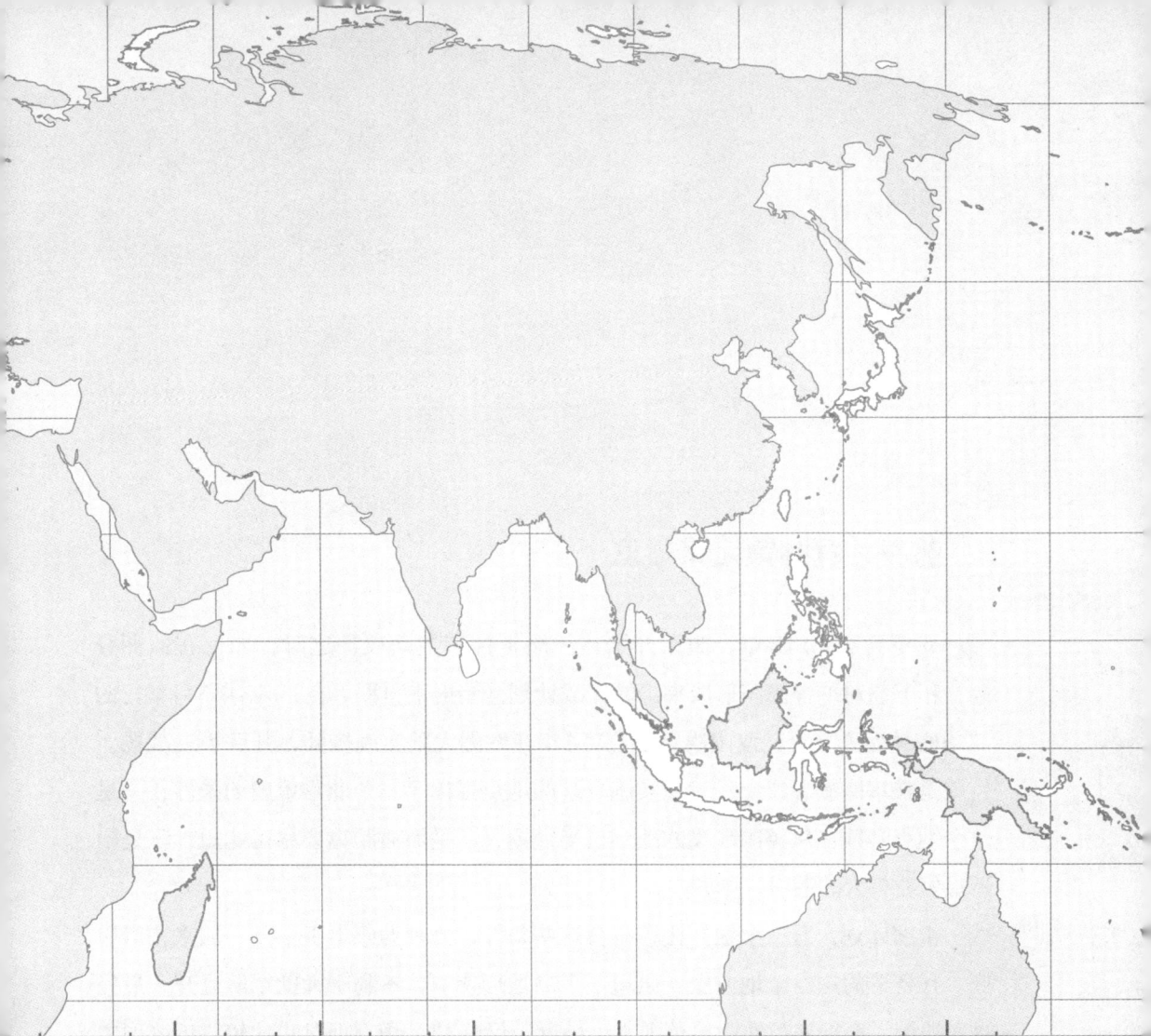

第十章

诺曼底坦克大决战
——盟军坦克大战纳粹堡垒

▲诺曼底登陆战，是盟军在法国诺曼底发起的一次大规模登陆战役，这次战役在二战历史上有着至关重要的地位，盟军在诺曼底登陆的成功，使希特勒陷入了双线作战的窘境，盟军拉开了战略进攻的序幕。在世人的眼中，诺曼底登陆宏大的场面带给了人们足够的震撼，其重要的战略作用让世人铭记，很少有人注意到诺曼底登陆中的坦克，在这场战役中，坦克，尤其是水陆两栖坦克发挥了至关重要的作用，为诺曼底登陆的成功提供了坚实的保证。

前奏：登陆锁定诺曼底

战争到了1943年，盟军开始在战略上拥有主动权，这时，如何在欧洲登陆，和苏联对纳粹德国形成夹击的作战计划开始提上日程。在1943年5月举行的"华盛顿会议"上，盟国决定于1944年在欧洲大陆实施登陆，开辟第二战场。也就是在华盛顿会议上，对于实施登陆的地点提出了三个非常重要的条件：一是这个地点必须在从英国起飞的战斗机半径内；二是航渡距离要尽可能短；三是附近最好要有大的港口。

根据计划，有三个地方比较符合这些条件，分别为康坦丁半岛、加来和诺曼底。在备选的这三个地方里，康坦丁半岛地形狭窄，不利于大批军队展开，最先被否决掉。而加来虽然距离英国本土最近，仅有33公里，而且也比较靠近德国本土，但是此处的德军防御力很强，守军也是德军中的精锐力量，工事完备坚固，而且附近也没有大的港口和内陆交通线，一旦完成登陆，难以向纵深发展。而诺曼底虽然距离德国本土比较远，但是这里的德军防御力比较弱，地形开阔，同时可以展开30个师，另外这里与法国北部最大的港口相距只有80公里。在几经权衡之后，盟军最终选择了诺曼底。

为了实施此次的大规模登陆作战，盟军集结了多达了288万人的大部队。陆军共36个师，其中有23个步兵师，10个装甲师，3个空降师，约有153万人。海军方面则有5 300艘军舰投入战斗，其中战斗舰只包括13艘战列舰，47艘巡洋舰，134艘驱逐舰，共约1 200艘，登陆舰艇则有4 126艘，还有500余艘的运输船。空军方面投入作战飞机13 700架，其中轰炸机5 800架，战斗机4 900架，运输机、滑翔机3 000架。为了能够顺利完成登陆作战，在登陆开始之前，盟军空军需要对德国境内的工业设施及交通线发动大规模空袭，减缓其修建大西洋壁垒的时间，同时阻碍德军向诺曼底方向增兵。盟军统帅部将"诺曼底登陆"的代号定为"霸王计划"，随后于1943年8月，在英美魁北克会议上得到批准。1943年11月，英美苏三国在德黑兰会议上最终确定，在1944年5月正式实施"霸王计划"。

同年12月，美国将军艾森豪威尔被任命为欧洲同盟国远征军总司令，并于1944年1月12日抵达伦敦就任。艾森豪威尔主要负责的就是诺曼底登陆，以及登陆之后盟军在欧洲

★诺曼底登陆前在英国集结的盟军部队

大陆的一系列对德作战。但1944年2月，英美联合参谋长委员会在批准了"霸王计划"大纲和修改过的作战计划之后，又增加了对登陆舰艇的需求。这样一来，"霸王计划"就不能按照原定时间实施，英美联合参谋长委员会最终将登陆时间推后到1944年6月，把同时在法国南部实施的登陆推后到8月。

因为登陆日的推迟，盟军统帅部必须开始重新确定日期和时刻，由于是协同作战，所以各军兵种之间必须根据自己的特点提出要求。陆军要求在高潮时登陆，以减少部队暴露在海滩上的时间；海军则要求在低潮时登陆，以尽量减少因为登陆艇撞上水中的障碍物造成的损失；空军要求在空降时必须要有光亮，以便于空降部队寻找目标。最后，统帅部根据各军种的需要，确定了五个不同的登陆点，同时将最终日期确定在了满月的日子。

另外一方面，盟军开始通过使用双重特工、电子干扰，以及在英国的东南地区伪装部队及船只的集结，巴顿将军还奉命在英国进行了战前演习，使得德军统帅部在很长时间里都对德军的登陆地点作出了错误的判断，以为盟军最终会选择在诺曼底东北方的加来海滩登陆，乃至盟军已经在诺曼底登陆时，还误以为其只

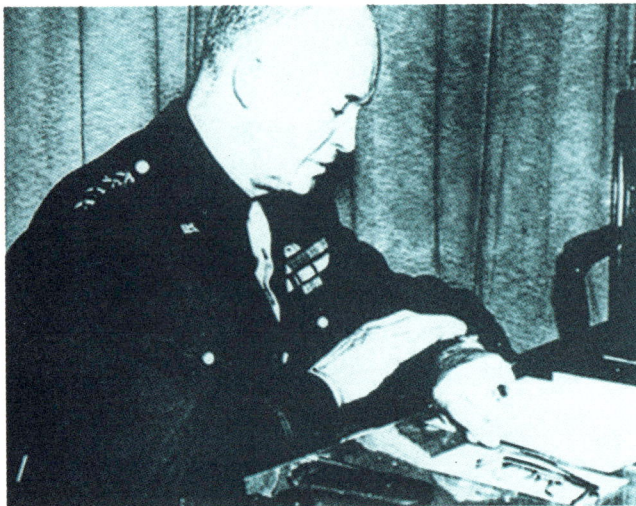
★艾森豪威尔下达登陆作战命令

★"霸王计划"行动开始

是佯攻。同时，盟军还找到了一个叫詹姆斯的人来冒充蒙哥马利，使隆美尔在很长一段时间里以为蒙哥马利仍然在北非。

1944年6月，一轮圆月挂在空中，随着艾森豪威尔的一声令下，"霸王计划"开启了它的序幕。盟军的3个空降师在与海岸相距10～15公里纵深处实施空降，英军第一空降师在凌晨率先被空降到登陆点左翼的地区，他们迅速控制了佩加索斯桥及附近的桥梁，以阻滞德军的装甲部队驰援海岸。但随后空降的美军第八十二和第一○一空降师则非常不幸，由于领航员没有经验加上地面情况复杂，以及敌军炮火的拦截，空降之后便散落在了各个地方，始终没有完成系统的集结。但正是因为这样分散的攻势，使得德军疲于应付，而且高估了空降的兵力，调动了很多不必要的兵力去追击伞兵，从而在一定程度上缓解了海滩上的压力。而美军第八十二空降师则于6日早上占领了圣·梅尔·艾格里斯镇，使得这个小镇成为法国第一个被解放的城镇。到6日的早晨，庞大的运输舰队从英国本土开动了。

顺利登陆：水陆坦克力退德国守军

在涨潮时分，盟军庞大的运输舰队穿过了德军布下的雷区，按照计划分别从五个不同的地段突击登陆。率先出发的是前往诺曼底海滩最远的登陆场犹他海滩的部队。犹他海滩位于科汤坦半岛东岸，包括从奎内维尔以南到卡朗坦河口以北的一段距离，全长共有14.5公里。犹他海滩的坡度并不大，德军在沙坡上设置了几道障碍物，沙坡后面是一片干沙滩，然后就是90米～180米宽的沙丘，德军在这座沙丘上筑起了混凝土堡垒。在海滩的后面就是1.5公里～3公里不等的沼泽地带，只有几条路可以通行。另外，德军还在纵深部署了28个炮连，其中8个炮连都隐蔽在暗堡工事里，一共拥有111门大炮，在111门大炮里最大口径的是210毫米。

6月6日凌晨2时30分，海军少将穆恩率领U编队护送美军第七军第四师到达犹他海滩附近的换乘区，该师的师长就是美国总统罗斯福的小儿子小罗斯福。当时的海上风大浪急，在小罗斯福的指挥下，已经训练多时的美军士兵冒着风浪攀上了颠簸的登陆艇，他们总共编成了26个艇群，向着犹他海滩驶去。

为了能够保障对登陆部队的不间断火力支援，美军在登陆艇上载着32辆"M-4DD"水陆坦克，并且将这些水陆坦克搭乘的登陆艇全部编入第一艇群。但是因为当天的风浪太大，搭载着"M-4DD"水陆坦克的登陆艇到达坦克预定下水处的时间还是比原计划晚了半个小时，如果按照原计划让速度缓慢的"M-4DD"水陆坦克在预定下水处下水，那么它们抵达海滩的时间就会比原计划更晚，这样，也就失去了及时向登陆部队提供火力支援的作用。于是，在指挥艇上的指挥员让搭载着坦克的登陆艇继续航行，直到距离海岸仅仅1海里的地方才把坦克

★盟军在犹他海滩登陆的场景

★正在登陆的美军M-4DD坦克

放下水。而战后的事实证明，这位指挥员采取的方法是非常明智的。

5时5分，德军岸炮开始向盟军的扫雷舰开火，而此时的"M-4DD"水陆坦克还没有到达海岸。面对德军强大的火力，盟军的扫雷舰一时无法展开任何工作，于是在5时25分，盟军舰炮火力支援军舰计划提前25分钟开炮还击，紧接着约有300架"B-26"轰炸机飞向德军阵地，并投下了约1 000吨炸弹，随后，"喷火"式战斗机赶来为舰炮火力提供校射，并且还在6时10分释放烟雾，掩护登陆艇抢滩。

但是让盟军始料未及的是，有1架释放烟雾的飞机被德军击落，从而使烟雾中出现了一块缺口，"科里"号驱逐舰正好被暴露了出来，德军立刻将岸炮对着"科里"号展开集中炮轰，"科里"号在规避时不慎进入没有清扫水雷的海域，触雷沉没。

就在这个时候，一股强劲的东南方向潮汐忽然扑向登陆艇，使得第一艇拨的抢滩地点比预计登陆点南移了约有1 800米。在第一艇拨中的"M-4DD"水陆坦克就在这个抢滩地点登陆了，随后，水陆坦克便与在这个地方担任阻击盟军任务的德军交火，"M-4DD"水陆坦克迅速越过了德军布置在沙坡上的障碍物，开过干沙滩，直抵德军修筑了混凝土碉堡的沙丘上。但是水陆坦克的指挥员发现，在这里并没有遇到在预定登陆点所遭遇的顽强抵抗，水陆坦克的火力迅速展开，海面上的登陆部队所感到的压力也迅速减弱。经过大概的估算，水陆坦克的指挥员认为这里的德军应该有一个团的兵力，另外还有两个炮连的火力用以压制海滩。如果美军选择在这里登陆，将要比在预定登陆地点登陆容易很多，于是，指挥员通过无线电与登陆艇上的小罗斯福取得联系，将自己了解的情况告诉给他。

小罗斯福在得到指挥员的报告之后，当即决定改由新的登陆点登陆，而且马上树立起了巨大的指示牌指明登陆点，水下爆破组马上开始清理水雷。此时已经完成登陆的水陆坦克部队在得到小罗斯福准将的回应之后，就与碉堡中的德军展开激战，以火力掩护美军在犹他海滩的登陆作战。

一时间，猛烈的炮火映红了犹他海滩的沙丘，甚至将奔腾的海浪声也完全掩盖，德军的碉堡在炮火中摇晃，使得德军的枪都难以端稳。德军的火炮在机动性上不如美军的水陆坦克，虽然也在猛烈开火，但更多的时候是受到攻击，最终大部分要么毁在了美军的密集炮火之下，要么就被美军的炮火压制。

德军负责在这里防御的是第七〇九师，该师的作战能力本来就一般，也没有太多装甲武器，所以面对盟军的坦克攻势并没有多少办法应付。6时30分，登陆兵开始上岸。随着步兵以及空军的助阵，盟军坦克的攻击更加凶狠，德军不得不放弃阵地。8时30分，美军先头部队突破了德军防线，开始向内陆发展。9时30分，登陆部队初步建立起了团登陆场，10时，德军第七〇九师基本被肃清。随后美军水陆坦克在先期抵达的盟军空降部队的引导下，成功通过沼泽地，在日落时分与空降部队胜利会合，到达了卡朗坦至圣·梅尔的公路，建立了巩固的正面宽4公里、纵深9公里的师登陆场，至此，第四师的3个团全部上陆，共上陆21 328人，1 742辆车，1 695吨物资。

★盟军在诺曼底登陆

作为登陆部队的先头部队，美军的"M-4DD"水陆坦克在此战中发挥了非常重要的作用，帮助美军顺利完成纵深发展，在登陆当天，第四师仅阵亡197人，为预计伤亡的10%，是盟军五个滩头部队中抢滩最为顺利、也是损失最小的。

情报失误：两栖坦克的灾难

看似难以攻取的犹他海滩却损失甚微，而看似易于攻陷的奥马哈海滩却成为了盟军的噩梦。奥马哈海滩地处犹他海滩的东面，在科汤坦半岛南端维尔河口到贝辛港之间，全长6.4公里。奥马哈海滩的海岸是30多米高的悬崖陡坡，有四个被海水冲刷出来的深谷，从而成为了通向内陆的天然出口。海滩上高低潮之间的落差约为270米，海滩是硬质沙地，上面还修筑着鹅卵石堤岸，后面则是沙丘，还有草地和树林，唯一通向内陆的道路上，沿途建有三个小村子，村舍都是用石块砌成的，四周则是一片田野，田间的土埂上都长满了小树，这就是诺曼底地区特有的树篱地形。

从维尔河口到阿罗门奇之间的这段地带，正处在美军登陆的犹他海滩和英军登陆的海滩当中，所以战略位置非常重要，而在维尔河口到阿罗门奇的32公里长的海岸上只有奥马哈海滩可以登陆，因为其他的底端都是悬崖绝壁，根本没有办法登陆。而且在关键时刻，盟军的情报机构出现了严重的问题，原本盟军得到的情报显示，这里的守军是德军第七一六海防师的一个团，既无装甲部队，又无机动车辆，士兵又多是后备役，战斗力很差。但其实早在3月中旬，德军名将隆美尔为了加强诺曼底地区的防御力量，就已经将精锐的野战部队第三五二师从圣洛调来，该师的一个主力团正部署在奥马哈。同时，德军充分利用诺曼底地区特有的树篱地形，构筑了多重而且坚固的防

★德军沿海岸线设置了重重反坦克障碍

★盟军登陆前正在海岸观察的德国士兵

御工事，在低潮线到高潮线之间设置了三道障碍物，还混杂有大量水雷，在卵石堤岸上则修筑了混凝土堡垒，在堡垒前还设置了蛇腹形铁丝网和地雷，四个出口都用地雷和钢筋水泥障碍物封死。海岸上修建了16个坚固支撑点，配置着机枪和反坦克炮，悬崖上还构筑了暗堡，里面放置着威力极强的反坦克利器88毫米火炮，它的炮火杀伤范围可以覆盖整个海滩。另外，为了将炮火的杀伤范围覆盖到海面上，还有6门155毫米海岸炮放置在了霍克角悬崖上。

负责在奥马哈登陆的是美军第五军第一师和第二十九师的各一个团，霍尔海军少将指挥的编队负责运送他们前往奥马哈海滩。就在登陆部队出发之后，盟军的情报机构才收到情报，证明此前忽然消失的德军精锐第三五二师驻扎在了奥马哈海滩，虽然盟军指挥部得到了情报，却也无能为力。

美军在奥马哈海滩的登陆部队于6月6日凌晨3时抵达换乘区，当时海面上的风力是5级，浪高达到了12米，士兵们冒着巨大的风浪到达登陆艇上。但是登陆艇在这样糟糕的天气中根本难以行进，其中就有10艘登陆艇因为风浪太大而翻沉，艇上所载的300名士兵在海面上挣扎着，而其他登陆艇则赶过去进行救援。但是没有翻沉的登陆艇也不好过，艇上的很多士兵都因为风浪而晕船，加上海面上非常颠簸，海水也借着风打进艇内，被冰冷海水侵袭的士兵们又冷又湿，在到达奥马哈海滩的时候，美军的绝大部分登陆士兵早已经筋疲力尽。

★两栖坦克冲上滩头

但是相比较美军在海面上的遭遇，盟军在登陆前的火力准备更是具有灾难性的。在最初为了能够达到战术上的突然性，盟军在预先进行的航空火力准备时，并没有对奥马哈地区进行猛烈轰炸。直到6月6日5时50分，盟军方面由2艘战列舰、4艘巡洋舰、12艘驱逐舰组成的舰炮火力支援舰队才对奥马哈海滩发动了40分钟的舰炮火力准备，但是出于对霍克角德军岸炮的担心，所以盟军军舰只是在远距离进行了一些射击，因为距离太远，这些射击的命中率非常低。

早晨6时左右，480架"B-26"轰炸机对德军防御阵地进行了直接的航空火力准备，投弹达到了1 285吨。但是，因为当时气候恶劣，天上的云层又低又厚，飞行员担心误伤到己方的部队，所以故意延迟了30秒才进行投弹，结果这1 285吨炸弹都被投到了5公里以外的地方，根本没有命中预定目标。所以，虽然盟军对奥马哈海滩进行了必要的火力准备，但其实德军防御工事和火力点大都没有受到什么损害，而盟军的火力准备刚刚结束，德军的炮火就开始了射击。

原本准备随着登陆兵上岸提供及时火力支援的32辆"M-4DD"水陆坦克，在西段下水之后的几分钟里，因为风浪太大就沉没了27辆。坦克登陆艇长看到这个情况之后，立刻命令关上艇艏门，将艇上余下的3辆直接送上海滩。

而另外的2辆水陆坦克，则是多亏了驾驶员的技术高超，才得以战胜风浪驶上海滩。但是，那3辆水陆坦克被直接送上海滩以后，就意味着它们到达海滩的时间提前，为了能够等待配合作战的装甲车辆，坦克登陆艇不得不在海岸附近徘徊。

在敌人的眼前活动是非常危险的，这几辆登陆艇随即就成为了德军炮火攻击的目标，2艘坦克登陆艇被德军的炮火击沉。一直到6时45分，剩余的水陆坦克和装甲车辆才终于驶上了奥马哈海滩，但是它们甫一登上海滩，就遭到了德军炮火猛烈的攻击，几辆装甲车在此次攻击中被摧毁。而此时剩余的5辆"M-4DD"水陆坦克成为了主要负责火力支援的部队，虽然在与德军守军的比拼中处于明显劣势，但是这些水陆坦克却展现出了绝对的韧性，它们顽强地与德军守军展开周旋。配置在悬崖上的88毫米火炮堪称是德军反坦克的利器，在苏德战场和北非战场上，盟军坦克都吃过这种火炮的苦头。剩余的5辆水陆坦克只能在滚滚的浓烟中寻找着生存的空间，此时的水陆坦克能够自保已经不易，更不要说为盟军登陆提供火力支援了，所以当登陆兵准备登陆时，根本没有任何装甲支援。

绝地反击：海滩坦克攻坚战

面对德军88毫米火炮的进攻，美军的两栖坦克不得不利用地形的掩护进行躲避，此时根本无法实施火力掩护。就是在这个时候，第一拨1 500名士兵开始突击登陆，但是因为海中有一股向东的潮汐，加之海岸上硝烟弥漫，使得士兵根本没有办法辨明方向，队形也因此变得混乱不堪。士兵们在登陆的时候必须先蹚水涉过1米多深、50～90米宽的浅水区，然后还要通过180～270米宽而且毫无遮掩的海滩，才能接近堤岸。尤其是在通过浅水区和海滩时，士兵们几乎成为德军密集而猛烈炮火下的活靶子。因此，在登陆开始的半小时里，这1 500名士兵根本就没有办法投入作战，他们只能在浅水区和海滩上为了生存而苦苦支撑着。

美军的水陆坦克在此时曾经试图通过机动穿插给予登陆部队一些火力支援，但是2辆水陆坦克刚刚露头，就成为了德军火炮的攻击对象，这2辆坦克在遭受创伤之后，仍然试图穿过敌人的火力封锁，但是都没有成功。其中1辆被德军的火炮击中，冒起了滚滚浓烟，坦克中的乘员当即全部阵亡。另外一辆则瘫痪在了那里，其中的乘员及时撤了出来，与步兵一起被德军炮火压制在了当地。

在第一批登陆的8个连中，只有2个连登上了预定海滩，但是这2个连在完成登陆之后，随即就被德军的火力压得抬不起头来。而由工兵和海军潜水员组成的水下爆破组，则更是伤亡惨重，丢失和损坏了大量的装备。但是这群勇敢而又无畏的战士，仍然克服重重困难，冒着德军的猛烈炮火在水下清除障碍物，硬是在东段开辟出了两条通路，在西段开辟出了四条通路。但可惜的是，就在他们好不容易打通了路以后，却没有能够赶在涨潮前将通路标示出来，使得后续登陆艇根本没有办法找到通路，从而都拥塞在了海滩上，只能任由德军的炮火肆意射击。

上午7时，第二拨登陆部队到达海滩。正值涨潮的时候，德军的炮火准确而又异常猛烈，登陆部队完全被压制在了狭窄的滩头。在海滩西段，美军在两个小时里居然没有一个人能够冲上海滩。而在东段，也仅仅占据了9米宽的一段海滩，此时在海滩上，美军方面只剩下了3辆水陆坦克，对德军的炮火起不到任何作用，只能跟登陆的步兵们一起躲在掩体后面，任由德军的炮火攻击。登陆艇此时都拥挤在海面上，秩序非常混乱，万不得已之下，海滩勤务主任只能命令人员上岸，而车辆和物资则一律暂时留在登陆艇上。美军第一集团军司令布拉德莱上将对奥马哈海滩的战斗如此艰难忧心忡忡，此时他根据几份零星的通信和军舰瞭望哨的报告了解到，美军在奥马哈海滩的登陆可能遭遇到了未曾想到的困难，几乎已经很难取得胜利，于是他准备放弃在奥马哈的登陆，而让美军第五军后续部队改在犹他海滩或者是英军的滩头登陆。

但就是在这万分危急的时刻，奥马哈海滩上的局势却发生了转机，担任舰炮火力支援的美国海军见陆上的官兵伤亡惨重，而且岸上火力控制组和海军联络组都没有任何消息，意识到奥马哈海滩的登陆作战形势非常严峻，于是17艘驱逐舰

★奥马哈海滩登陆的盟军

不顾搁浅、触雷和遭炮击的危险，勇敢地驶到与奥马哈海滩仅相距730米的地方，进行近距离的火力支援。在海军炮火的攻击之下，德军的炮火果然受到了压制，在海滩上数量可怜的美军水陆坦克趁机离开掩体发动进攻，在水陆炮火的掩护下，海滩上

★登陆后冲锋的盟军战士

有150名别动队员艰难地爬上了霍克角，发现所谓的155毫米海岸炮竟然是德军用电线杆伪装出来的。至此，来自海岸炮的威胁完全消除，美军的驱逐舰毫无顾忌地向海滩上德军的火力点逐一开火，美军水陆坦克在海军的掩护下也发动攻击，德军面对强大的火力完全失去了还手之力。

在经历了西段水陆坦克被风浪打沉的事件之后，东段的美军登陆艇直接将水陆坦克放到了水里，让海水将它们冲到岸上。因为此时德军的炮火已经完全被美军压制，所以对这些从水面上漂过来的钢铁野兽，德军眼睁睁看着却无能为力。在拥有了水陆坦克的补充之后，美军的作战火力和机动性大大得到提升，迅速向德军的纵深开动，在海军的猛烈炮火攻击下，德军的88毫米火炮完全没有了效用，美军趁机攻破了德军在悬崖上构筑的暗堡，将炮口架在卵石堤岸上。

在清除了蛇腹形铁丝网和地雷之后，美军对卵石堤岸上的混凝土堡垒发动了猛烈的进攻，德军精锐第三五二师的装甲部队与美军的水陆坦克在这里狭路相逢了。这势必将成为一场关系到奥马哈海滩归属的战斗，一边是美军的坦克部队，一边是德军的精锐之师，双方只有在炮口下争个高下了。奥马哈海滩美丽的卵石地面成为钢铁机械近距离厮杀的战场，双方的坦克纠缠在了一起。

第五军军长罗杰少校亲自到军舰上用望远镜观察美军坦克与德军坦克交战的情况，布拉德莱上将闻讯后也非常紧张，他深知这一战不仅关系到美军装甲部队的荣辱，更为重要的是很有可能影响到此次奥马哈海滩登陆作战的成败，甚至有可能影响到整个诺曼底地区的最终战局。不仅仅是罗杰和布拉德莱，远征军统帅部的艾森豪威尔也是坐立不安，对他来说，奥马哈海滩的战斗太漫长了，漫长得让他觉得时间在这一刻都要凝固了，他不时就会站起来眺望一番奥马哈方向的天空。

★盟军在奥马哈海滩登陆

而奥马哈海滩上，机械之间的角力还没有结束，双方坦克的履带都发出了嘶哑的呻吟声，炮弹在战场上飞窜和呼啸，爆炸声此起彼伏。双方一直激战到了中午，因为登陆艇逐渐完成登陆，美军的装甲车辆逐渐投入战斗，美军的炮火得到了增强。而德军的精锐第三五二师虽然是王牌部队，但是没有了"闪击战"的庇护，其在与美军装甲部队的交火中难以占据绝对的优势。美军坦克则在与德军坦克的交火中，逐渐把握了德军坦克的漏洞，开始对德军坦克进行非常有效的进攻。

同时，因为之前充足的火力准备，德军的攻击线出现了严重的问题，使得德军在战争资源的补给上不能及时跟进，当双方进入拉锯战之后，德军装甲部队后继乏力的缺陷就暴露出来，没有及时跟进的战争物资补给，德军根本没有能力再与美军进行旷日持久的坦克战。美军坦克在发现德军坦克的问题之后，马上对其展开了猛烈的反击，束手无策的德军坦克不得不且战且退，逐渐将阵地让给美军。随着德军坦克损失越来越多，滩头阵地基本上都被美军坦克占据。

于是，美军的坦克和舰炮一起，对美军登陆给予充足的火力支援。正是在美军装甲部队的火力支援下，中午时分，美军的第二梯队3个团的生力军提前上岸，并且一步一步扩大着登陆场。接着，在"喷火"式战斗机的校射指引下，美军战列舰和巡洋舰上的重炮对德军的暗堡也展开了猛烈攻击。美军坦克则开足马力碾碎了德军在卵石堤岸上的阵地，随后对纵深的德军展开追击，此时因为供给问题及伤亡惨重，德军被迫撤退，从而将纵深留给了美军，美军很快就占领了奥马哈海滩。

在拥有了足够的战略纵深之后，美军的陆战部队大批量登陆，步兵迅速对纵深展开更深层次的清剿，到天色渐暗的时候，美军第一师和第二十九师不断扩大登陆场，最终占领了正面6.4公里、纵深2.4公里的登陆场。到夜间，美军更是将正面进一步扩大到了8公里，使得登陆人员达到了3.5万人。在6月6日全天，美军第五军伤亡非常惨重，光阵亡官兵就达到了2500人。但是就在当天夜间，第五军军部终于成功登陆，设立了前进指挥所，罗杰少将抬头仰望奥马哈海滩的低矮天空，只觉得百感交集。

狂飙突进："巨蟹"坦克担当开路先锋

当美军在奥马哈海滩面临苦战之际，英军也已经作好了准备在黄金海滩登陆。黄金海滩位于贝辛港以东，从拉里维埃到阿罗门奇之间，全长共有5.2公里。这片海滩比较低平，基本上都是海拔10米左右的沙质陡坡。在黄金海滩上，德军设置了2 500个障碍物，为了防止英军的装甲部队踏上海滩，德军所设置的障碍几乎达到了每0.5米就会有一个的密度。除此以外，德军还构筑了很多的坚固支撑点，部署的火力可以纵向覆盖整个黄金海滩，但是，德军的支撑点分布非常不合理，也不够均衡，大部分都集中在拉里维埃、勒阿米尔、阿罗门奇这三个地方，其他地方分布得却不是很多。

在黄金海滩登陆的第一梯队是英国第三十军的第五十师，加强有第七十九特种装甲师的一个坦克旅。第二梯队则是英军第七装甲师，这也是英军在6月6日从诺曼底登陆的唯一一支真正意义上的纯装甲部队，这支部队相信很多人并不会感觉到陌生，因为它曾随同蒙哥马利将军参加过北非战役，并且最终打败了隆美尔的"非洲军团"，可以说是盟军中的王牌装甲部队。英国彭南特海军准将指挥的G编队，负责运送这两支梯队进行登陆。

6月6日4时55分，英军第一梯队率先抵达换乘区。但是因为当时处于低潮期，黄金海滩的卡尔瓦多斯礁脉露出在水面以上，所以登陆时间不得不向后推，一直到涨潮后的60分钟，这样，登陆时

★在黄金海滩登陆的英军

间最终定为7时25分，而此时英军的第二梯队也已经到达了换乘区。正是这段时间，使得英军拥有了充足的火力准备，舰炮火力准备进行了长达100多分钟，这样持续而又猛烈的炮击收到了很好的效果，德军的几个主要支撑点几乎在火力准备中被摧毁。

但此时海面的风浪太大，登陆指挥员临时决定不让水陆坦克下水，而是让登陆艇直接送到滩头去，这样，就得以避免遭遇像美军那样的损失。而此时，德军支撑点不够均衡的漏洞就显露出来，因为德军的支撑点火力只能纵向对海滩发动射击，没有办法射击海上的目标，从而使得英军的水陆坦克顺利到达滩头。水陆坦克在黄金海滩登陆之后，随即就向德军的支撑点展开进攻，此时为英军充当开路先锋的是3辆"巨蟹"扫雷坦克，它们在抢滩登陆之后迅速与德军支撑点的炮火展开对攻。

3辆"巨蟹"扫雷坦克各自为战，对德军的进攻展开密集的炮火攻击，但是德军也作出了最顽强的抵抗，一辆"巨蟹"扫雷坦克就在此次登陆作战中被德军炮火击中，因此被毁。但是剩余的两辆坦克还是摧毁了德军的支撑点，并且将德军所设置的障碍物完全清除。因为英军装甲部队的出色表现，加上德军火力部署的漏洞百出，使得英军登陆部队在冲上海滩之后，并没有受到太大的冲击，很快就顺利地控制了登陆场。在简单整顿之后，英军就在"巨蟹"扫雷坦克的引导下向德军的纵深发动进攻。

在越过陡坡之后，"巨蟹"扫雷坦克开进了沼泽地，结果一辆"巨蟹"扫雷坦克因为不慎陷入沼泽中，也就此报废了。剩下的一辆"巨蟹"扫雷坦克在行进

★正在登陆的盟军坦克部队

中开始谨慎起来，英军登
陆部队中的步兵也通过各
种方法在前面测试沼泽地
带，帮助坦克顺利穿过险
滩。但是一直到英军的登
陆部队穿过沼泽地，他们
始终都还没有接触到真正
强而有力的阻击，一直到
勒阿米尔村才发生变化。

在黄金海滩登陆的英
军部队在勒阿米尔村遭遇

★英军在黄金海滩登陆

到了德军前所未有的猛烈抗击，在很长一段时间里，英军都没有办法前进。德军
部队的炮火非常猛烈，英军部队不得不依靠掩体寻找机会。此时英军的先头部队
只剩下了一辆"巨蟹"扫雷坦克在前面开路，他们必须考虑到一旦失去机械装甲
在前面开路，他们此后的推进速度将会滞缓，但是随着战斗一分一秒地流逝，可
供他们选择的已经不多了。在几经考虑之后，英军命令最后一辆"巨蟹"扫雷坦
克开进了勒阿米尔村。

所幸的是，在勒阿米尔村驻防的德军官兵并没有如88毫米口径火炮那样的反
坦克利器，他们所拥有的火炮和枪械足以阻挡住英军步兵的前进，却没有办法阻
挡住英军的庞然大物。炮弹和子弹打在"巨蟹"坦克的铁皮上铮铮作响，腾起的
浓烟无法阻挡住坦克前进的脚步，德军一下子慌了神，他们只能看着这个黑糊糊
的家伙越开越近。德军的火力攻势在坦克面前毫无作用，"巨蟹"坦克在试探
了一番敌人的虚实之后，就更加肆无忌惮地在村子里横冲直撞，德军的火力就
这样被"巨蟹"坦克完全打哑。对于英军的登陆部队来说，这一切顺利得就像
是一场演习。在坦克肃清了前进的障碍之后，他们很快扑进了勒阿米尔村，击
溃了那些在这里设伏的德军士兵。

上午11时，第二梯队第七装甲师正式登陆了，此时的海滩上早已经由"巨
蟹"坦克开辟出了7条通路，英军装甲师的推进非常顺利。驻防的德军大多都曾
听说过在北非战场声名显赫、战功无数的英军第七装甲师，在英军坦克的履带
和炮火之下，他们几乎没有任何反抗的气力，一看到坦克上所标示的"第七装甲
师"的番号，就什么都顾不得地落荒而逃了。随着王牌第七装甲师的登陆，此时

在黄金海滩上的德军已经处在全面的劣势，再也没有什么反击的能力。中午12时30分，英军第五十师集中两个旅的主要兵力，并肩进攻内陆，最终在当天晚上21时占领了阿罗门奇，随后与在朱诺海滩登陆的加拿大军队会合，将两个滩头连成一片。

可以说，英军在黄金海滩出动的装甲部队是整个诺曼底登陆作战中最为精良的部队之一，但可惜德军在黄金海滩粗心的布防，让英军的王牌装甲师并没有得到真正展现他们实力的机会。尽管如此，英军第七装甲师还是再次在他们的功劳簿上着上了浓墨重彩的一笔，它们在黄金海滩几乎没有遭遇到任何抵抗，就长驱直入抵达阿罗门奇，这固然和先头部队的猛烈进攻以及"巨蟹"坦克的成功开道有关，但是也从另一个方面表现出，第七装甲师确实威名远播，使得诺曼底地区的德军士兵也闻风丧胆。

另一方面，处在美、英两军登陆接合部的贝辛港，虽然是个仅仅有两条防波堤的小港，但是对于登陆初期还没有什么港口的盟军而言，确实是非常宝贵的地方。所以，英军在登陆黄金海滩的同时，还派出了英国海军陆战队第四十七登陆袭击队去攻占贝辛港。6月6日9时30分，英国海军陆战队第四十七登陆袭击队在贝辛港以东14.5公里处登陆。但因为该部在登陆时遗失了所有的通信设备，从而与主力部队失去了联系，也就没有办法得到兵力和火力上的支援。面对贝辛港德军的殊死抵抗，他们陷入了孤立无援的困境，不得不在海岸附近受阻达8个小时，一直到傍晚时分才最终到达贝辛港，此后因为对敌人的情况并不了解，不敢贸然发起攻击，所以只好在德军火力下潜伏过夜。

6月7日的拂晓，他们曾试图与奥马哈海滩的美军取得联系，最终也没有成功，就在此时，他们恰好缴获了德军的通信装备，通过利用这套通信设备，他们才得以与主力部队取得联系，从而得到了海、空火力的支援，并于当天攻占了贝辛港。

英军第五十师至此终于完了预定任务，占领了纵深约为8公里的师登陆场，当天英军登陆人数约为3.5万人，伤亡约1 500人。

清除障碍：特种坦克在朱诺海滩发威

加拿大军队所登陆的朱诺海滩位于黄金海滩以东7公里的地方，它正处于赛尔河河口两侧，海滩的后面是一片沙丘。德军在这一带修筑了很多混凝土堡垒和

★在朱诺海滩登陆的加拿大军队

坚固支撑点，但是在海滩上并没有设置过多的障碍物，火炮也仅仅设置了4门99毫米的海岸炮。负责守卫朱诺海滩的是德军第七一六海防师的一个团，该团士兵大多是俄罗斯人和波兰人，他们因为战败而加入德国人的部队，士气低落，战斗力也非常差，本身不会像德军的正规部队那样作出猛烈的反攻。

而负责在朱诺海滩完成登陆任务的是加拿大第一军第三步兵师，加强有第七十九装甲师的一个特种坦克旅，负责运送他们的是英国海军的J编队。

6月6日4时30分，加拿大军队准时到达了换乘区，但是因为航行的过程中气候恶劣，加上导航发生了错误，使得登陆时间比预定时间推迟了20分钟，这样的话，就意味着登陆将错过合适的潮汐，被迫在涨潮的时候进行。

因此，登陆艇不得不在被潮水淹没的障碍物之间将人员、车辆和物资卸下，好在这些在登陆时的损失并不是很大，但是，登陆艇在完成卸载后返航时，有很多被布设在障碍物中的水雷炸沉了，其中一个营的24艘登陆艇有20艘被炸沉，损失率高达83%。

但是，加拿大登陆部队的水陆坦克在此次登陆过程中并没有受到太多损失，正是因为错过了合适的登陆时间，登陆艇不得不将水陆坦克放置在水里由水流将它们冲到岸边，所以避免了大量的损失。但同时因为天气恶劣，航空火力和舰炮火力的准备并不充足，德军的防御工事并没有遭受到太大的破坏，因此当加拿大军队完成登陆之后，一度曾遭到德军炮火的压制。所幸水陆坦克此时已经纷纷登陆，迅速向德军在滩头修筑的混凝土堡垒和坚固支撑点发动攻击，以强大的火力压制德军的炮火，掩护加拿大登陆部队顺利抢滩登陆。

随后，第七十九装甲师的特种坦克旅顺利登陆可以说是对整个战局影响最为重要的事情。当时水陆坦克虽然也对德军阵地展开进攻，但还是处在防御的态势，而特种坦克旅在登陆之后，马上就接管了与德军防御阵地进行交战的任务。特种坦克稍作休整之后，随即向德军阵地发动进攻，因为德军并没有设置过多的障碍物，从而使得特种坦克进展非常顺利。99毫米的海岸炮威力虽然惊人，但是毕竟只有4门，特种坦克很快就从侧翼迂回上去给予了猛烈的进攻。驻防在朱诺海滩的第七一六海防师所辖团果然战斗力平平，面对特种坦克的猛烈攻击，没有多久就败下阵来，迅速放弃了自己负责的阵地，退回到了混凝土堡垒中去，完全放弃了对海滩的火力压制。

但是就在这个时候，运送工兵的登陆艇却在路上耽搁了，于是，直到很多官兵已经结束了在朱诺海滩的登陆，排除水下障碍物的工作才正式开始，这样就造成海滩上的通路很少，大量的车辆就此拥挤在了海滩上。特种坦克旅在此时再次临危受命，对德军的混凝土堡垒和坚固支撑点实施毁灭性打击，以帮助海滩上的部队打开通路。驻防的守军在勉强与特种坦克交火之后，就选择了撤退，但饶是如此，负责打通与东侧剑海滩英军联系的英国海军陆战队第四十八登陆袭击队，依然在朱诺海滩上付出了惨重的伤亡代价。因为他们搭乘着木质的登陆艇，所以一撞在障碍物

★在朱诺海滩登陆的盟军

上就立时会损坏，登陆袭击队的队员们只能刚到深水区就被迫跳下登陆艇游水上岸，结果很多携带着太过沉重装备的队员因为溺水而死，费了好大力气登陆后，又处在了德军机枪的火力之下，死伤惨重。

第七十九装甲师在不断扩展纵深的同时，又分兵保护英国海军陆战队第四十八登陆袭击队的队员们，在坦克的火力支援下，登陆袭击队的队员们最后在朱诺海滩东侧找到了立足的位置。随后，特种坦克就完全摧毁了德军的防御阵地，为海滩上滞留的部队打通了12条路，这样，海滩上才逐渐得到了疏通，后续部队的登陆和推进因此才得以保障。而就在同时，一部分的装甲师部队跨过德军的防御阵地，向德军的纵深开了过去，此时已经全无战意的守军一溃千里，被特种坦克一直驱赶着逃跑。

到傍晚时分，加拿大登陆部队的先头部队已经推进到了内陆11公里的地方，而装甲师已经到达了贝叶至冈城公路。但当时装甲部队并没有步兵跟随，而且由于深入敌纵深太多，几乎跟主力部队失去了联系，装甲师师长在仔细察看了地形及处境之后，下令让整个装甲师退了回来。

到当天晚上，加拿大登陆部队已经推进到了与冈城相距只有5公里的地方，并且与英军的黄金海滩连成了一片，让两个登陆场就此合二为一，从而组成了一个正面有19公里、纵深达10公里的大登陆场。在6月6日全天的登陆作战中，加拿大登陆部队共有约2万人登上了朱诺海滩，而伤亡人数则达到了2 000人。

剑海滩：水陆坦克击溃混凝土堡垒

在盟军选择登陆的五个滩头中，最东端的登陆滩头就是剑海滩。剑海滩位于奥恩河和卡昂运河入海口的两侧，因为这里礁石连绵，可以提供登陆的地区比较狭窄，所以这里的登陆面仅有4.8公里，因此最多只能展开一个旅的兵力。

因为这里的地形易守难攻，所以德军在这里虽然只是构筑了混凝土碉堡，但对盟军的登陆作战来说，依然制造了不小的麻烦。另外，德军还在这里配置了包括406毫米重炮在内的海岸炮部队，防御力量比较强。

负责运送在剑海滩登陆的英军部队的是英国塔尔博特海军少将指挥的S编队，因为这里的地形特点，在这里登陆的英军第一军第三步兵师的第一梯队仅有一个旅。但尽管如此，英军对于部队在这样特殊的地方进行登陆作战还是心有余悸，经过统帅部的商议之后，特地派出了X-23号袖珍潜艇，在剑海滩的海域足

★占领滩头后，盟军开始向内陆进发

足潜伏了两天两夜，以备在英军登陆时可以上浮作为航向引导。

6月6日4时30分，登陆部队在S编队的护送下到达了换乘区。5时30分，德军从勒阿米尔出动了4艘鱼雷艇对S编队发动了攻击，挪威驱逐舰"斯文内尔"号在此次与德军的交火中被击沉。

虽然在开战之初就碰到麻烦，但是这并没有动摇英军发起登陆作战的决心，航空火力和舰炮火力准备随即展开，从而迫使德军的鱼雷艇不得不退回勒阿米尔。7时30分，在剑海滩登陆的第一梯队开始进行登陆作战，值得一提的是，在同期出发的40辆水陆坦克中，有32辆后来都顺利登上了剑海滩，在整个诺曼底登陆中，绝对是损失最少的一次。水陆坦克在剑海滩登陆之后，就与德军设置在剑海滩上的防御炮火展开了激战，水陆坦克的指挥官深知，要让身后的后续部队继续挺进，就必须要破坏掉德军的防御体系，让它的炮火发挥不出威力。

英军的32辆水陆坦克随后对德军的混凝土堡垒发动了猛烈进攻，德军则通过威力巨大的406毫米重炮向英军发动反击。但是，水陆坦克的机动性强，而406毫米重炮虽然威力巨大，但是机动性上却是没有办法跟英军坦克相比的。因此，往往德军的大炮刚刚把炮弹上膛，英军的坦克已经离开了德军的视线。而且，英军的水陆坦克此时占据着数量上的优势，可以通过多角度对德军的重炮进行攻击。在英军水陆坦克多角度的攻击下，德军的防御系统迅速瘫痪了，英军坦克再接再厉，冲破了德军精心修筑的混凝土堡垒。

10时，第二梯队旅完成了在剑海滩的登陆。13时，师的预备队旅完成登陆。至此，在剑海滩登陆的英军部队除了在最初登陆时遭遇到了轻微伤亡之外，一切都进展得非常顺利，甚至大大超出了人们的预料，以至于本来打算在海滩上浴血奋战的士兵们有些不知所措，甚至没有乘胜前进，而是急忙停下来挖战壕准备固守。15时50分，当S编队司令塔尔博特少将上岸视察时，被海滩上人员和车辆的这种状况搞得哭笑不得，随即命令派出海滩控制组上岸整顿海滩秩序。

只有第一特种勤务旅继续向前推进，很快占领了考勒维尔，并在13时30分到达奥恩河，晚21时，第三师推进到了内陆6.4公里处，并且夺取了贝诺维尔附近奥恩河上的桥梁，在那里与英国第六空降师胜利会师。而编入第三师的171名自由法国士兵由此成为首批解放自己祖国的法军，当他们坐在坦克上用纯正的法语向路边的法国居民问好时，在德军占领下饱受数年苦难的法国人大为惊喜，法军登陆的消息随即不胫而走，从而使得这些盟军士兵在沿途都受到了极为热烈的欢迎。

6月6日这一天，盟军在五个海滩都取得了成功，上陆人员132 715人，车辆1.1万辆，物资1.2万吨，而且伤亡情况大大低于预计，有10 300人。海军在登陆当天，因德军的海岸炮和水雷，共损失驱逐舰4艘，护卫舰、炮舰、扫雷舰各1艘。

6日晚间，盟军基本完成了诺曼底登陆作战，控制了诺曼底海滩。此后盟军开始扩大占领区域，终于在12日将各登陆点连成一片，连到一起的登陆面宽约80公里，纵深达到了12～18公里。与此同时，盟军舰只开始将大量的军用物资运送上岸，后续的大批盟军士兵从诺曼底登陆，到7月5日，登陆人员达到了100万人，约有56.7吨物资和17.2万辆车辆被送到岸上。

至此，诺曼底登陆战圆满结束，在这个被称为"最长的一天"中，盟军顺利在法国海岸登陆，开始从西面对德国发起进攻，与苏联造成两面夹击之势，加快了纳粹德国败亡的进程，对二战的早日结束发挥了重大的作用。

战典回响

水陆坦克影响战局

因为此前在迪厄普登陆战中遭遇失败，英军吸取了教训，决定在诺曼底登陆时将坦克同时送上海滩。但是考虑到当时的坦克重量都在30吨，而标准的水陆两栖坦克又存在明显的缺陷，即便是完成了登陆也没有办法跟德军守军的炮火进行抵抗，所以盟军只能选择当时火力比较强大的主战坦克参与诺曼底登陆。

"M-4"坦克是当时比较先进的主战坦克，但是这种坦克的重量在30吨左右，要将这样沉重的东西运到诺曼底地区的海滩上并不是一件容易的事情。经过多次试验，盟军最终将一种折叠式突击登陆船上的浮渡装置安装在了"M-4"坦克上，从而解决了坦克登陆的难题。

于是，两栖坦克首次出现在了最为重要的战场上，而且发挥了重要的作用。关于诺曼底登陆，很多专家对坦克在此次登陆中所起到的作用评价不一，但毫无疑问的是，如果没有盟军临时研发出来的"M-4DD"水陆坦克，盟军在登陆作战中无疑会付出更为巨大的代价，尤其是在奥马哈海滩，虽然海军的炮火对美军给予了足够的帮助，但如果没有水陆坦克的炮火，恐怕登陆作战的部队在海面炮火赶来之前就已经失去了抢滩登陆的作战能力。

其实，水陆坦克早在诺曼底登陆之前就已经出现，在第一次世界大战期间，也就是在坦克刚刚出现的年月里，英国人就已经开始进行坦克的浮渡试验。1918年10月，英国军方在伦敦附近的布伦特水库进行了世界上首次的坦克浮渡试验。在一战后的1920年到1922年间，英国人制成了以"D"型坦克为基础的水陆坦克的样车，但是最终因为种种原因并没有及时大批量生产。但在同时，世界各国都加紧了对水陆两栖坦克的研制，而其中最为成功的，当属苏联在1933年设计的"T-37"型两栖坦克，此后，苏联又先后研制生产了"T-38"、"T-40"型两栖坦克。在这些两栖坦克上都装配着螺旋桨式水上推进装置，车首也装配着防浪板，可以说已经初具水陆坦克的模样了。

在第二次世界大战期间，另一个非常重视水陆坦克的国家是日本。1942年，日本军方研发出了"卡米"2型水陆坦克。"卡米"2型水陆坦克有着流线型极好的前后浮箱，浮箱和车体的连接严丝合缝，不像一般的浮箱看上去就如同临时加上去的。在装上前后浮箱以后，"卡米"2型的外形看起来其实更像是一条船。在登陆之后，"卡米"2型会将浮箱卸下，这样它就跟一般的轻型坦克没有什么差别。但是，这种水陆坦克却是隶属于日本海军，名称也是"内燃艇"而不是"战车"，它必须通过潜艇进行海上运载，而在运载的过程中它都会被捆绑在潜艇的外面。

尽管在第二次世界大战期间很多国家都已经开始大规模研发并且生产水陆坦克，但是相比较坦克在陆战中的广泛使用，这种水陆坦克的普遍性显然还不够。究其原因，水陆坦克虽然美其名曰"两栖武器"，但是并不能够真正独立跨海作战，正如日军的水陆坦克需要潜艇捆绑在外面进行运载一样，更多的水陆坦克还是需要依赖于其他的海上设施进行转移，在抵达近海之后，才能真正开始自主行动。正是因为水陆坦克有种种限制，所以在第二次世界大战中，它并没有得到广泛使用，在真正关系重大的近海作战或者登陆作战时，也并没有出现大量水陆坦克的身影，看起来，它更像是战争中的一个配角，偶尔出现，便会一闪而过，上不了什么台面。

直到诺曼底登陆，水陆坦克才真正出现在了历史的舞台上，正是基于在诺曼底战场上具有决定性意义的表现，使得很多国家开始重视对水陆两栖坦克的研发和制造。在诺曼底登陆作战中，两栖坦克承担着打击并且尽可能摧毁德军岸边防御炮火的任务，并且通过强大火力支援步兵完成在诺曼底海滩的全面登陆。在盟军完成诺曼底海滩的登陆之后，又是水陆坦克迅速实施突击，攻破德军的防守要塞，帮助登陆部队扩展及稳定登陆场，帮助后续部队及时完成登陆。

可以说，如果没有水陆坦克，盟军在诺曼底登陆作战中将很难如此顺利，在奥马哈海滩惨烈的战斗中势必会付出更为巨大的代价，甚至有可能招致失败。如果没有水陆坦克，盟军在诺曼底海滩的登陆场也不可能在如此短的时间内完成，后续部队的登陆肯定会受到影响，就算是盟军最后依然取得诺曼底登陆作战的胜利，也必然会付出非常惨重的代价。毫无疑问的是，在整个诺曼底登陆作战中，尽管损失了多辆坦克，尽管"M-4"坦克临时换装上阵有些仓促，但是依然对诺曼底登陆战役的胜利起到了非常重要的作用，决定着战斗的进程和最终的胜利。

★沙场点兵★

人物：奥马尔·布拉德莱

奥马尔·纳尔逊·布拉德莱，1893年2月12日生于密苏里州克拉克市。美国陆军将领，在美军中有"思想机器"之称。1943年2月，被马歇尔将军派往北非担任艾森豪威尔将军的观察员。几个星期以后，又成为巴顿将军指挥的第二军的副军长；4月，当巴顿将军受命制订西西里战役计划时，接任第二军军长。此后转战突尼斯和西西里。9月，被挑选担任进攻西北欧的美国第一集团军司令兼一个美国集团军群司令部的参谋长。

1944年6月，率领第一集团军参加了诺曼底登陆作战，并且亲自指挥了在奥马哈海滩的登陆，在奥马哈海滩的战斗中，依靠自己冷静的头脑和不懈的坚持，最终赢得了诺曼底登陆中最为关键的胜利，促成了诺曼底登陆的胜利。8月，任驻欧洲第十二集团军司令。率领百万大军迎来了盟军对德作战的最后胜利。

武器："M-4DD"水陆坦克

在诺曼底登陆作战中，盟军第一次大规模使用了"M-4"坦克改装成的"DD"水陆坦克。"DD"是英文Duplex Drive的缩写，中文意思就是"双驱动"，其实也就是水陆两栖坦克的意思。不过，这种水陆两栖坦克并不是真正的两栖坦克，只是在上面增加了一些能够在水上活动的装置，盟军将之称为"DD"装置。这套"DD"装置的发明者是匈牙利籍的英国工程师斯特劳斯勒，其实当时很多国家的武器工程师都在研究如何让坦克适应更复杂战争的需求，有很多工程师都在研究如何让坦克在水面上航行，当时日本生产的水陆坦克虽然具备了这样的功能，但是水陆坦克一旦到达地面之后，在性能上是无法跟陆地坦克相提并论的。而陆地上的主战坦克都有30多吨重，要在海面上浮起来谈何容易。

斯特劳斯勒在研究装甲车辆和甲壳装备的时候，设计出了一种用防水的粗帆布制成的折叠式突击登陆船，而这种折叠式突击登陆船的上部分，就是"DD"设备，实际上这个设备就是可折叠的浮渡围帐。后来，很多将领在使用这种折叠式突击登陆船的时候，发现可以将这种登陆船的浮渡设备用在坦克上，因为按照阿基米德定律，要增加坦克的浮力，就必须要增大坦克的排水容积，而这种浮渡围帐正好可以达到这要求。而且，这种浮渡围帐是可以伸缩的，其主体是用经过防水处理的粗帆布制成，接合部位用橡胶密封条来密封，围帐的四周有36根橡胶管，利用压缩空气，可以使这36根橡胶管充气，这样围帐就能够升起来；等到把充气放掉，围帐就会收拢在车体的四周，上陆后继续前进。

但是因为这种"DD"装置是后期加上去的，所以它并不稳定。在诺曼底登陆作战中，装有"DD"装置的"M-4"坦克就因为海上的风浪而损失惨重，同时，浮渡围帐一旦被击中，水陆坦克也会因此沉入水中。所以在诺曼底登陆战中，"M-4"坦克在海面上损失极大，到登陆之后并没有发挥出最大的威力，但即便如此，作为临时"客串"水陆坦克的"M-4"依然顺利完成了任务。

战术：战略欺骗

盟军的战略欺骗使得德军统帅部判断错误，不仅保障了登陆作战的突然性，还保证了战役顺利进行，对整个战役具有重大影响。

盟军在登陆前夕频繁与巴尔干半岛的德国附庸国罗马尼亚、保加利亚、匈牙利等国接触，制造这些国家与德失和，让德国认为这些国家正在准备脱离轴心国集团的联盟。同时，巧妙地把这些情报"泄露"给德国，让德国开始重新审视巴尔干半岛的局势。这种外交手段，使得希特勒误以为盟军有可能在巴尔干半岛登陆，为防不测，抽调了驻法德军中两个精锐装甲师和一个步兵师到巴尔干。为了加强这一效果，盟军还派遣假"蒙哥马利"前往阿尔及利亚，以此扰乱德国的视线。与"蒙哥马利"邂逅并相互寒暄、化装成"金融家"的德国间谍发回的情报，更加"证实"了盟军将会在巴尔干半岛登陆。盟军的这些方法，都分散了德军的注意力，取得了调动德军、掌握了主动权的目的。

另外盟军还伪装造势，达到声东击西、暗度陈仓的效果。为了能够避实击虚，盟军故意显露出将在加来地区登陆的种种迹象。比如在加来对岸的英国设立了一个由大名鼎鼎的巴顿指挥的"第九集团军"，还请电影布景师制作了大量的假兵营、假医院、假坦克、假飞机、假仓库，由它们构成"影子部队"。"影子部队"长时间频繁地进行无线电联络。愤怒的牧师们还煞有介事地在报纸上谴责这些"外国军队入侵英国"，搞得惟妙惟肖。盟军在加来地区多次进行侦察、轰炸，甚至远远多于诺曼底地区。直到登陆前夕，盟军还用军舰拖着高空拦阻气球驶向了加来方向，德军雷达更显示盟军大军奔袭加来，这就让德军统帅部更加肯定盟军将从加来登陆。

正是这些苦心孤诣的策划，才帮助盟军最终蒙骗了德军，德军确定盟军肯定会在加来登陆。使得德军只对加强加来地区的防守特别注意，甚至在那里部署了20多个精锐师；从而放松了对诺曼底的警戒，只在那里配备了6个师和3个独立团。甚至直到盟军发起登陆战役时，德军还以为盟军的主攻方向是加来，对诺曼底的进攻只是佯攻。所以部署在加来地区的19个师在接下来的6周里，始终留在原地。等到盟军在诺曼底迅速占领并巩固滩头阵地以后，德军才明白中了盟军的计，但此时已经失去了击退盟军的最佳时机，德军完全处于被动。

在盟军实施的战略战役欺骗中，电子战发挥了非常重要的作用。盟军实施的电子干扰，使德军雷达致盲或只能发现假目标，从而帮助德军将领制造出盟军将要登陆加来的错误信息。

盟军实施的这些欺骗战术达到了预期的效果，对盟军的成功登陆起到了非常重要的作用。丘吉尔在谈到这些时，也颇多感慨地说："战争中真理如此宝贵，要用谎言来保卫。"

战典

THE CLASSIC WARS

陆战之王的直接对话

THE CLASSIC WARS

坦克战

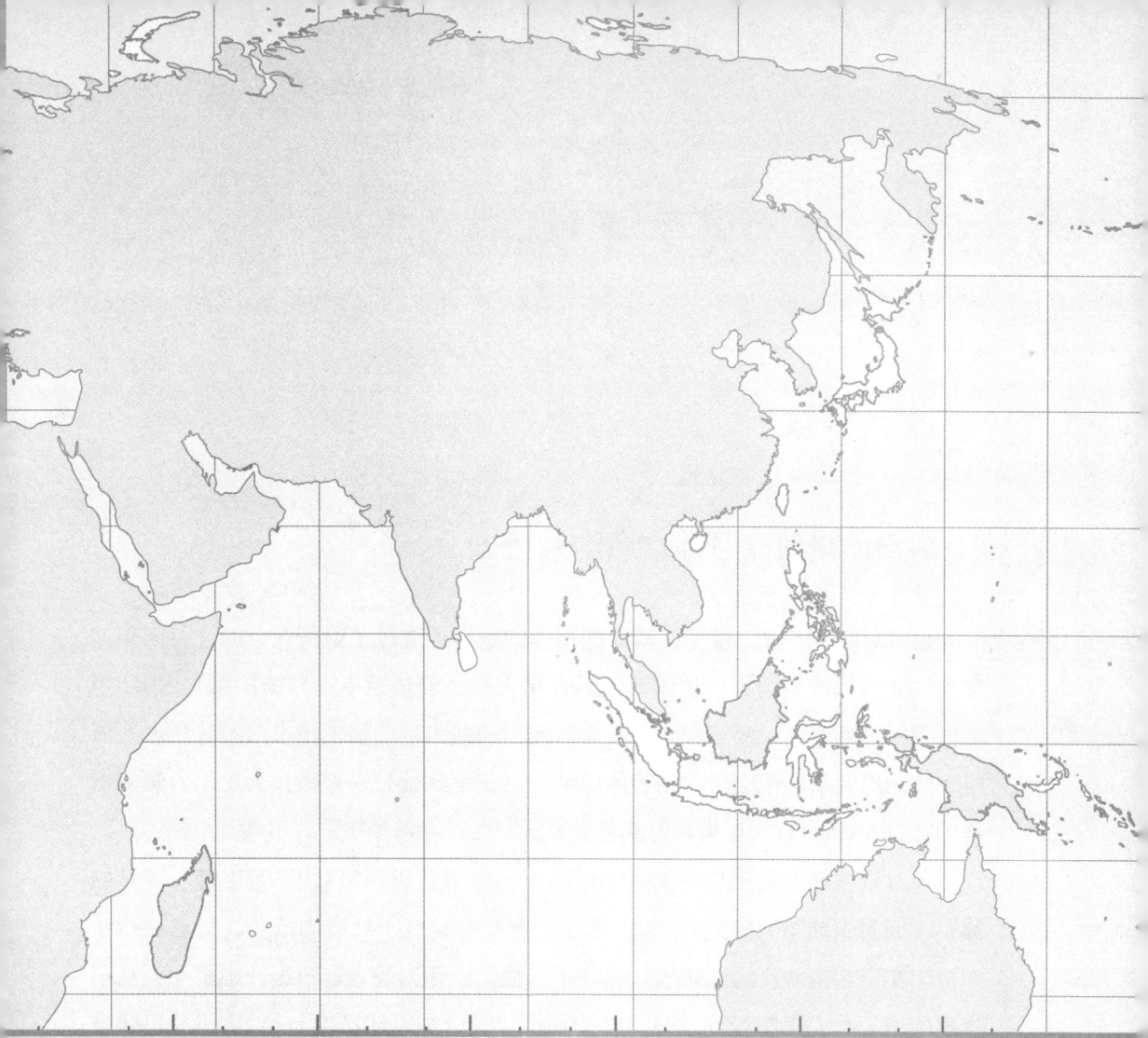

第十一章

血战卡昂
——盟军精锐大战娃娃坦克师

　　▲卡昂坦克战是诺曼底战役中一次非常重要的坦克战，卡昂地处法国北部，濒临英吉利海峡，是卡尔瓦多斯省的省会，可以说是通往巴黎的重要门户，战略位置的重要性不言而喻。可以说西线战事此时已经完全系于卡昂，谁夺取了卡昂，就意味着扼住了通往巴黎的咽喉。盟军与德军在这里狭路相逢，一场激烈的坦克大战拉开了帷幕。

前奏：诺曼底登陆之后的局势

1944年6月6日，盟军在诺曼底海滩的登陆场度过了艰苦的一天。英国和加拿大部队组成的英国第二集团军随后在毫无准备的情况下，与德国第12SS装甲师在卡昂不期而遇。盟军在第一天突破南方防线占领法国古城卡昂的计划就此落空。他们遇到了德军中一支精锐的部队，这支部队就是一直被作为反击力量来培养的第12SS装甲师，也被称为武装党卫队"希特勒青年团"装甲师。

在对诺曼底发动进攻的前几个星期里，盟军曾讥讽第12SS装甲师为"娃娃师"，因为组成第12SS装甲师的都是一些年龄只有十几岁的孩子，但这些孩子都是忠实于希特勒及法西斯的狂热分子，他们满怀为德意志帝国开疆扩土、马革裹尸的雄心壮志，都受到过最严格的训练。英、加军队被迫与第12SS装甲师进行了一场长达6个星期的消耗战。第12SS装甲师不仅阻止了盟军占领卡昂，同时使盟军不能按期到达法莱斯，从而推迟了法莱斯合围圈的形成，避免了德军两个集团军遭到毁灭性打击。

随着盟军将要登陆法国北部这一可能性的不断增大，第12SS装甲师于1944年4月1日被部署到诺曼底地区。士气高昂、装备精良的第12SS装甲师乘火车从比利时出发，

★卡昂古城

抵达位于塞纳河下游与奥恩河下游之间的目的地。随后，师指挥官开始研究防区地形并着手组织防御。当时从塞纳河口至贝叶的海岸防线上部署着第七一六和第三五二步兵师，负责一线防御。七一六和第三五二步兵师与狂热的第12SS装甲师不同，它们有着西线步兵师的普遍特征，即士气不高而且不满员。而负责支援这两个师的是第二十一装甲师，这支在非洲身经百战的部队如今已经得不到足够的重视，只装备了IV型坦克，甚至还有不少缴获的"索玛"S-35坦克被用来充数。

★库尔特·迈尔旗队长

第12SS装甲师的指挥官是34岁的维特旅队长和33岁的迈尔旗队长，他们受第四十六军的马尔科斯将军指挥。马尔科斯将军断定盟军将于6月2日左右登陆，在盟军登陆以后，他所能依靠的力量就只剩下了部署在第二线的部队，特别是诺曼底地区的第12SS装甲师。

基于第12SS装甲师下一步展开防御与收集更多情报的考虑，维特和迈尔驱车来到了英吉利海峡沿岸考察。他们在这里发现第七一六步兵师在海岸第一线的防御布置非常松散，防御点之间也缺乏必要的火力掩护，在海岸炮兵掩体和重机枪阵地的后面，是数量很少的反坦克武器。更糟糕的是，局势日渐紧张，这里德军的大部分掩体居然还在建设之中，而且就算是那些掩体能够完工，恐怕也不足以抵御盟军的重型轰炸机和大口径舰炮的猛烈攻击。维特相信，盟军面对这些薄弱的防御工事，一定能够轻易取得登陆作战的成功。再加上盟军有强大的海空联合攻击，在这些炮火的掩护下盟军将很快向内陆发起进攻。

维特和迈尔对德军在沿海的防御体系备感失望，在详细研究了沿海地区的道路和桥梁状况之后，维特和迈尔更加相信只靠海岸上的防御力量根本不足以阻挡盟军的前进。维特最后认为，"古城卡昂的附近地域将对敌人的进攻有特殊的诱惑力！"卡昂周围特别是城市的北方和西北方的地形很适合坦克作战，盟军要完成深入内地的计划，就必须攻取卡昂。这就意味着在诺曼底海岸登陆成功之后，卡昂将变成主要战场。因此，在开战时维特将第12SS装甲师部署在奥恩河口与

★12SS装甲师师徽

塞纳河口之间的地域，并且将大部分作战部队布置在卡昂的西北方与西方。

一切准备已经就绪，第12SS装甲师等待着即将到来的激烈战斗。士兵们一边继续训练，一边加强防御。为了避免突然发生的空袭造成损失，他们为坦克及各种车辆挖掘了隐蔽部。第12SS装甲师于登陆前的一天，在卡昂西面完成了战前的准备。第12SS装甲师在诺曼底地区拥有2万名以上的士兵。虽然自身的装甲单位缺编，但是步兵的武器却十分精良，拥有"StG-44"型突击步枪、"MG-42"型通用机枪、"FG-43"型自动步枪、"MP-40"型冲锋枪、"M24/43"型手榴弹、"铁拳"3型反坦克火箭筒等精良的轻型武器。尤其是在经过9个月强化的战斗训练之后，此时官兵们的士气高涨，并对即将到来的战斗充满信心。

初次遭遇：盟军大败卡昂桥北

6月5日晚，第12SS装甲师的维特旅队长在泰里勒斯镇接到了统帅部打来的电话，维特从电话中得知，盟军的伞兵已经出现在诺曼底海岸防线的后方。同时还得知："敌人的空军很活跃，但海面上却一片平静。"大约在6月6日1时30分，迈尔得知，盟军可能已经开始发动进攻。不到一小时，第12SS装甲师的各单位便收到了警报。在凌晨，第12SS装甲师年轻的士兵们就开始忙碌起来，他们纷纷走上自己所属的岗位，到凌晨3时已经作好了一切准备。但是就在这个时候却来了紧急命令，让他们回到营房等待下一步的指示。

在盟军发起登陆的90分钟以前，德国国防军最高统帅部把第12SS装甲师划给B集团军群指挥。尽管第12SS装甲师的每个单位都已经在各自的警戒地域作好了战斗准备，但是面对各种混乱的警报，最高统帅部并没有命令第12SS装甲师和装甲教导师自由行动。甚至当盟军在6时30分开始登陆的时候，德国国防军最高统帅部仍然拒绝装甲师采取自由行动，但是却默许他们可以接近战场。

坦克战

THE CLASSIC WARS

陆战之王的直接对话

6月6日一整天，第12SS装甲师的坦克纵队不得不在诺曼底地区那拥挤狭窄的道路上艰难地行进。他们率先抵达了利雪周围地区及卡昂的西南方向，但是在下午的行军过程中，第12SS装甲师不断遭到盟军飞机的进攻，这些攻击使得他们的行军纵队被打乱了，前进的速度因此大为减慢。因为盟军炮火非常猛烈，很多官兵在行进的途中牺牲，但是这并没有阻止他们的前进，他们如此渴望战场，勇往直前，正如迈尔在战

★12SS装甲师的士兵

后谈及此时的情形时所说的那样："到卡昂的路途简直就是一场死亡之旅。一群'喷火'从我们纵队的后面开始俯冲攻击。火箭弹和机枪像用镰刀割草一样，打倒了我们许多人。一名士兵躺在路上，子弹打断了他的动脉，血像雾一样从他的喉咙里喷了出来，没过多久他就在我的怀中死去了。同时弹药车也被引爆了，霎时间火光冲天、碎片四散。但是空袭过去没几分钟道路就被清理干净了。我们不能停下，必须前进！"

第12SS装甲师的大部分部队终于在6月7日的早晨，抵达了卡昂以北的地区。

士兵们因为进行了一天多的持续行军而感到非常疲惫，但就在此时经前方的报告证实，登陆的英国和加拿大部队已经突破了海岸防线的某些地段，现在开始向内陆进攻。盟军的重型轰炸机此时开始对卡昂发动猛烈进攻，迈尔预感到盟军坦克正直奔卡昂而来。而盟军空军对卡昂的轰炸，使得许多街道被建筑物的残骸所阻塞，车辆根本无法通行。第12SS装甲师决定不再进行城市战，他们的目标是不惜一切代价守住城市外围，然后向北推进，将盟军驱逐出法国境内。

狂热的德军装甲掷弹兵们在当天早晨就投入了战斗，现在，让迈尔来描述一

★开往诺曼底前线的12SS装甲师

下那些随时准备为帝国付出一切的士兵即将出发时的情景："第二十五团一营的指挥官来向我报告，他只是快速而简单地介绍了一下情况，短暂并有力的握手表达了一切。我们都知道即将面对的是一项艰巨的任务。这个营的掷弹兵们迅速下车，随后卡车就消失在黑暗中了。没有车辆可以穿行城市，它们必须绕道向南行，掷弹兵们留下来听我指挥，他们平静沉着，抱着坚定的信心。他们就要接受战火的洗礼！"

大约早晨9时，迈尔在临时指挥所阿登纳斯修道院下达了进攻的命令。第一辆坦克在一小时后启动，随后大概有50辆坦克组成的突击部队开始集结，他们在晨光之下按照命令轰然开动。德军坦克以稻草和树枝作为伪装，向着卡昂-贝叶公路缓慢开动，接着他们从炮楼上可以看到盟军坦克正在靠近。一辆IV型坦克的75毫米炮突然开火，盟军一辆坦克随即被击中，立刻就燃烧了起来，就在同时，其他的德军坦克开始向盟军坦克开火，盟军坦克纷纷中弹，丧失了战斗力。

隐蔽在战壕中的年轻德国装甲掷弹兵随后就迅速而疯狂地投入战斗，向着英、加军队展开了猛烈的攻击。战斗在不知不觉间已经持续了一刻钟，那些掷弹兵在机枪和手榴弹掩护下不断冲击盟军的防线。但随后，盟军的空军对地面展开了猛烈的轰炸，德军的攻势立刻受到了打击，第12SS装甲师的步兵更遭受了不小的损失。十几岁的掷弹兵在马龙村附近顽强地坚守着阵地，他们悄无声息地跟踪着突破防线的盟军坦克，然后用火箭筒消灭了其中的大部分坦克。年轻的掷弹兵们在此次战斗中共击毁盟军坦克28辆，自己则只损失了6辆。

盟军士兵在看到身着第12SS装甲师军服的居然都是些十几岁的孩子时，他们大为震惊，因为这是他们第一次遇到党卫队"希特勒青年团"装甲师的士兵。相比较那些老练的士兵，这些孩子显然都缺少在战场上的临敌经验，但也正是如此，他们看起来那么无畏和坚韧，虽然勇敢得有些莽撞，但是谁也不能否认他们的进攻何其致命。战地记者维尔莫特后来就记述道："守卫着防御阵地的第

12SS装甲师战斗得非常顽强，但是在整个战役中他们所表现出的战术素养却远远比不上他们的勇猛。"对于战争中的人来说，有的时候勤能补拙，但付出生命这样的无畏同样也能弥补他们在经验上的不足。而第一次面对这样的打法也让盟军官兵显得手忙脚乱，这让他们的进攻威力大打折扣。

在损失了大量的人员和装备后，盟军在傍晚前不得不退回到卡昂北面的桥头堡阵地。此时第12SS装甲师因为一天的激战，也付出了极大的代价，他们此时没有能力再继续向北进攻，实现他们达到海岸的目标了。此时，当孩子们知道这个消息的时候，其中的一部分人掉下了眼泪。随后，他们停止了进攻，并且开始在现有的战线上挖掘战壕准备防御。

夜间血战：维特之死

7日晚到8日凌晨，盟军依然试图占领卡昂，但在德国人的顽强阻击下依然没有什么进展。8日晚，迈尔亲自指挥着第12SS装甲师的坦克发动反冲击，德军与盟军在夜幕下展开了一场针锋相对的殊死拼杀。德军"豹"式坦克的火力和装甲在第一阶段压倒了盟军坦克，22辆"豹"式坦克成功突破了加拿大第七装甲旅的防线。但是随后加军用反坦克炮和反坦克火箭筒击毁了6辆德军坦克，迈尔被迫下达了停止进攻的命令。德军坦克在得到命令之后，就返回到黑暗之中。在另一方向上，得到了第三炮兵分队和第二装甲分队加强的第二十五团在卡昂以北与英、加军队发生了猛烈交火，在坦克的支援下，盟军的进攻遭到德军反坦克炮准确而凶

★12SS装甲师装备的"豹"式坦克

★美国"M4谢尔曼"主战坦克

猛的射击，经过短暂的交火，4辆盟军坦克被击毁。

第二十五团的士兵们在此后的几天里遭到了更强烈的攻击，但德军掷弹兵并没有因此就从那些被炸弹摧毁的防御阵地退出。盟军的轰炸与炮击变得越来越猛烈。德军不得不把坦克隐蔽部加强为坦克掩体。代理团长沃尔德麦勒一级突击队大队长从自己的指挥掩体跑到每一处德军的阵地上，命令士兵们赶快修筑新的防御工事。他的勤奋以及作为一名战地指挥官的丰富经验拯救了很多士兵的生命，德军的掩体很快得到了修复，6月10日，沃尔德麦勒为那些在修护掩体中表现勇敢的青年士兵颁发了30枚二级铁十字勋章。

第12SS装甲师毫不动摇地继续着艰苦的防御。第二十六装甲掷弹兵团第一连重新夺回了位于罗斯附近的村庄，村子随后就遭到了盟军12小时以上的炮击。坦克驾驶员凯斯佩尔三级小队副在罗斯教堂附近停下车，在战斗间歇他潦草地在日记上写道："大约15辆'谢尔曼'坦克从我们的正前方发动了进攻。我的战车击毁了其中的四五辆坦克后，其余的撤退了。作为报复，敌人向我们的阵地倾泻了大量的重磅炮弹，我们的掷弹兵遭受了严重的损失。下午敌人又对村子发动了进攻。我们第三排的坦克与'谢尔曼'正面交战，掷弹兵们则从背后包抄切断他们的退路。突然我的坦克履带被炸断了。我跳出坦克找来两个掷弹兵帮我重新装上履带。冒着猛烈的炮火，他们帮我装上了履带。这时我听见车长在电台里大喊：'快启动！离开这里，敌人的飞机马上就要来了。'"

迈尔对一些战斗的失败满腹牢骚，他认为失败的原因就是参战的部队决心不坚定，但此时人人都忙于应战没有人去理会他的嘟囔。而青年团师在残酷的战斗中始终坚守在卡昂周围的防御阵地上，盟军依然发动着没完没了的轰炸，使得这些阵地看起来面目全非。为了应付盟军的空中火力，掷弹兵们在夜间向前线运动，在天亮之前就清除掉夜间留下的一切痕迹。饶是如此，当他们在进攻的时候，盟军的曲射火炮和反坦克炮仍会不断地攻击他们，因此，第12SS装甲师参加的这些战斗被认为是诺曼底战役中最惨烈的战斗。第12SS装甲师的坦克在进攻时冲在最前面，后面则是负责掩护坦克的装甲掷弹兵。

德军拜尔莱茵将军的装甲教导师在6月9日晚终于到达了与前线相距只有几公里的地方，他们一路上都遭到了盟国空军的猛烈攻击，损失了80辆自行火炮、130辆卡车、5辆坦克和很多其他车辆。装甲教导师、第二十一装甲师、第12SS装甲师及从海岸防线上撤下来的部队在承受住了盟军在初期的打击之后，一起构成了德军在卡昂周围的主要防御力量。

此时，距离盟军在法国北部海岸登陆已经过去了一个星期。他们仍然没有能攻取卡昂。6月14日，在经历了一场恶战之后，第12SS装甲师又一次击退了英国第七装甲师发动的攻势。

因为这一天的优异表现，年轻的德国掷弹兵们本来是值得骄傲和庆贺的，但不幸的消息就在这时候传来，在英国舰队的猛烈炮击中，第12SS装甲师的最高指挥官维特中弹身亡。

维特和他的大部分参谋军官14日当天都在指挥部里，突然，他们听到了

★第12SS装甲师指挥官库尔特·迈尔

★第12SS装甲师的最高指挥官弗利兹·维特

★战火风飞的卡昂城，图为城中的12SS装甲师士兵。

大口径炮弹从指挥部飞过的声音。维特急忙命令所有人躲到隐蔽所，正当最后一个人跳进隐蔽所的壕沟里时，一颗炮弹突然在树顶上爆炸，弹片四下飞舞，正中维特的头部，他当场毙命。

维特的死亡触动了装甲师的每一个人，也包括第二十五装甲掷弹兵团的指挥官迈尔旗队长。因为维特的去世，他开始思考他们所处的战争，深深感到这将是一场不可能胜利的战争。没过多长时间，迈尔就接到命令，统帅部命令他把第二十五装甲掷弹兵团的指挥权转交给该团第三营的指挥官米利乌斯一级突击队大队长，第三营由斯泰格一级突击队中队长指挥，而迈尔则需接替阵亡的维特指挥第12SS装甲师。在就任之际，迈尔希望部下们永远不要忘记第12SS装甲师的"第一人"维特。

新任指挥官迈尔是一个有名的坦克指挥官和战术专家，他被士兵们称为"装甲迈尔"。迈尔与维特同样来自第1SS装甲师，他参加过东线的残酷作战并获得了橡树叶骑士十字勋章。但是不论装甲师的新指挥官"装甲迈尔"拥有怎样出色的才能，眼前这场残酷的战斗都没有任何对德国人有利的变化出现。事实上因为完全没有制空权，盟军的飞机对地面进行了毁灭性的轰炸，德军在卡昂周围的防线早已处在崩溃边缘。

最后总攻：娃娃师被全歼

6月26日早晨，英国人终于发动了"埃普索姆"行动。德军阵地遭到了猛烈轰击，英军的坦克和飞机一起出动，双方展开了激烈的战斗。至少有50辆盟军坦克在白天的战斗中被德军击毁，但在同时，德军方面负责一线防御的步兵也承受了沉重的打击，有些阵地上的部队因为损失惨重而不得不撤退。

在随后的几天中，盟军继续对第12SS装甲师的防线发动猛攻，德军的防御体系遭到了严重破坏。在硝烟弥漫的战场上，只剩下残垣断壁，在视线之内看到的都是双方战死的士兵，被摧毁的武器装备孤零零地躺在死气沉沉的战场上。对双方来说，"埃普索姆"行动是一场残酷的战斗。在1944年7月初的几天里，盟军尽力扩张他们的登陆场，但却陷入了卡昂周围的拉锯战中，付出如此重大的损失却没有能够取得任何突破性的进展，使得盟军日益感到形势严重。

第12SS装甲师的防御依然非常顽强，甚至当他们被逐出被摧毁的阵地时，男孩们依然在坚持抵抗，以至于盟军要前出到卡昂南部开阔地的作战意图还没有实现，蒙哥马利就不得不草草结束了此次作战。但无论男孩们在这次防御战中表现得如何顽强，第12SS装甲师已经耗尽了他们的力量，幸存下来的人此时都身心疲惫，同时感到内心无助，卡昂周围的大部分德军部队都陷入了绝望中。德军西线最高指挥部在7月5日接到了消息，希特勒决定将第12SS装甲师替换下来进行休整。但西线最高指挥部并没有及时将这道命令告知给师指挥官迈尔，青年团师的士兵们已经抵达了新的战线，在那里重新组织好了卡昂最后的防御，并且等待这次战斗中最艰难时刻的到来。

盟军发起了对卡昂的最后进攻，这次行动被命名为"特尔福德"，参加进攻的部队有英国第三、第五十九步兵师，加拿大第三步兵师，第一〇五炮兵旅，第四和第一〇七重型防空炮团，第六北斯塔福德联队和第二南斯塔福德联队，并伴有大量的坦克和装甲车。"特尔福德"行动原定于7月8日开始实施，然而对

★年轻的12SS装甲师机枪手在卡昂城外围休整

★战斗在卡昂附近的12SS装甲师士兵们

★血战卡昂★ 盟军精锐大战娃娃坦克师

221

卡昂城的火力准备从头一天就已经开始。著名的"罗德尼"号战列舰打响了第一炮，它用406毫米重炮轰击了卡昂的北部，英国皇家空军也同时连续猛烈轰炸了城市及其周围地区。盟军在7月8日凌晨对卡昂发动猛攻。面对盟军优势的力量和猛烈进攻，第12SS装甲师的掷弹兵仍然坚守着防御阵地，并且在卡昂周围的废墟中继续战斗。

德军的防御阵地随着战斗的延续已经逐渐被分割，德军的作战此时渐渐失去组织，坦克和反坦克炮因为耗尽弹药而成了废铁，在求生的本能驱使下士兵们继续作战。英、加军队凶猛的进攻势头再一次被第12SS装甲师近似自我毁灭的作战拖住，英军有近25%的步兵力量在长达两天的艰苦战斗中损失掉，但是卡昂周围所有的战斗仍然在继续，炮击和轰炸引起的大火也在蔓延，战斗变成了德国人已经无法承受的消耗战，双方都遭受了沉重的伤亡。在布隆村附近的战斗尤为激烈，盟军最后终于包围了在此防守的第二十五装甲掷弹兵团第三营的剩余部队。

迈尔的青年团师很快就要面临被歼灭的命运。师里已经没有任何的预备队，弹药也将耗尽，而且看来也不可能再得到增援和补给。唯一出路就是在盟军包围他们之前赶快撤退，在后方建立新的防线。但是就在这时，希特勒的命令从后方传来，他要求不惜一切代价守住卡昂，不许后退一步直到最后一人。迈尔对这个命令感到非常吃惊，他不能看着这些少年为这种毫无意义的做法送死，于是准备尽一切可能不予执行这道荒唐的命令。

第12SS装甲师放弃了顽抗了33天的卡昂城，并且开始撤退。即便是在撤退的途中，他们仍然没有能够摆脱盟军强大火力的追击，加拿大部队突破了防线后前进到了卡昂的后方，用手中每一件可用的武器向德军发动猛烈的进攻，从而将这些顽固的敌人赶出城市。

零星的抵抗依然在卡昂的北部和西部继续着，战斗一直持续到7月9日傍晚才全部结束。

★血战过后的卡昂

在最后的城市防御战中，青年团师又损失了595人。1944年7月11日，第1SS装甲师接替了第12SS装甲师的阵地。第12SS装甲师余下的部队被调到位于萨森和吉布之间的一个地域进行休整，但他们的休整很快就因为战争的深入而被迫终止，随后这些少年又被派到已经濒临崩溃的防线上。而另一方面，盟军在占领卡昂之后，真正在法国站住了脚。

战典回响

让人惋惜的纳粹娃娃兵

第12SS装甲师的起源要追溯到1942年末至1943年初。当时，战事日益紧迫，武装党卫军的征兵工作偏在此时受挫。但是，党卫队中央技术管理局补充处处长、SS地区总队长伯格尔还是为希姆莱找到了丰富的兵源：希特勒青年团师和国家劳动服役训练营。

在1943年6月24日下达的命令中，最初决定将希特勒青年团师组建为装甲掷弹兵师，番号为12。但在同年10月30日，希特勒下令将该师组建成一个完整的SS装甲师。兵员从希特勒青年团组织中征召1926年出生的人，均是些只有17岁的青年。随后，希姆莱任命SS旅队长维特担任SS装甲师指挥官。

1943年5月1日，第一批 8000名志愿兵来到WEL训练营报到。在这8 000人中，有6 000人留在训练营中，其余2 000人将送往高级或特殊军事训练营。由于时间紧迫，他们的训练时间被缩短了两周。1943年7月1日，8 000名受过训练的新兵们正式编入希特勒青年师。同日，另一批8 000名新兵也开始进行同样的训练。到1943年9月1日，已经有16 000名新兵的名字出现在新组建的希特勒青年团师的花名册中。

所幸第12SS师得到了一些来自1SS师的军官和士官，他们在东线积累了丰富的作战经验。还有50名陆军和空军的军官也补充进了这个师。时年34岁的SS旅队长维特非常强调在真实的野战条件下训练，并注重对轻武器的使用。虽然时间很短，但是士兵的训练基本上已经完成，到1944年6月，这些年轻的新兵都已经作好了战斗准备。

1944年6月6日14时30分，希特勒青年团师接到第七集团军的命令，协同第二十一装甲师及装甲教导师在第二天16时对登陆的盟军展开反击。第12SS装甲师随后参加到与盟军在卡昂的激战中，第12SS装甲师在卡昂的战斗中阻挡住了盟军的前进，但同时也付出了惨痛的代价。6月14日，盟军的海军舰炮命中了第12SS师的指挥部，师长维特在炮击中阵亡，迈尔担任起指挥全师的重任。

到6月16日为止，第12SS师已经付出了403人阵亡，847人受伤，63人失踪的惨痛代价，而此时统帅部承诺的预备队始终没有出现，青年团师已经难以抵御盟军的猛烈进攻。7月9日，第12SS师被迫后撤到奥恩河一线，并继续固守机场。18日，第12SS师返回卡昂防区。到8月3日，第12SS师已经损失了3 500人以上，8月14日，青年团师在将阵地移交给第二七二、八十五步兵师以后，终于作为第1SS装甲军的预备队撤离前线。但随后，因为德军在诺曼底全面溃败，包括第12SS装甲师装甲师在内的12个师被困法莱斯，第12SS经过一番顽强奋战之后，终于打开了一个缺口，从而帮助40 000名德军成功逃出法莱斯口袋。8月25日，第12SS装甲师在从法莱斯北翼突围之后，和其他幸存的德军残部一起撤到塞纳河。

随后，600名第12SS装甲师的残部和一小部分车辆向比利时撤去，在马斯河被美军阻挡，随后在迪尔纳村与美军展开激战，就在美军即将合围他们时，才从该地撤出。但在撤退过程中，师长迈尔被当地游击队抓获。9月10日，第12SS装甲师终于撤回到德国齐格菲防线休整，该师在诺曼底战役中的损失超过了12 000人，重装备损失殆尽，只剩下10辆坦克。

没过多久，随着苏联的持续猛攻，东线的战事吃紧，希特勒想固守的布达佩斯的防御行将崩溃。于是他没有给刚刚在西线九死一生的第12SS装甲师任何休整的时间，而是让他们随同党卫军第六装甲集团军开赴匈牙利，准备发动对布达佩斯的"春季觉醒"行动。3月9日，德军的反攻开始，但是第12SS装甲师因为糟糕的道路条件行进得非常缓慢，第二十六装甲掷弹兵团更是遭到了苏军炮火的严重杀伤。苏军随后在3月16日发动反攻，党卫军防线随即全线崩溃，第12SS装甲师一路逃到奥地利。

为了避免被苏军俘获，第12SS装甲师一路向西撤退。1945年，第12SS装甲步兵师在奥地利向美军第六十五步兵师投降，第12SS装甲师的短暂历史到此宣布结束。

虽然该师的历史非常短暂，但是他们却给对手留下了深刻的印象。在1944年的夏天，当第12SS装甲师的士兵与加拿大、英国、波兰的部队狭路相逢时，盟军发现这群第一次上战场的士兵是如此的年轻，国防军甚至嘲笑他们是"吃糖的小孩"。但正是这些不满18岁的年轻士兵，他们的信念更加不可动摇，他们更加渴望战斗与炮火的洗礼，面对战争的时候，他们没有恐惧与不安，而是充满了狂热的激情。

★沙场点兵★

人物：库尔特·迈尔

库尔特·阿道夫·威廉·迈尔，简称库尔特·迈尔，绰号"装甲迈尔"，二战期间德国武装党卫军最著名的军官之一。

1944年初，他所在的"希特勒青年团装甲师"全师被调到比利时哈瑟尔特作为预备队待命，准备应对预期中的盟军登陆。6月6日，盟军"霸王行动"开始，他率领自己的部队在阿登修道院附近给盟军登陆制造了极大的麻烦，加拿大军队遭受重创，迈尔的部队在此战中摧毁了28辆加拿大军坦克，而所率部队仅损失6人。

6月14日，在师长维特阵亡后任该师师长，时年33岁。8月，率部撤出法莱斯口袋。27日，由于装甲迈尔在诺曼底战役中出色的表现，成为第91位在橡叶骑士十字勋章上又获得双剑饰的军人。9月6日，撤退途中在比利时那慕尔附近的迪尔纳镇被游击队俘虏。

武器："豹"式坦克

豹式坦克又被称为"5号坦克"，是第二次世界大战期间纳粹德国陆军装备的一款坦克。1943年中期到1945年在欧洲战场服役，取代了3号坦克和4号坦克，并与一些重型坦克共同作战。"豹"式坦克是为了对抗苏联的T-34坦克而制造出来的，因为德国所拥有的3号坦克和4号坦克都不是T-34坦克的对手，所以德军开始尝试研发一些新型坦克以跟苏军坦克抗衡。

1941年，德国MAN、亨舍尔等公司接受军方发展30t级坦克的委托后，以PzKpfw-Ⅳ型坦克为基础，借鉴T-34坦克的外形制造出样车，型号为VK-3001，其中MAN公司的样车在1941年底改装上长身管75毫米口径加榴炮和改进了外形后被定名为VK-3002型试验车，就是以后的PzKpfw-V"豹"式坦克，德国军方认为它是一种比较成功的坦克，最后采用了MAN公司在1942年5月提交的设计方案。德国军方开始优先生产这款坦克，最终定型的坦克在同年12月正式投产。

1943年7月发动的库尔斯克战役，是"豹"式坦克参与的第一次大规模作战。"豹"式坦克的驾驶员在初期总是被一些机械问题困扰着："豹"式坦克的履带和悬吊系统时常受损；坦克的引擎也往往因为过热而发生火灾。很多"豹"式坦克都因为这些弱点在战事初期不能有效作战。在7月5日会战第一天的战斗中，有192辆"豹"式坦克参战，但是因为技术问题和遭遇雷区，到当天晚上，仅有40辆"豹"式坦克处于完好状态。在库尔斯克战役期间一共有250辆"豹"式坦克参战，到1943年8月战役结束的时候，只剩下了43辆。但德军将领古德里安指出，豹式坦克的火力及防御能力非常出色，虽然很多豹式坦克因为自身的机械问题受到损伤，但它们也击毁了很多苏军坦克。

此后，"豹"式坦克主要用于东线战场，1944年，盟军登陆诺曼底后，驻守在法国境内的德军坦克接近一半都是"豹"式坦克，在整个诺曼底战役期间，大约有400辆各型"豹"式坦克被盟军击毁。

✦ 战术：装甲掷弹兵战术

装甲掷弹兵战术在德军的装甲兵中运用比较普遍，尤其是在卡昂坦克战中，德军利用这种战术给盟军造成了不少的麻烦。通常在一场战役开始之前，德军会先进行全面的战地侦察。全面的战地侦察由空军、陆军集团军或者军直属飞行侦察中队完成，而战地局部侦察则一般由装甲师或装甲掷弹兵师内的装甲侦察营负责。其主要装备有装甲车、半履带车和其他车辆，强调高机动性。侦察部队的职责是侦测敌军阵地位置、部队部署情况和搜索适合装甲部队行进的道路，炮兵以及反坦克炮安置的位置，以及可以架桥或者渡过突击艇的渡口等等。而在徒步进行的过程中，装甲掷弹兵部队也必须要适当地进行侦察。装甲掷弹兵部队的侦察通常分为两种：

一是搜索。在一个装甲掷弹兵排前进时，每排由2～3名掷弹兵担任搜索员。搜索员应该在装甲掷弹兵排之前200～400米的地方，任务是暴露敌人的阵地，要完成这个任务通常的方法是诱使敌人开火。二是巡逻。由装甲掷弹兵连负责，根据地形和战术情况的不同每次进行1次到数次巡逻。每次巡逻都由1名巡逻队长和3～6名掷弹兵组成。每支巡逻队将定时派出一名巡逻兵回到连部报告发现的情况。而巡逻队长则必须学会如何使用无线电方法将信息传递出去。在必要的情况下，巡逻队甚至可以借用连部的无线电或电话操作员同行。

从第二次世界大战中后期开始，由于装甲掷弹兵高度的机动性，使得装甲侦察营的作用显得越发重要，古德里安在1943年3月9日任装甲兵总监后第一次向希特勒所作的备忘录中甚至提出"装甲侦察营已经成为装甲师的后继者"。

除了侦察工作之外，德军装甲掷弹兵最基本也是最主要的战术目标是伴随和协助坦克集中突击敌人防线上的薄弱地段，随后火速展开阵形，割断敌军要点之间的联系，尽快消灭敌军的反坦克力量，在前线设立一个保障通道，以便让其他装甲和支援部队扩大突破口等。

搭乘着装甲掷弹兵的半履带装甲运兵车最主要的目标是对付敌人的反坦克炮和反坦克步兵，突击炮和自行火炮会在它的侧翼负责掩护。如有需要，半履带装甲运兵车也会跟随突击炮前进，用以攻击敌反坦克步兵小组和隐蔽的反坦克武器等。

装甲掷弹兵连的半履带装甲运兵车在前进的时候，一般会在坦克后方100～150米的距离伴随，因为半履带装甲运兵车自身防护力的问题，基本不会驶入与敌军防线相距400米以内的范围。车距会在5～10米，在作战时，车距会扩大为50米，一般采用"散线式阵形"，运兵车的时速通常不会超过30公里。

而当敌人部署有强大反坦克防御或者广阔的反坦克障碍物时，装甲掷弹兵部队必须在坦克前方前进。在尽可能地接近敌防线后，装甲掷弹兵则需要下车作为步兵作战，由于自身的防御不足，所以在任何危险地带，半履带装甲运兵车都不应当停顿超过25秒以上，与敌军阵地之间的距离尽量在400米左右，因此，要求装甲掷弹兵下车时必须迅速。坦克这个时候则应在半履带装甲运兵车后100～200米的地方进行火力支援。

战典

THE CLASSIC WARS

战典

陆战之王的直接对话
THE CLASSIC WARS

坦克战

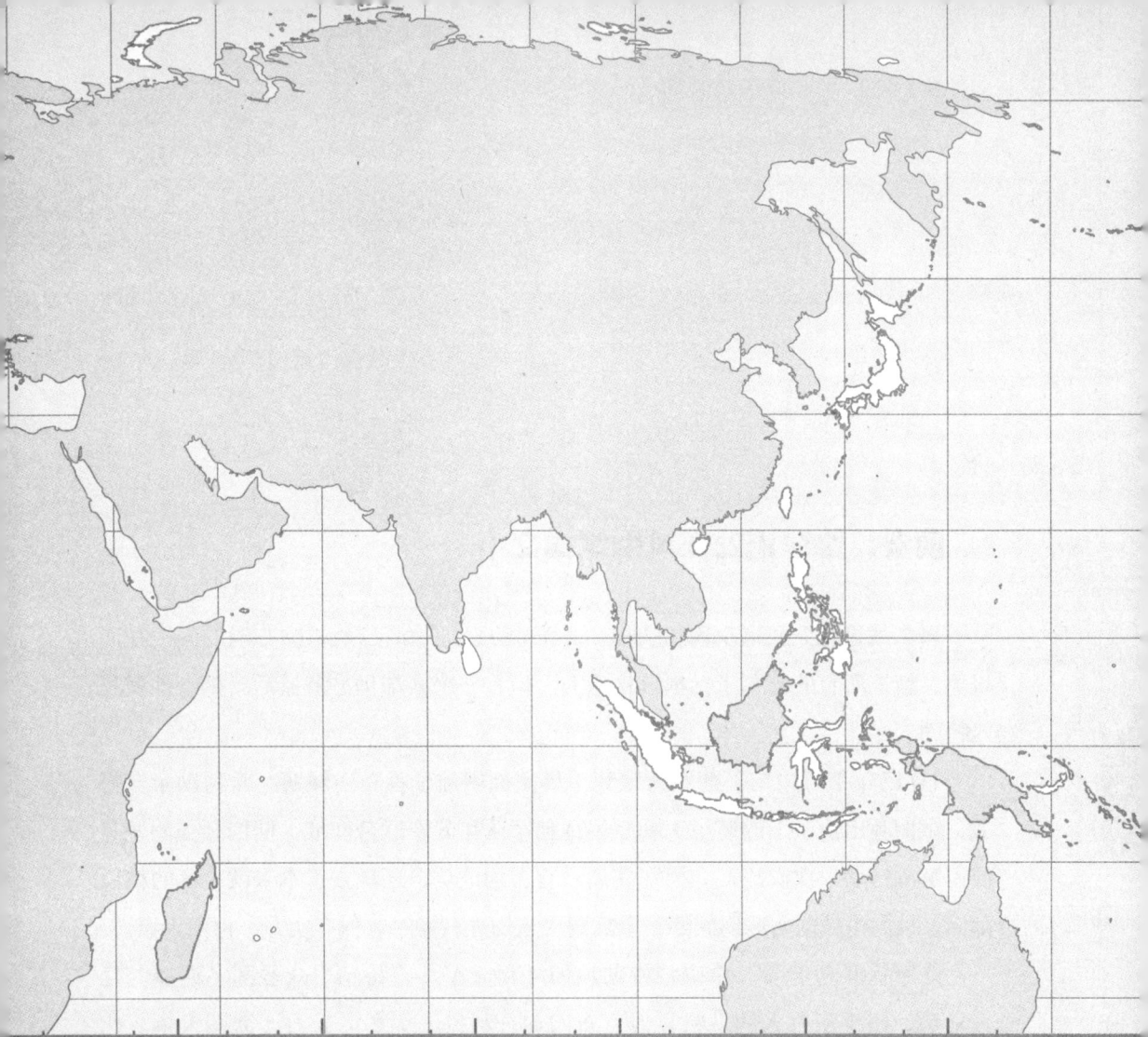

第十二章

春季觉醒行动
——德军坦克集群的最后挣扎

▲欧洲第二战场的开辟让希特勒有些手足无措。但是就在同时，东线的战事同样升级，苏联为了配合盟军在西线的进攻，也开始加强对东线的攻势。匈牙利的首都布达佩斯很快就在风雨中摇摆，苏联人已经兵临布达佩斯城下。希特勒困兽犹斗，他决定在布达佩斯发动反攻，以缓解东线的压力。

前奏：德军正处在风雨飘摇之中

当二战进行到1945年的时候，战争形势已经一清二楚，轴心国的失败在所难免，就连所有的德军士兵都这样认为。但有一个人却仍准备最后一搏，他就是希特勒。

1945年1月中旬，德军大量装甲集团被困匈牙利布达佩斯。希特勒亲自督战，试图救出他手下的装甲王牌。匈牙利军队和苏军联合作战，他们顽强的坚守使得解围行动一次次流产。德军非但没有解围成功，还耗去了本来就不多的精锐师团。以闪击战闻名遐迩的德军士兵要求从匈牙利撤军，保存实力，再图大事。

众军官联名上书，希望希特勒从匈牙利撤军。希特勒当众驳回了请愿。几天之后，出乎所有人的意料，他宣布向匈牙利投入更多的兵力，欲图大事。此时，也只有希特勒自己才知道这样做的真实用意，他不是要将在匈牙利的德军转入防御，而是要向匈牙利展开更大规模的进攻。

希特勒的命令一下，便遭到了很多德国高级将领的反对。但希特勒有自己的打算，首先是匈牙利作为德国最后一个石油来源的重要性，德国失去了这块石油基地后，将无法继续坚持下去，在希特勒眼里，匈牙利就是维持这场战争的生命线。

★布达佩斯城内的德国坦克和匈牙利骑兵

其次，在前几次对布达佩斯的进攻中，希特勒每次都感觉胜利马上就要到手了，如果不是苏军"不要命"的打法，那么布达佩斯已在自己手里了，所以，他认为如果投入更多的兵力，完全有可能摧毁在匈牙利的苏军，并极大改善德军的处境。

当然，希特勒投兵匈牙利最主要的原因是，苏联第一白俄罗斯方面军和第一乌克兰方面军在抵达奥得河后，由于后勤跟不上而停了下来，希特勒认为苏军在至少一到两个月里不会在这里发动攻势，这样他可以放心地将他的预备队使用在其他地段上，当然这会有风险，如果他的这些最后的预备队被击败的话，他就没有足够坚强的部队来保卫柏林了，但他决定冒这个险。

几天后，希特勒统领众多将军和高参制订了一个"春季觉醒"的秘密计划，目标是拿下匈牙利，而希特勒在这个计划中押上了血本。

东拼西凑：今非昔比的德国装甲军

希特勒调回了党卫军上将迪特里希和他旗下的第六党卫军装甲集团军。对于上将迪特里希来说，这次调回有着别样的意义。首先，他的第六党卫军装甲集团军在阿登战役中被盟军打得丢盔卸甲，溃不成军。如果再打下去，军的建制将会更名为师，这是迪特里希最不愿意看到的。其次，迪特里希旗下的第六党卫军装甲集团军是自己保命的本钱，一旦被全歼，那恐怕自己的军人生涯便结束了。所以，从阿登战役溃败下来之后，迪特里希慌慌张张地跑来见希特勒，大吐苦水。

面对情绪低落的迪特里希，希特勒只好答应为其补充兵源和武器，随后亲笔手书一封，让几乎损失过半的第六党卫军装甲集团军得到了优先补充。在很短的时间内，第六党卫军装甲集团军的两个军达到了满员的兵力。不过这些新补充的人员在各方面是无法和以前的老兵相

★布达佩斯城内的德军士兵

提并论的，他们缺乏训练，战斗力低下，只会喊一些"希特勒万岁"的空话，或者说他们只剩下对法西斯的狂热。

即便这样，希特勒还是大笔一挥，将大量的"虎王"坦克和重型坦克歼击车批给了迪特里希。一个月下来，整个第六党卫军装甲集团军拥有多达500辆以上的坦克和驱逐坦克，这是当时德军其他任何一个集团军都没法比的，迪特里希手下的"虎王"坦克甚至比西线"虎王"的总和还要多。

为了确保"春季觉醒"计划的顺利进行，希特勒又从其他战区调来了大量王牌部队，统一归到迪特里希的指挥序列之下。迪特里希摇身一变，从小小的党卫军军长成为指挥40多万人的东线总指挥，旗下的坦克数量达到800辆以上，其中一半是最为先进的"虎王"和"黑豹"。希特勒也不是傻子，他知道，这是他最后的装甲精锐了，好钢用到刀刃上。

兵力部署完毕，希特勒召集了众元帅和党卫军头子们，研究下一步的进攻计划。迪特里希主张先是摧毁苏军左翼第二十六和第五十七集团军以及新到的第一保加利亚集团军，然后在下一阶段再向布达佩斯进军。这个主张正好迎合了希特勒，因为苏军左翼一直是希特勒的心头大患，前几次布达佩斯解围行动的失败主要是因为苏军左翼的牵制，让希特勒首尾不能呼应。因而，希特勒和迪特里希两人一拍即合，准备吃下苏军左翼，再作图谋。

★布达佩斯城内的"虎"式坦克

迪特里希开始调兵遣将，装甲集团也开始向苏军左翼悄悄行进。天下没有不透风的墙，况且如此大规模的进兵，怎么能逃脱苏军的眼睛。斯大林手下强大的侦察兵几乎没有合过眼，当他们发现德军如此异常的举动时即刻汇报，斯大林随即命令苏军左翼加紧构筑工事。

迪特里希眼见行动暴露，只能向希特勒求援，请求延缓攻势。正杀得眼红的希特勒怎肯放弃进攻，他在电话中驳回了迪特里希的请求。无奈之下，迪特里希只能继续行军，目标为苏军左翼的巴拉顿湖地区。

在迪特里希准备进攻的同一时刻，

★德军第六党卫军装甲集团军司令迪特里希

斯大林迅速觉察到德军的行动。他从布达佩斯调回了马利诺夫斯基和托尔布欣各自率领的精锐第二、第三乌克兰方面军。这两支苏军精锐刚在布达佩斯战役中大胜德军。斯大林的命令是，托尔布欣的第三乌克兰方面军担负主要任务，斯大林打出的这手好牌确实高明，因为托尔布欣是朱可夫之后的苏军坦克战大师，针尖对麦芒，一场异常惨烈的坦克大会战即将拉开帷幕。

苏军防御：百万大军严阵以待

就在希特勒准备进攻的同一时刻，马利诺夫斯基和托尔布欣率领各自的精锐第二、第三乌克兰方面军于1945年2月13日结束布达佩斯战役后，即着手准备向维也纳方向发起进攻。当得到德国人准备进攻，而且攻击方向将是南部的巴拉顿湖地区的情报时，不仅仅是这两位方面军司令甚至是斯大林都相当吃惊，毕竟当时的德国已是朝不保夕了。从总体军力看，苏军占优势，有些还是绝对优势。仅苏军在匈牙利的兵力就接近100万，另外还有近20万罗马尼亚、保加利亚和南斯拉夫的部队。苏军拥有约1 100辆坦克和自行火炮。在总体军力上，人员方面苏军占了大约2：1的优势，在装甲上则为1.4：1。

经过争论，最高统帅部大本营决心以第三乌克兰方面军实施顽强而积极的防

★正在研究战局的苏军坦克部队指挥官

御，疲惫和消耗德军突击集团；当德军实力衰竭时，苏军的坦克部队将攻击德军薄弱的侧翼，然后向维也纳方向发起进攻。

为了顺利赢得这次战役的胜利，斯大林特意派了铁木辛哥元帅作为最高统帅部代表来到匈牙利，在这里三位苏联元帅一起制订了作战计划。这次战役的主要任务将落在托尔布欣的第三乌克兰方面军身上，托尔布欣以坦克战闻名于世，斯大林也有这方面的考虑，如果最后需要坦克大决战，那就让托尔布欣的装甲军团顶上去。为此，斯大林把大量反坦克炮部队交给了托尔布欣，包括数量众多的SU-100自行反坦克战车，该车因此战而一举成名。

开战之初，托尔布欣的第三乌克兰方面军编成内计有37个步兵师，6个保加利亚步兵师，2个坦克军，1个机械化军，1个骑兵军，坦克和自行火炮407辆、飞机965架。托尔布欣下令把方面军的战役布势为两个梯队。他把坦克第二十三、第十八军，近卫机械化第一军，近卫骑兵第五军，步兵第八十四师和6个炮兵旅作为方面军司令员的预备队。想必他心中已经有了主意，既然要打坦克大战，那就把好钢用在刀刃上。

防御计划规定了几种行动方案，这些方案都根据敌军可能实施突击的情况进行过实兵演练。坦克防御纵深为25～50公里，包括主要防御地带、第二防御地带、集团军防御地带、两个方面军防御地区、若干中间地区和斜切阵地。对坦克

坦克战
陆战之王的直接对话
THE CLASSIC WARS

防御的基础是坚固的防坦克地域和强大的反坦克炮兵预备队。反坦克炮的平均战役密度为每公里18门，个别地段的地雷障碍物密度为每公里2700枚防坦克地雷和2500枚防步兵地雷。

这里要特别提到的是苏军防御体系，其在巴拉顿湖的防御系统之完善，配备之强，完全超过库尔斯克战役中苏军的防御体系。

托尔布欣站在各个火力点构成的严密的交叉火网前，等待德军的到来。

德军进攻：血战巴拉顿湖

3月6日凌晨4时30分，重新燃起的战火终于打破了战场的短暂平静。德军在巴拉顿湖以南地区，突然开始对苏军防线发动全面的猛烈炮击，随后由巴拉顿湖以南地域向考波什堡，从德拉瓦河地区向北分别实施辅助突击。德军对防守在韦伦采湖和巴拉顿湖之间的近卫第四集团军和第二十六集团军实施了主要突击，而这正如苏军所预料的那样。德军集中了强大的装甲突击集团，主要为党卫军第六坦克集团军和第三装甲军的各师，在个别方向每公里正面有50～60辆坦克，企图将苏军分割，并挺进多瑙河。

但是此次大规模进攻的效果却和德军的预期差强人意。德军在凌晨发动的炮火准备根本没起到应有的作用，进攻的第一拨德国坦克进入苏军的防御体系后就连续碰上地雷，不得不停住。该部队在付出了不小的代价以后，终于通过雷区，可就在此

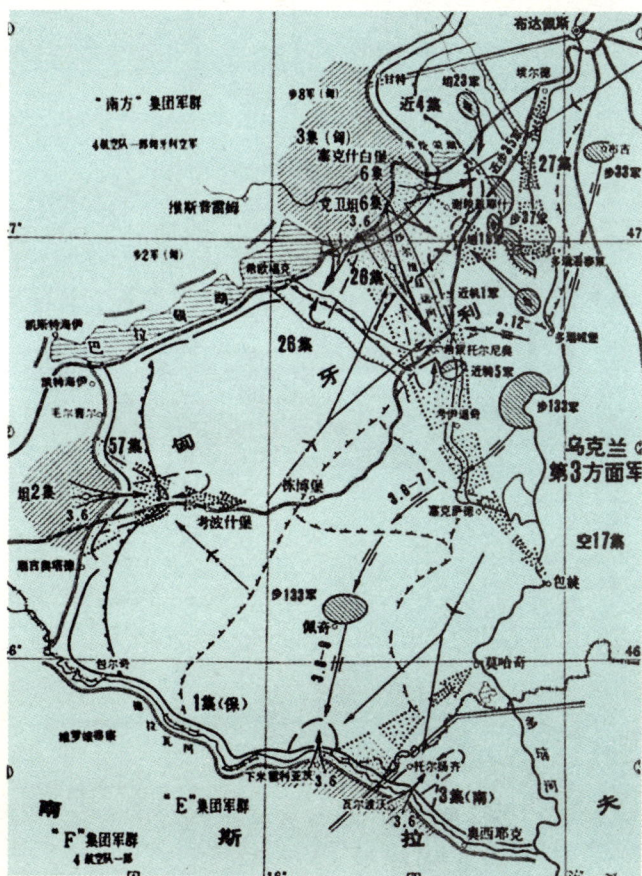

★巴拉顿湖战役示意图

时，他们马上就遭到苏军火力网的攻击，德军面对铺天盖地的火力网不知所措，才惊觉原来苏军在这里早已部署了大量反坦克炮，这些炮一直伪装得很好，在开火以前几乎不可能被别人发现，一些德军坦克甚至在被摧毁以后都不知道炮火来自什么地方。这些隐蔽的炮火构成了严密的火力网，几乎没有死角，要想冲破这样的防御，只能从正面采取强攻的方式。更可怕的是，在德军装甲部队前进以后，苏军精心布置的大量轻重机枪和迫击炮构成的密集火力，立刻瞄准了跟进的装甲步兵们，步兵损失惨重。

在这天的进攻中，进展最大的是德军第一党卫军装甲军，它在苏军第六十八近卫步兵师和第二三三步兵师之间打开了一个缺口，并前进了大约4公里。但是除此之外，德军再也没有办法取得任何进展。德军在进攻第一天以惨重伤亡的代价，取得了微小的进展。而就苏军来说，战役第一天的情况则让人满意，德军不仅没有在任何一个地段突破苏军的第一道防线，他们的主攻方向还被苏军大致掌握了。方面军司令员托尔布欣在判明德军的主要突击方向之后，立刻开始调整部署。

★巴拉顿湖战役中的坦克

3月7日，双方的交战更加激烈。德军不顾损失，想继续巩固自己的攻势，大约有2个步兵师和170余辆坦克在第二十六集团军地带内进攻。这一天的气温很低，导致道路都被冻结，结果大量德军车辆陷在泥里寸步难行，道路情况的恶劣和苏军的顽强抵抗使德军的攻势从一开始就遇到了麻烦。第二党卫军装甲军的进展这一天只能用米来衡量，但是却损失了一半以上的坦克。

在德军第二天的攻势中，第一党卫军装甲军在作战中取得了一些进展。经过"阿道夫·希特勒"师和"希特勒青年团"师的联手猛攻，到3月8日，第一党卫军装甲军终于突破了苏军第二三三师的防线，随后，占据第二道防线的苏军第二三六步兵师也无法挡住他们的进攻。第一党卫军装甲军就这样在3月9日突破了苏军第二三六步兵师的防线，狂奔了近20公里。当迪特里希将军得知这个消息以后，立刻下令将属于第二党卫军装甲军的第二十三装甲师加强给第一党卫军装甲军，以图扩大战果。

3月9日是苏军最危急的一天。除第一党卫军装甲军造成突破以外，德军另一支王牌部队第一装甲师也从左翼突破了苏军第一道防线，并开始和第二条防线上的苏第三近卫伞兵师交火。同时，德军右翼的第一骑兵军第三和第四骑兵师也在苏军第七十四步兵师的防线上打开了一个缺口。托尔布欣为了防止德国第三装甲军和第二党卫军装甲军的突破，命令第二十七集团军的第三十五近卫步兵军和第三十七步兵军剩余的4个师立刻西进，在第三十近卫步兵军后方建立第三道防线。同时，为了防止德第三装甲军突破后向北攻击第四近卫集团军后方，他命令在第二十六集团军右翼的第四近卫集团军的预备队第三十一近卫步兵军南下，面向南部建立防御。

托尔布欣元帅在采取了这些措施后，放心不下，甚至分别向最高统帅部代表铁木辛哥元帅和斯大林本人提出请求，希望能马上将第六近卫坦克集团军和第九近卫集团军交给他，利用这些部队向德军发动反击。很快，斯大林就给他打来了电话："那些部队将只被允许用于进攻！用你手头的部队去化解你的危机，我们认为你的部队已经足够多了！"

就在托尔布欣元帅向斯大林求救之际，连续突破了苏军两条防线的德军第一党卫军装甲军其实已损失惨重，攻击力大不如前。10日，该军在得到二十三装甲师加强后继续攻击，但已经没有力气再突破面前苏联的第三十三步兵军的防线。另一边，德国第一骑兵军的攻势也在苏第六十六近卫步兵师的防线上受挫。

★托尔布欣元帅

11日～15日，全然不顾巨大损失的德军统帅部继续增兵，并要求前线部队继续攻击苏军防线。在3月14日，孤注一掷的德军将最后的预备队坦克第六师也投入了战斗。激烈的战斗一直持续了一个昼夜，德军虽然取得了一些战术成果，但是也已经筋疲力尽，3月15日，不得不转入防御。

血拼到3月16日，德军已损失近4万人，500辆坦克和强击火炮被击毁或失去战斗力，损失各型火炮约600门。德军的损失不光是大约50%的装甲兵力，其剩下的兵力在10天的激战后，大多也已经精疲力竭。苏军的坦克部队没有遭受太大损失，从3月6日到15日，苏军共损失32 899人，其中阵亡和失踪8 492人，受伤24 407人，苏军坦克损失大约在50辆。

苏军反攻：德军无力回天

在苏军发动反攻的前夕，德军开始逐步转入防御，但是因为苏军的反攻非常迅速，德军的防御体系远远还没有完成，许多部队甚至只是刚刚来得及构筑了一些野战工事。在兵力部署方面，多瑙河南岸混合部署着德国第六集团军和匈牙利第三集团军，从多瑙河南岸开始由北向南是匈牙利第二十三师、德国第七一一国民掷弹兵师、第九十六步兵师、匈牙利第一轻骑兵师、匈牙利第二装甲师和党卫军第四装甲军，再南面就是参加德军攻势的第三装甲军。

面对德军防线，苏军也作好了充分的进攻准备。在苏军的计划里，马利诺夫斯基元帅部署在多瑙河北部的第五十三集团军和第七近卫集团军，将会在普列夫骑兵-机械化集群的支援下，进攻德国第八集团军右翼部队，最左翼的第四十六集团军将负责突破从多瑙河以南、德国第四党卫军装甲军防守地域以北的德军防线。马利诺夫斯基元帅还会从第四十六集团军10个步兵师中抽调3个师去和德国第七一一及九十六师以及匈牙利第二十三师对峙，第四十六集团军其余7个师和第二近

★巴拉顿湖战役中被击毁的坦克

卫机械化军则与匈牙利第一轻骑兵师相对峙。在第一线苏军身后，马利诺夫斯基元帅不但集中了他的炮兵主力，而且部署了作为方面军预备队的第十八近卫步兵军和第七十五军共6个师，这样就意味着苏军将使用13个步兵师和1个机械化军去攻打仅有1个匈牙利师防守的地段。

苏军总的计划是：第三乌克兰方面军率先在16日发起进攻，第二乌克兰方面军在17日跟进，当完成对德军防线的突破后，第二乌克兰方面军的主力将挺进捷克和斯洛伐克，而第三乌克兰方面军和第二乌克兰方面军最左翼的第四十六集团军将挺进奥地利。

对于苏军的这次攻势，德国情报部门没有能够得到任何消息，所以也毫无准备。到16日，第三乌克兰方面军突然开始进攻，德军完全被苏军的攻势震慑住了。苏军的攻势虽然充满了突发性，但进行得并不顺利，那些曾经阻碍德军进攻的路况问题现在也开始影响苏军的进攻，而担任防御的德军第四党卫军装甲军和匈牙利第二装甲师则拼死抵抗，使得苏军在第一天的攻势中几乎没有取得任何进展。

第二乌克兰方面军的第四十六集团军在17日开始进攻。苏军在这里进展得比较顺利，虽然匈牙利第一轻骑兵师也进行了顽强抵抗，但是他们的防线在第一天就被苏军突破了，德军软弱的反击没有丝毫效用。第三乌克兰方面军的攻势仍然进展缓慢，苏军和德军对每个阵地都展开反复争夺，苏军直到18日晚上才勉强在德军防线上打开了一个缺口，但这个突破口并不大，而且，德军仍然占据着相当数量的阵地，继续抵抗着。

19日，拥有400辆坦克和自行火炮的苏军第六近卫坦克集团军提前加入了战斗，德军的部队终于不能再承受苏军炮火的攻击了，德军防线就在这一天被突破了，匈牙利部队开始崩溃，他们成连、成营、成团地放下武器向苏军投降。20日，当德军第一党卫军装甲军赶到时，一切为时已晚，苏军轻松击退了德军的反击。迪特里希将军在这时所能做的只是尽量延缓苏军的攻势，从而使尽可能多的德军撤回到奥地利，但损失已经不可能弥补，许多部队甚至是徒手逃入奥地利的。

希特勒对于党卫军的惨败失望到了极点。3月27日，他下令"阿道夫·希特勒"师和"希特勒青年团"师取下带有他名字的袖标，因为"他们已经被证明不配享有这种荣誉了。"

战典回响

德军在春季觉醒行动中的败因

春季觉醒行动是苏军在卫国战争中的最后一次大规模防御战役，战役结束以后，德军统帅部计划在苏德战场南翼阻止苏军进攻的企图完全被打破。春季觉醒行动是以一个方面军的兵力在两个距离比较远的方向上组织和实施战役防御的典范，是机动预备队和第二梯队的典范。对坦克防御的样式日臻完善，包括组成营防坦克枢纽部的各连支撑点，纵深梯次配置的防坦克地域，各兵团和集团军强有力的反坦克炮兵预备队和快速障碍设置队。在春季觉醒行动中，最显著的特点是使用包括高射炮兵在内的全部炮兵和航空兵同坦克作战。

苏军最终取得春季觉醒行动的胜利，使得其能在3月16日无须间歇就打响维也纳战役。

希特勒在兵力上已经严重不足，当苏军兵临城下的时候，非但不从罗马尼亚、匈牙利等东南欧地区撤军，反而不断地往这些地区增派部队，这样实则是为了保卫罗马尼亚和匈牙利的油田，从而保证第三帝国这部战争机器能够继续正常运行。这是一部分原因，但其实除了石油因素外，政治因素也起着至关重要的作用。

希特勒之所以把近在咫尺的危机置之不理，转而把大量的部队派往罗马尼亚、匈牙利等地，更多是出于政治上的考虑。要维持第三帝国庞大的轴心国体系，希特勒必须表现出他对盟友的责任和坚持。当然，他也不允许盟友背叛他，但是随着意大利、芬兰先后退出轴心国集团，希特勒更加重视东南欧盟友的作用。

另外一个政治原因就是为了挑起英苏冲突，促使反法西斯联盟之间产生矛盾，从而达到瓦解反法西斯联盟的目的。东南欧诸国位于巴尔干半岛濒临地中海，而地中海是英国的势力范围，英国人对巴尔干半岛的重视毋庸置疑。苏联解放东南欧诸国，最重要的原因就是为了在这些国家建立亲苏的共产党政权，使其成为苏联南方国土的卫星国。而苏联与英国的政治目标充满矛盾，很容易就会产生冲突，二战初期英法对德国实行绥靖政策，就是寄希望于德军与苏联发生冲突。而德军进攻法国时，苏联也作壁上观，就是这个道理。但是在1944年，英军在希腊登陆，随即与希腊共产党的游击队发生冲突。但苏军却没有进入希腊国土，而是向匈牙利、奥地利进军，以避免与英军冲突。这样一来，希特勒的计策就没有成功。

可以说，苏德两军在东南欧的较量，都是为了实现政治目标。但是毫无疑问，最后胜利的是苏联人。

★ 沙场点兵 ★

人物：托尔布欣

费多尔·伊万诺维奇·托尔布欣，苏联元帅。1943年2月，任西北方面军第六十八集团军司令。3月，任南方面军司令。1944年5月，任乌克兰第三方面军司令。9月，晋升为元帅，并担任盟国对保加利亚管制委员会主席，为保加利亚向社会主义过渡作出了贡献。

1945年2月，希特勒发动了"春季觉醒"行动，从而正式面对德军部队。率部受命支援，在"春季觉醒"行动中抗击德军的进攻，使德军驰援布达佩斯被围集团的计划最终没有成功。3月，率部参加巴拉顿湖战役，打破了德军妄图在巴拉顿湖地区发动反攻的意图，彻底粉碎了希特勒的"春季觉醒"行动，正是因为此次战役的胜利，使得苏军在此后能够顺利解放维也纳。

武器："SU-100"坦克歼击车

1944年，苏军发现己方的反坦克武器的威力不足以对付德军的新式坦克，苏军坦克和反坦克炮都须增强火力。于是，在1943年12月28日，苏联坦克工业部要求工厂设计一种新型坦克歼击车。"SU-100"坦克歼击车因此而出现。

1944年12月，一些苏军的自行火炮团和旅开始装备SU-100。每个团装备4组，每组5辆，其中1辆SU-100/T-34为指挥车，而一个自行火炮旅则装备有65辆SU-100。1945年1月8日，SU-100首次在匈牙利的战斗中登场，1945年3月，SU-100坦克歼击车在苏军粉碎德军"春季觉醒"行动的作战中发挥出了相当大的威力，德军装甲部队因此受到重创，SU-100成为克制德军"闪击战"的最锐利的装甲车。尤其是在苏军粉碎"春季觉醒"行动的巴拉顿湖战役中，SU-100击败了德军引以为傲的精锐部队，为战役的胜利立下大功。正是因为SU-100在粉碎"春季觉醒"行动中的出色表现，此后苏军开始在大规模作战中大量使用SU-100坦克歼击车。

战术：坦克防御理论

库尔斯克会战后，苏军根据会战经验制定了《1943年野战条令(草案)》。条令规定部队以自己的力量建立在各种条件下，包括被围条件下长期坚守、坚固的环形防御。工程构筑被认为是保障防御坚固性的决定性措施。条令为一个中等编成的师规定了宽10公里的防御地带。第一梯队师防御地带包括纵深10～15公里的保障地带和纵深5～6公里的主要防御地带。要求在主要防御地带前沿前及防御地带内、在翼侧和接合部上、在防御地段和防御地域之间、在阵地之间、在通向第二防御地带和后方防御地带的接近地上，应设置障碍物地带。各种地雷或爆炸性障碍物是其中重要的内容。1945年3月的"春季觉醒"行动就是根据此条令构筑防御阵地的。

苏军在战争第二、第三阶段也较成功地解决了对坦克的防御问题，防坦克支撑点和防坦克地域已成为这个时期苏军对坦克防御的核心内容。在这次战役中，大多数防坦克支撑点集中在主要防御地带内并组成防坦克地域。在受敌坦克威胁较大的方向上，集团军后方防御地带内也有大量防坦克支撑点。防坦克支撑点在战线上的平均密度为2.5公里正面内1个。防坦克支撑点内的兵力通常包括：反坦克炮、反坦克枪、迫击炮分队、自动枪组、坦克歼击手、工兵和小群坦克。方向的重要性和地形条件决定兵力兵器的密度，防坦克支撑点与步兵分队保持紧密的协同动作。

防坦克支撑点和防坦克地域都构成环形防御，各种火力和工程、地雷障碍物用以掩护之间的间隙地带。火箭炮和高射炮也参加到反坦克火力配系中来。另外，在这一时期坦克兵在防御战中的运用也有了变化。首先是部分独立坦克旅和团被配属给步兵加强到防坦克地域内，担任不动发射点任务和设伏任务。这使得步兵前沿的反坦克火力密度得到了提高。坦克军和坦克集团军作为方面军预备队或第二梯队，主要任务是协同诸兵种合成兵团实施反突击。

战典

THE CLASSIC WARS

陆战之王的直接对话
THE CLASSIC WARS

坦克战

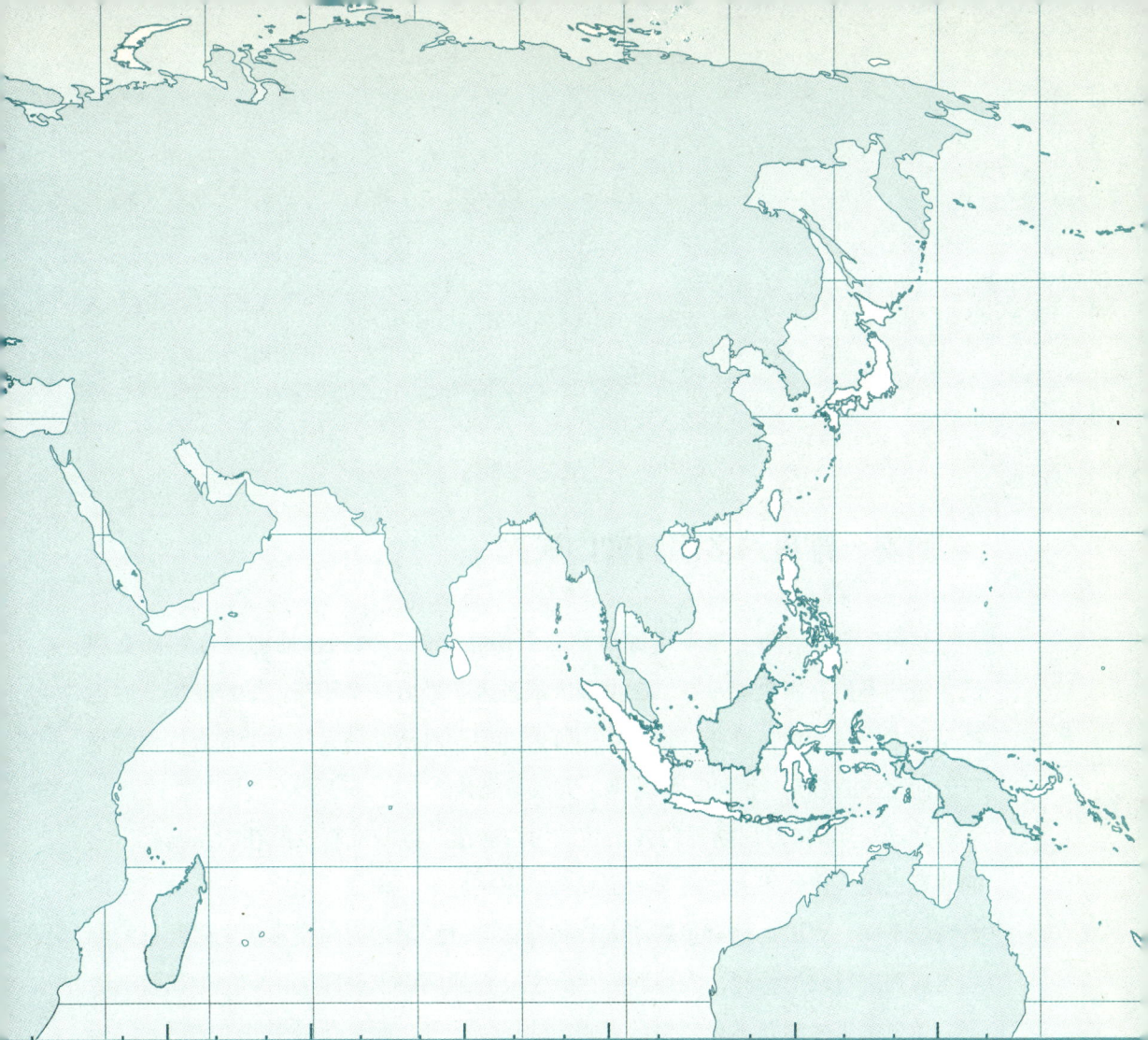

第十三章

弗洛伊德大桥阻击战
——坦克战中战

    ▲ 1945 年，第二次世界大战的结果已成必然，西线的盟军步步紧逼，苏军也在东线长驱直入，强大的苏联红军向西突进，兵临维也纳，德军负隅顽抗的资本只剩下维也纳城外的弗洛伊德大桥。而苏联红军一旦跨过弗洛伊德大桥，则将跨过德军在东线最后的警戒线，将战火烧到德国境内。按照希特勒的命令，他们必须死守德军最后的壁垒。于是，在多瑙河畔，苏德两军秣马厉兵，展开了异常激烈的拼杀。

前奏：维也纳多瑙河畔的战火

1945年，欧洲上空不再像从前那么遍布阴霾，大西洋的海风依然那么凛冽，但却不再充满血腥。第二次世界大战进入了最后一个年头，纳粹德国此时已经是奄奄一息，希特勒在"狼穴"中每天都要面对从欧洲大陆各个地方传来的消息，而这些消息无一例外，都写满了失败与痛苦。

到这一年的4月，纳粹的各条战线均告崩溃。苏联红军依然在向西挺进，它的北翼已进入东普鲁士，南翼业已兵临维也纳城下。和在"狼穴"里疲惫不堪的希特勒不同，克里姆林宫里的斯大林在考虑的已经是如何同资本主义阵营里的那些老狐狸进行政治博弈，为苏联和社会主义在战后谋求更高的国际地位和政治版图。他更多思考的并不是如何结束眼前的这场战争，而是在结束战争之后，怎样

★向西挺进的苏联坦克部队

跟那些西方强国分割彼此的势力范围。事实证明，传统的资本主义强国经过两次世界大战已经难复当初的国际地位，如今在西方唯一能威胁到苏联的，是美国。斯大林拿着烟斗立在窗前，对于前线送来的一封封捷报已经习以为常。

虽然希特勒歇斯底里的电文不止一次传到奥地利的德军指挥部，但是希特勒的愤怒并不能阻止德军的溃败，苏军的坦克不断碾过德军的战壕。到4月12日，位于维也纳第二十一区的横跨古城维也纳的多瑙河上的弗洛伊德大桥，已经是德军手中剩下的最后一座桥梁。

德军早已经无法掌握维也纳的命运，在维也纳城中此时正进行着激烈的巷战，苏军与德军在市区展开了短兵相接的搏杀。激烈的巷战从三个层面展开：整个城市可以通过地下通道连接，德军仍然占据着这里；苏军已经控制了位于地面上的整个城区；德军依然藏身在某些高层建筑物中，苏军仍然没有把他们肃清，因此，袭击与清剿的战斗在维也纳城中随时随地地进行着。

对于陆上作战而言，没有什么是比巷战更加恐怖和糟糕的，士兵们不得不以血肉之躯相对，战斗的结局正如那句东方谚语所说：不是你死，就是我亡。这种最为古老和野蛮的作战方式，总是会成为攻坚战的必然结局。士兵们在以牙还牙、以血还血地进行着兵力上的消耗，此时比拼的不再是战斗素养和战术谋略，而是对于生存的坚韧和不懈，以及说不清楚的运气。

德国党卫军第二装甲师大部在此时已经撤退到了大桥北岸，准备重新构筑防御工事。但是仍然留下了少数部队在南岸的桥头负责阻击任务，为了防止苏军突破防线，德军在大桥上布满炸药，准备着一旦南岸失守，就马上把这座大桥炸掉，以此迟滞苏军的进攻。

而苏军则在想着怎样完整地夺取弗洛伊德大桥，以便于装甲部队在党卫军第二装甲师立足未稳之际迅速将战斗引入北岸纵深。同时，为了防备德军利用弗洛伊德大桥向市区增援，苏联红军已经在南岸桥头两侧2公里范围内布置了多门直射火炮，基本完成了对桥面的火力封锁，隔断了德军在多瑙河南北两岸间的联系。

夜色朦胧：维也纳城中溜出的"黑豹"

到4月份，维也纳的战事到了最后阶段，德军在维也纳已经陷入苦战，但此时苏军仍然控制着弗洛伊德大桥南岸桥头，身处北岸的德军能够阻击苏军已经很不容易，根本难以对维也纳市区的德军给予必要的支援。指挥维也纳战役的苏军统帅马利诺夫斯基认为弗洛伊德大桥的战略意义非同一般，所以命令苏军装甲部队无论如何都要击溃大桥北岸的德军，完全控制弗洛伊德大桥，这样，维也纳的德军将会完全陷入孤军作战境地。

4月12日，德军在维也纳战役中的失败已经不可避免，此时德军取消了原本制订的炸毁弗洛伊德大桥的计划，而是希望通过弗洛伊德大桥使维也纳市区内的德军官兵尽快撤离。当天午后，德军党卫军第二装甲师第一团的恩

★德国"黑豹"中型坦克

塞勒上校召集了所有的坦克手，希望能够由一辆坦克作为突击，携带充足的弹药、食品，迅速通过弗洛伊德大桥，增援南岸的阻击部队，并争取继续迟滞苏军24个小时，以掩护维也纳市区内的德军步兵撤退，并为北岸的德军重新布防创造时间。最终，这个任务落在了年仅19岁的1227号"黑豹"坦克车长吉森的身上。他的属下包括：23岁的炮手埃赫兹、44岁的驾驶员斯特劳斯、装填手斯普瑞格和通信员劳尔。

其实随着战斗的深入，马利诺夫斯基将军已经意识到德军有可能要选择撤退，于是命令苏军的火炮和装甲部队对弗洛伊德大桥进行攻击，他们率先向300米外一个装备着"大黄蜂"自行火炮的德军阵地发起进攻，巨大的声浪和弹片不断飞来。德军士兵们面对着苏军的猛烈炮火毫无办法，他们只好在88毫米反坦克炮的掩体中躲藏。弗洛伊德大桥在苏军的猛烈炮火中震颤，前沿阵地上的苏军指

挥官从望远镜里看到，己方的炮火在弗洛伊德大桥的正中造成了一个很大的坑，他向马利诺夫斯基将军报告，除非德军能够隐身，否则面对苏军如此密集的炮火，以及弗洛伊德大桥的千疮百孔，他们根本不可能穿过大桥，对苏军的防御阵地进行任何攻击。

但马利诺夫斯基对于部下的这种看法并不认同，在白天德军固然没有办法穿过大桥，但是到了晚上，他们很有可能冒险。

但是，维也纳战事的顺利让弗洛伊德大桥的苏联守军多少有些飘飘然，他们往往是坐着聊聊敖德萨的姑娘和莫斯科的面包，才站起来瞭一眼弗洛伊德大桥上的情形。夜色里多瑙河

★马利诺夫斯基将军

波光粼粼，维也纳城中不时传出阵阵或是缠绵或是凄恻的音乐，战争的结束似乎就在眼前。苏军士兵靠着坦克的履带点燃香烟，年老的士兵时会与年轻人计算一下维也纳与柏林之间的距离，打到柏林，结束这场该死的战争，小伙子们就可以回到家乡，去白桦树下约会心仪的姑娘。

就在21时，一些苏军士兵已经进入了梦乡。忽然一颗炸弹落进了苏军的阵地，伴随着一声轰然巨响，苏军士兵立刻从对故乡的怀念中醒过神来，但他们还来不及多想，更多的炮弹就接连飞来，静谧的夜空一下子被战火照亮。他们纷纷跑到自己的岗位上，坦克兵通过夜间使用的望远镜看到对岸德军阵地上的150毫米"大黄蜂"炮和105毫米"小黄蜂"炮正在狂吐火舌。虽然还不太清楚到底发生了什么事情，但是苏军的炮火急忙进行还击，方才还平静的维也纳城战火连天，苏军的坦克和火炮集体发出怒吼。

此时正在筹划着围攻维也纳的马利诺夫斯基将军也听到了来自城外的炮声，他急忙联系前线指挥官，前线指挥官对于德军突然的炮火攻击也感觉到不知所以。作为一个身经百战的统帅，马利诺夫斯基深知在战场上从来没有无缘无故的开火，在深夜交火一般都预示着某种阴谋，德军的火力很可能起到的只是掩护作用，他命令苏军前线尽快将德军的炮火压制，并且要注意弗洛伊德大桥上的一举一动。

苏军受命后继续对德军发动猛烈进攻，同时有计划地对弗洛伊德大桥发动了

几次攻击，但是苏军并没有能够及时发现，借着浓密的硝烟和朦胧的夜色，一辆满载92发75毫米主炮炮弹、10箱机枪弹药、5大包食品，还加挂了一辆装载着50发炮弹的拖车的德军"黑豹"坦克，悄悄开过了弗洛伊德大桥。驾驶着这辆"黑豹"坦克的德军驾驶员是斯特劳斯，他是德军装甲团中年龄最大、经验最为丰富的驾驶员。虽然在他将坦克开过弗洛伊德大桥的过程中，几发炮弹击中了他所驾驶坦克的炮塔，但他还是安全地把坦克开到了对岸，隐蔽在了街道之中。当德军的炮火结束，苏军借着夜色检查弗洛伊德大桥情况的时候，他们根本没有发现任何可疑的线索。

激烈交火："黑豹"大战"T-34"

尽管苏军在那一天的战斗过后，表示并没有发现任何情况，但是马利诺夫斯基将军对此深表怀疑。他认为前天夜里德军的突然炮击必定是火力掩护，恐怕就在那时已经有德军的坦克或者是其他装甲车辆悄悄开过了弗洛伊德大桥。所以天一亮，马利诺夫斯基就给驻扎在弗洛伊德大桥南岸的苏军下达了命令，要求苏军即刻派出装甲部队到南岸德军的腹地去寻找德军装甲车辆，并且予以摧毁。

在得到了马利诺夫斯基的命令之后，装甲部队的长官随即找到了最有经验的驾驶员，命令他们驾驶着坦克到南岸寻找德军坦克。并且警告他们不能大意，因为如果真的有德军坦克借着昨晚德军的炮火经过弗洛伊德大桥进入德军腹地，那么此时德军必然已经得到了必要的补给，在身体、精神及武器上都重新处在了最好的阶段，所以面对德军的阻击时必须全力以赴。苏军驾驶员接受命令之后，就驾驶着自己的T-34坦克出发了，坦克们轰然开出阵地，按照指示向着南岸德军的阵地行驶。

果不其然，就在苏军坦克刚刚抵达街道上不久，他们就看到了停靠在街边的两辆德军"黑豹"坦克，而且，苏军坦克中的乘员很快就在望远镜里看到了一位老朋友。此时除了昨天穿过弗洛伊德大桥抵达这里的德军吉森小组驾驶的坦克，还有在坦克战中因为击毁T-34坦克而声名显赫的巴克曼。

苏军坦克与德军坦克随即处在对峙的局面下，巴克曼命令德军步兵和"Sd.Kfz.251"半履带车都隐蔽起来，然后和吉森的坦克一起对苏军发动进攻。双方的坦克在街道上展开激战，巴克曼指挥着己方的"黑豹"坦克与苏军坦克展开战

★苏军T-34中型坦克

斗，吉森的坦克此时遭到苏军坦克合围，非常危险。关键时刻，巴克曼对面前的苏军坦克展开猛攻，一辆苏军的T-34被巴克曼摧毁，随后巴克曼迅速将炮塔横过来扫射，本来在与吉森的战斗中占据上风的苏军深知巴克曼在苏德战场上的勇猛，不敢恋战，急忙退出了战局。

马利诺夫斯基获悉苏军坦克再一次败给了他们的老对手巴克曼，感到非常气愤，但这个时候必须得想办法。正在此时，维也纳当地的游击队找到马利诺夫斯基，要求利用当地复杂的地形对德军进行攻击，马利诺夫斯基认为这个办法非常好，于是他给当地游击队配备了一些反坦克武器。游击队悄悄出发了，他们兵分几路，通过利用街道上的地形，或者是隐蔽在建筑物里，作好了对德军进行攻击的准备。就在德军与苏军交战后不久，他们刚刚喘了口气，忽然，密集的炮弹不知道从什么地方钻了出来，很多德军的步兵、"Sd.Kfz.251"半履带车、坦克及其他装甲车遭到了游击队炮火的攻击。德国步兵迅速对周围的建筑物进行了扫荡，游击队在抵挡一阵之后，就有序地撤出了阵地。街头的局势逐渐被德军控制，吉森深知新一轮的激战将要爆发，他让坦克里的乘员轮流睡觉，自己则去和巴克曼商量接下来的战事。

游击队在其他时间里仍然不时对德军进行骚扰，这是苏军的战术。同时，苏军的装甲部队准备再度出击，他们要去面对自己的老对手"黑豹"巴克曼，以捍卫苏联军人的荣誉。也就是在这一天，苏军经过顽强战斗之后攻克了维也纳，德军的处境更为危险，巴克曼和吉森都为即将到来的决战进行着准备。而随着维也纳的解放，苏军装甲部队最后的清肃工作也就刻不容缓。

4月14日上午8时左右，苏军的数辆T-34坦克出动了，他们顺着桥东的沿河公路寻找德军的坦克。当第一辆苏军坦克行进到桥东沿河公路900米外的拐弯处时，右侧忽然被德军的炮火击中，随即爆炸。听到爆炸声的苏军坦克急忙跟进，巴克曼也听到了这一声巨大的爆炸声，从另一侧向着苏军坦克包夹过来。

巴克曼指挥着自己的坦克与苏军坦克展开战斗，巴克曼充分发挥"黑豹"坦克的优点，将苏军坦克引向开阔地的同时，利用"黑豹"坦克的机动性避开苏军坦克的攻击，同时通过火炮和机枪进行还击，一辆苏军坦克的机枪手被击伤，其他苏军坦克的火力转眼就被巴克曼坦克的火力所压制。此时，吉森指挥着他的炮手埃赫兹从侧翼掩杀过来，苏军坦克无法阻挡这样的攻势，不得不节节后退。

战斗进行到中午时分，苏军步兵从楼群中跑出来，发起了冲锋，吉森和巴克曼的坦克开始遭到手榴弹的攻击，好在这些武器没有办法击穿"黑豹"的装甲。在巴克曼的指挥下，两辆坦克逐步向着河岸退去，在后撤的同时，它们向着苏军占领的建筑物射击，猛烈的炮火将那些高楼大厦轰成废墟，在经过一阵密集的突击之后，再也没有苏军的手榴弹从建筑物里扔出来了。

苏军的伊尔-2轰炸机在午后起飞，对德军发动了进攻，但是，这些轰炸机并没有像德国Ju-87"斯图卡"或美国P-47那样俯冲攻击，而是不停地从空中水平轰炸，炸弹到处爆炸。所以，虽然当天苏军的伊尔-2轰炸机每45分钟就出现一次，对德军进行了密集的轰炸，但几乎都没有准确击中目标。

以寡敌众：凶悍的"黑豹"

眼见苏军的"T-34"坦克对德军的"黑豹"坦克毫无办法，马利诺夫斯基决定出动苏军最为先进的"JS-III"坦克对付德军。对于德军装甲部队来说，苏军"JS-III"坦克上所配置的厚重装甲和122毫米主炮都如同噩梦，马利诺夫斯基将军希望通过苏军的王牌坦克能够一举击败气焰嚣张的德国人，尽快结束在维也纳地区的战斗。

14时左右，苏军的"JS-III"坦克开上了战场，在几辆"T-34"坦克的随从下进入了德军腹地，吉森对苏军的这种坦克非常担心，他对"JS-III"

的厚重装甲闻名已久。吉森急忙联系德军的步兵，希望步兵能够配备一个拥有"铁拳"反坦克火箭筒的小分队，在他的坦克向苏军的"JS-III"坦克开火时，这个火箭筒小分队能够同时开火，协助他阻击苏军的进攻。德军步兵答应了吉森的要求，巴克曼对此也表示同意。

但因为当时德军坦克隐藏得非常隐蔽，苏军并没有发现它们，所以苏军坦克停靠在75米开外的沿河路的街边，面向正北。而为了能够掩护德军坦克的行进，德军步兵用他们的自动武器朝着沿河街道

★苏军JS-III重型坦克

开火，目的是当吉森和巴克曼在偷袭"JS-III"时，苏军步兵不会出来干扰，同时还能掩盖"黑豹"行进时发出的轰鸣声。就在苏军坦克里的通信员通过望远镜查找德军的踪迹时，吉森和巴克曼以及其他的德军坦克已经悄悄迂回到苏军坦克的后面。就在苏军坦克寻找对手的时候，数辆德军坦克忽然从草丛和树林里冲了出来，他们闪电一般冲向苏军的坦克，苏军坦克急忙扭转炮塔进行攻击。但是德军来势汹汹，已经容不得苏军作出回应，吉森和巴克曼分别从不同的地方集中火力攻击一辆苏军的"JS-III"坦克，这辆"JS-III"坦克炮塔的正下方随即就被击中，只听到一阵巨响，这辆"JS-III"转瞬就爆炸了。紧接着，德军坦克又对其他的苏军坦克发动猛攻，与此同时，3部"铁拳"反坦克火箭筒同时对着燃烧着的坦克开火，机枪也横扫整个区域。

战斗一直持续到14时30分，吉森和巴克曼才指挥各自的坦克退出了战事。但是，马利诺夫斯基将军对苏军接连受创已经忍无可忍，他在准备增加"JS-

★被称为"豹中王者"的巴克曼

III"前往弗洛伊德大桥南岸阵地的同时，要求驻地的苏军不论使用什么武器，都必须将德军的两辆主战坦克消灭掉，马利诺夫斯基拍着桌子对前线的指战员怒吼。苏军的指挥官自然了解这名脾气暴躁的将军，他们急忙布置并对德军的坦克再次发动进攻。

几乎只用了几分钟时间，在一个苏军步兵排的掩护下，3辆"T-34"坦克向德军开了过去。苏军坦克的目标是吉森，他们发现了吉森坦克所在的隐蔽处，继而开始发动进攻。炮弹接连落在吉森坦克的周围，按照纳粹德国装甲兵的规定，为避免干扰内部通信，一般作战是在关闭的舱内进行的，所以德军的坦克内部很快就被主炮散出的烟雾所弥漫。但是吉森仍然和他的乘员们一起继续进攻，虽然有几次他们被呛得已经开始呕吐，但是战斗并没有因为他们的咳嗽而有片刻的停歇。就在苏军与德军坦克进行战斗的时候，苏军在浓烟的后面开始悄悄布置他们的撒手锏，一门反坦克炮被设置在了街道的东边。

随着吉森和伙伴们顽强的进攻，苏军的3辆"T-34"坦克在几分钟内先后被摧毁。在德国坦克部队里有一个准则，那就是在射击几次以后，就绝对不能再停留在同一个地方。所以，在摧毁了苏军的坦克之后，吉森急忙指挥驾驶员斯特劳斯将坦克的马力加到最大，尽快撤退。但是就在这个时候，一发苏军的炮弹击中了坦克前部，正好落在通信员位置的前面。这几乎是一次毁灭性的打击，但是好在吉森之前早就有所准备，他担心苏军会在街东面的拐弯处架设反坦克炮，因此，他将坦克的最佳装甲防护面朝东方。这个决定无疑挽救了他和他的坦克，但是，他们仍然处在苏军反坦克炮的射程之内，现在已经无路可退，他们只能选择继续战斗下去。

苏军发现第一发炮弹正中德军坦克，但是却并没有将之摧毁，感到非常惋惜，随即再次向德军坦克发射出第二发炮弹。可就在这个时候，身在不远处的巴克曼听到了这边的炮声，急忙驾驶着坦克赶来。此时，苏军反坦克炮的威力就没有办法完全施展了，侧翼同时受到攻击，使得苏军多少有些慌乱，苏军的步兵排不得不阻击巴克曼的坦克。可就在这时，吉森忽然射出了一发高爆弹，正在疲于应付的苏军只听得一阵惊天动地的巨响，那门反坦克炮就瘫痪了。

面对这个稍纵即逝的机会，德国人当然不会放弃，吉森急忙命令驾驶员急速倒退坦克，巴克曼此时拼命向苏军的步兵排发动攻击，以使吉森的坦克有充足的时间退到不会被苏军攻击到的位置。苏军此时没有了坦克的支援，面对巴克曼的进攻只能勉强应付，根本无心去留意吉森的坦克。指挥官急忙通过无线电联系苏军前线，希望尽快重新派坦克过来支援，前线听说3辆"T-34"坦克和一架反坦克炮都已经报销，感到非常惊恐，急忙催促装甲部队赶往火线上支援。

在吉森的坦克撤出火线之后，巴克曼也选择了撤退，苏军得到了宝贵的休养时间。但是很快，在16时，吉森的坦克在经过休整之后，再次回到了火线上，随后不久，巴克曼和其他的德军坦克也加入进来。苏军步兵排不得不一再放弃阵地后撤，并且通过无线电催促装甲部队尽快前来增援。

17时左右，苏军装甲部队派出的4辆"T-34"坦克轰鸣着从河滨公路向大桥开来，但是这一次，德军并没有急于进攻，只有机枪的射击没有停歇，但是这样的武器根本对苏军坦克毫无办法。苏军坦克里的乘员认为德军是在经过了激战之后，缺少弹药而不得不选择这种成效不大的进攻，所以快速推进，在靠近德军坦

★苏联装甲部队装备的T-34坦克

克300米的时候，德军突然开火。苏军首车的炮塔随即就被德军的炮火击中，因此被打歪。剩下的"T-34"急忙向街道左侧采取规避，却遭到了德军坦克更加无情的进攻。巴克曼在其他德军坦克火力的支援下，突进到苏军坦克的旁边，对苏军坦克展开近距离攻击，苏军的T-34坦克没多久就尽数被德军击毁。直到太阳落山，再没有苏联坦克冒险接近大桥了。

铁拳出击：王牌坦克手的末路

苏军"JS-III"坦克在夜幕降临之际抵达了弗洛伊德大桥南岸，此时，苏军的装甲部队也派出了"T-34"坦克协同作战，苏军官兵上下都非常明白，决战的时刻到了。马利诺夫斯基再次打电话到前线，告诉他们，要么将巴克曼或者他的那辆"黑豹"留下，要么就让这些苏军将领将他们的军衔和荣誉留下。"那个混账在诺曼底和阿登让苏联装甲部队颜面无存，你们还准备让他继续嚣张到什么时候？"马利诺夫斯基将军语调低沉地说，他不希望看到维也纳解放后的第一期报纸上，就出现巴克曼开着坦克扬长而去的新闻。

★攻入维也纳市区的苏联坦克部队

但是马利诺夫斯基将军恐怕怎么也不会想到，此时德军方面已经发生了一件非常严重的事情，吉森的"黑豹"坦克的炮塔卡住了，他只好将坦克开到附近建筑物的地下车库去解决炮塔问题。19时，德军第二装甲师步兵已在北岸完成了新的防御部署。于是在战斗的间歇，步兵分成若干小组，步行或者是乘坐"Sd.Kfz.251"半履带车穿越弗洛伊德大桥撤向北岸。

20时左右，苏军的坦克向弗洛伊德大桥方向靠近，在获悉德军开始转移的情况之后，苏军认为如果再不经过弗洛伊德大桥，德军很可能会在撤退之后将这座大桥炸毁。行进中的苏军坦克很快开过了藏有吉森坦克的那栋建筑，此时的苏军驾驶员因为在白天吃了太多亏，所以行事难免过于谨慎，加上坦克周围并没有太多步兵跟随，苏军坦克开到桥边的广场上停了下来，在那里转了一圈。为了延缓苏军坦克向弗洛伊德大桥推进，巴克曼和吉森决定负责殿后的任务。

巴克曼的坦克悄悄迂回到苏军坦克侧翼，而吉森留下其他人继续维修坦克，自己则带着通信员劳尔，以及3部"铁拳"反坦克火箭筒出发了。吉森和劳尔穿过街道偷偷地靠近到广场附近，周围的寂静令他们感到紧张，几乎可以听见苏联人在坦克上说话的声音。苏军坦克在绕了一圈之后，决定继续向弗洛伊德大桥进发，他们发动了坦克的引擎。吉森让过了前面的2辆坦克，然后打开了"铁拳"的保险，击毁了后面的坦克。就在此时，巴克曼的坦克也从黑夜里冲了出来，对着苏军坦克发动攻击。

但是让德国人没有料到的是，悲剧发生了。通信员劳尔并不擅长使用这种反坦克火箭筒，他的第一发"铁拳"并没有击中苏军的坦克，而随后发出的第二发则更是偏离得厉害，居然击中了巴克曼的坦克。巴克曼的坦克受到了影响，前进的速度缓慢下来，炮塔也不能再正常运转，苏军坦克随即放过吉森围攻上去。吉森和劳尔此时都已经没有了足够的火力，只好撤退，而苏军则对巴克曼的坦克发动猛攻，巴克曼坦克的驾驶员和炮手都受了重伤，加上坦克伤势严重，巴克曼不得不挂起了白旗。

虽然巴克曼最终被俘虏，但是苏军并没有及时阻拦住德军的撤退。吉森的坦克在修复之后，于21时30分左右撤到步兵为他准备的沙墙后面。到23时，所有的德军步兵都撤到了弗洛伊德大桥的北岸。

当确认所有步兵全部安全抵达北岸之后，吉森和他的坦克才开始撤退，但是在撤退的过程中，他始终都将炮塔对着维也纳的方向。1945年4月13日晚上11时15分，吉森的"黑豹"坦克抵达北岸。

吉森及"黑豹"坦克车组虽然在弗洛伊德大桥阻击战中拖延了苏军的进攻，但由于纳粹德国覆灭的命运已不可避免，吉森车组最终也没能挽救党卫军第二装甲师。该师大部在三天后被苏联红军歼灭于维也纳西北80公里处的捷克边境。吉森和劳尔也被苏军俘虏。

战典回响

争议：弗洛伊德大桥阻击战的真相

按照西方战争史的说法，1945年4月13日8时，弗洛伊德大桥阻击战打响，德军的吉森"黑豹"车组和巴克曼的"黑豹"车组联手出击。14时，德军坦克部队接到通知，有一辆"JS-Ⅲ"坦克在附近出现。于是，德军选好了阻击点，根据《战斗手册》上所提供的"JS-Ⅲ"坦克数据预先设定好了射击诸元，以求一击便摧毁"JS-Ⅲ"坦克。

但是，在这里就出现了很严重的问题。德军接到通知，说"JS-Ⅲ"坦克在附近一说就满是疑点。要知道，苏军的"JS-Ⅲ"坦克在1945年3月份才装备部队，德军在此前根本没有见过这种坦克，他们是怎样知道"JS-Ⅲ"坦克的存在，并且对它的名称、性能都如此了解的呢？而根据所谓《战斗手册》调整射击诸元一说则更让人难以相信。对于敌方的一种既未缴获又未曾击毁过的装备，是不可能知道它精确的技术参数的。

在战争中，像"JS-Ⅲ"坦克这样的最新重型装备的相关情况是高度保密的，更不用说是具体的性能数据了。德国的情报机关再高效，也不可能优秀到这种地步。别说是能够了解"JS-Ⅲ"坦克，要知道即便是在纳粹德国当年军事全盛时期，他们的情报系统依然对"T-34"坦克一无所知，到1945年的弗洛伊德大桥阻击战时，纳粹德国早已经是奄奄一息，而苏军的保密措施及情报网络在全世界都是首屈一指，他们如何能在这样关键的时刻对本来就效率平平的德国情报机构犯下如此的错误呢？

再看看"黑豹"坦克与"JS-Ⅲ"坦克在弗洛伊德大桥边上的这场狭路相逢，德军的"黑豹"坦克悄悄移动到了"JS-Ⅲ"坦克所行驶街道的尽头。当双方碰面时，"黑豹"坦克的火炮正指向3点钟的方向，双方此时相距约为400米。"黑豹"坦克一炮就击中了"JS-Ⅲ"坦克的炮塔正下方，"JS-Ⅲ"坦克立即爆炸。

按照苏军的传统，只有在战斗中表现优秀、立有战功、人员素质高的部队才可以在自己部队的番号中冠以"近卫"一词，并享有在兵器上涂装近卫军标志的特权。而在此次战斗中，苏军却犯了许多不可思议的错误。此次战斗于8时开始，一些"T-34"坦克成为了德军坦克的炮灰。到14时，"JS-Ⅲ"坦克进入战场。因为前面已经有数辆苏军坦克被摧毁，此时的"JS-Ⅲ"坦克应该是处于高度警惕中，随时作好战斗准备。

但是当"黑豹"坦克出现在"JS-Ⅲ"坦克前方400米处时，"JS-Ⅲ"坦克内竟然没有一个人注意到。以至于"黑豹"坦克就这样堂而皇之地出现，大摇大摆地旋转炮塔，镇定自若地开火，苏军的"JS-Ⅲ"坦克在这整个过程中居然没有作出任何反应！要知道，像"JS-Ⅲ"坦克这样刚刚被研制出来的新型武器，肯定是会优先装备给苏军最为出色的装甲部队的，而这些部队必然是久经战火的考验、拥有着良好的作战素质的。可是，真的会有苏军的出色装甲部队在弗洛伊德大桥边忽然失了魂，让"黑豹"坦克白捡了一个便宜吗？这个概率之低任何人都可想而知。

"JS-Ⅲ"实际上是"JS-Ⅱ"大规模改进的产物，它最为引人注目的亮点就是它在当时堪称一流的防护能力。"JS-Ⅲ"坦克车体正上方的装甲防护为110毫米/72度，再加上车体正面由三块轧制钢板焊接成箭簇状的结构，"JS-Ⅲ"坦克所拥有的防护措施简直是"双保险"。要知道，德军最为精良的"虎王"坦克与"猎豹"坦克所装备的"KwK43L/71"型88毫米火炮，它的最好纪录也不过是在100米处勉强击穿237毫米厚装甲，如果射击距离换成了弗洛伊德大桥阻击战中的400米，恐怕就是"虎王"和"猎豹"也毫无办法，当然，更不要说在性能和火力上差了一大截的"黑豹"了。

对于"黑豹"击毁"JS-Ⅲ"坦克的情景，说法是"JS-Ⅲ"坦克立即爆炸而不是"JS-Ⅲ"坦克停止前进，冒出浓烟。这说明"黑豹"坦克不仅破坏了"JS-Ⅲ"坦克的行进系统，而且直接引燃了发射药筒与炮弹，造成了坦克的爆炸。

在设计之初，"JS-Ⅲ"坦克为了避免爆炸就在炮塔座圈处安装了装甲围筒，其厚度为90毫米，这已经达到了第二次世界大战时某些坦克正面装甲的厚度。如果"黑豹"发射的75毫米穿甲弹能有这样神奇的力量，那德国的工程师们还研制"虎王"、"猎豹"与"猎虎"干什么呢？

或许，这就是战争的有趣之处，它总是引导我们去对历史刨根问底，去寻找真相。但无论如何，"黑豹"坦克与"JS-Ⅲ"坦克在弗洛伊德大桥的这次碰撞，经过了史学家的演义和更多人的推测，已经变得更为扑朔迷离。真是"公说公有理，婆说婆有理"，但是无论如何，作为当时世界上性能最为出色的坦克，"JS-Ⅲ"对第二次世界大战最终的发展和影响力是毋庸置疑的，至于巴克曼在奥地利是投降了英国人还是苏联人更不重要了，要知道，1945年4月，苏军进入了奥地利，而英军还没有从诺曼底登陆呢！

★ 沙场点兵 ★

人物：恩斯特·巴克曼

恩斯特·巴克曼，1919年8月25日出生于一个平凡的农家。1935年完成学业后，在家中务农。1936年4月1日，应征入伍。多次击毁盟军坦克，是一个让盟军备感头疼的德军坦克手。

1945年3月，随部队移往东线作战，击毁4辆"T-34"坦克。4月，在弗洛伊德大桥阻击战中，与苏军的"T-34"坦克、"JS-Ⅲ"坦克展开激战，并且多次击溃苏军坦克的进攻，被称为"黑豹之王"，但随后坦克被友军的反坦克车火箭筒误击，不得不向盟军投降，此后结束战斗生涯。

武器："JS"坦克

1943年2月24日，苏联车里雅宾斯克基洛夫工厂奉命设计一种新型坦克。在事先研发时，工厂就被告知该坦克将以"斯大林"（简称为JS）的名字命名。由于该厂此前很长一段时间都在进行"KV-1"的研制，因此设计师就以它为基础设计研制新型坦克。在第二次世界大战前夕，苏联陆军高层将领中有一部分人主张研制一种介于重型坦克和中型坦克之间的"联合坦克"，其实这就是现代主战坦克的最初概念，这种"联合坦克"也就是后来所说的"KV-1"。1942年3月，车里雅宾斯克基洛夫工厂最后生产出来的坦克战斗全重31.7吨，车体前装甲120毫米，炮塔前装甲85毫米，发动机使用600马力"V2K"柴油机，最大公路速度55公里/小时。可是由于原始设计来自"KV-1"坦克，所以"KV-1"坦克底盘机械故障多的毛病也继承了下来，虽然经过了多次调整，但是并没有太多改进，这款设计只好最终作罢。

但是车里雅宾斯克基洛夫工厂的改进工程并未结束，由于受到"KV-1"、"KV-2"坦克分别使用76毫米火炮和152毫米火炮的启发，在"KV-13"的改进底盘上也分别推出了装有76.2毫米坦克炮的223工程和安装一门122毫米"U-11"榴弹炮的234工程，坦克的重要问题终于得以解决。车里雅宾斯克基洛夫工厂分别把这种新的坦克命名为"JS-1"和"JS-2"。在1943年的3月到4月，这两种坦克样车在试车中表现良好。

在试车阶段，一辆被苏联红军缴获的"虎"式坦克被送到库宾卡实验场。苏联使用各种火炮对它的装甲进行了射击测试。结果表明，在当时现有的火炮中，最有希望击穿"虎"式坦克正面装甲的是1939年型85毫米高射炮。它能在1 000米的距离上击穿"虎"式坦克正面100毫米厚的装甲。因此，全新的JS重型坦克样车的准备工作开始。两种85毫米坦克炮准备装在新车底盘上测试。一种是以76.2毫米坦克炮为基础扩膛而来的S-31/85毫米坦克炮；另一种是由"SU-85"自行火炮的"D-5S"发展而来的"D5-T"坦克炮。这些更大的火炮使得炮塔必须重新设计，车体的长度延长420毫米。再考虑到原先过于紧凑的底盘是很多问题的根源，最终的结果是在原先底盘的第二和第三负重轮之间增加一对负重轮。

1943年6月，新样车和当时刚刚完成的"KV-85"一起在库宾卡进行试验。试验持续了3个月，包括全面的机动性和火力测试。经过设计师的不断改进，新"JS"坦克的底盘日渐成熟和完善。1943年9月4日，"JS-85"完成了试验，开始服役。在1945年4月奥地利境内的战斗中，JS坦克得到了广泛使用。在奥地利境内的弗洛伊德大桥战役中，被称为T-34坦克克星的德军"黑豹"坦克，最终被"JS"坦克打败，一代"黑豹"坦克骄子巴克曼在事后接受采访时，有记者问道："哪种敌军坦克最让你畏惧？"他毫不迟疑地回答："JS坦克。"

✧ 战术：坦克与步兵结合

"黑豹"坦克迄今为止所运用的战斗队形，如楔形、宽楔形等，无论使用现有条例上作出怎样的间隔安排，显然都不是非常理想的。经验表明，黑豹坦克的楔形和宽楔形战斗队形，要减小遭到敌军局部密集火力攻击时的战损率，两车的间距至少应该扩大一倍。

对于"黑豹"坦克来说，在一切情况下都应避免留给敌人在近距离攻击的机会。为此就有必要在作战时使用突前于坦克编队一定距离的战场侦察部队，实战经验表明，侦察部队突前于"黑豹"坦克编队的距离在1 000～1 200米最为合适。使用侦察部队的目的在于诱使敌军发动火力射击，从而暴露敌军的目标位置，从而使得"黑豹"坦克能在远距离及时发现目标并发动攻击。

因为"黑豹"坦克侧装甲防护相对比较薄弱，所以给其提供侧翼掩护就成了非常重要的事情。分队指挥官在任何情况下都必须注意协调调动掩护部队，消除任何出现在"黑豹"坦克编队侧翼的威胁。从理论上来说，从突前位置抽调部队回撤掩护侧翼，在时间上是根本来不及的，所以掩护侧翼的部队应该配置在"黑豹"坦克编队后方1 000米左右的位置上。

根据实战经验，负责侧翼掩护的部队实力必须达到团级规模，所以，现有的4号坦克被用于担任这个侧翼掩护工作是最为合适的。当"黑豹"坦克编队高速突击时，侧翼一旦遇到敌钳形阻击部队进攻，以4号坦克为主力的掩护部队必须全力支援。就弗洛伊德大桥阻击战来说，德军的进攻一旦对敌军造成突击压力，苏军的士气就会受到沉重的打击，甚至会出现还没有遭到直接打击就逃离的情况。而且，苏军在战斗中对10毫米70倍口径坦克炮的恐惧非常严重，在其坦克数量不具备优势的情况下，苏军指挥官几乎都会极力避免让己方的坦克暴露在开阔的地形上。

尽管在研发时和此后的时间里德军多次改良了发动机性能，但"黑豹"坦克的履带行军能力还是没有办法达到100公里以上的要求，尤其是在严寒的冬季，"黑豹"坦克履带和负重轮负荷较大的情况下更是困难。

第十四章

戈兰高地坦克战
——六五战争中的坦克大战

　　▲二战结束以后，冷战开始，世界进入了美苏两大强国争霸的时代，除了政治上的博弈，也有军事上的博弈，两个军事大国的较量深入到世界的每一个角落。战略位置敏感的中东地区，在第二次世界大战之后，很快就成为了美苏争霸的重要战场。美国给予以色列足够的支持及现金和武器装备，苏联则向埃及、叙利亚等国提供大量的军事援助，正是在美苏两个大国的推动下，以色列与叙利亚在中东展开了一轮又一轮的交战。而作为陆战之王的坦克，在这些战争中扮演了极为重要的角色。

前奏：美苏在中东的争夺之役

在第二次中东战争之后，美苏在中东的对抗愈演愈烈，中东局势也因为这两个世界大国的参与而显得波谲云诡，美国当时对以色列给予了多方面的支持，而苏联则大力资助阿拉伯国家，向包括埃及、叙利亚在内的很多国家提供了大量的军事援助。

为了与以色列对抗，1958年2月，埃及和叙利亚合并，成立了阿拉伯联合共和国，这样，以色列就受到了来自南北夹击的威胁。随后的1964年，阿拉伯国家出现了前所未有的团结合作局面，在成立巴勒斯坦解放组织和利用约旦河的问题上，叙利亚、约旦、黎巴嫩达成了协议，并得到了埃及等其他阿拉伯国家的支持，阿拉伯联合共和国决定改变约旦河上游的流向，以使之不被以色列利用。

以色列当然知道阿拉伯联合共和国在约旦河上游进行的工程是何用意，随即在1964年11月采取了非常强硬的手段，对约旦河上游的工程进行了轰炸，迫使阿拉伯联合共和国终止了此项计划。

但是对以色列来说，真正的心腹大患还不是阿拉伯联合共和国，而是巴勒斯坦。巴勒斯坦解放组织成立以后，以色列腹背受敌的感觉更加明显，1964年5月28日到6月4日，巴勒斯坦各界代表在阿拉伯联盟的支持下，于耶路撒冷东城区举行了第一次巴勒斯坦国民大会，确定组成巴勒斯坦解放组织执行委员会，并且建立了巴勒斯坦武装力量"法塔赫"。巴勒斯坦武装力量"法塔赫"从建立之日起，就将目标锁定在了以色列人身上，他们决心将以色列赶出巴勒斯坦地区。

其实，"法塔赫"在六五战争之前就已经具备了一定规模，自从它成立以来，为了能够把以色列赶出巴勒斯坦，一直在不断地对以色列展开武装袭击。因为"法塔赫"并不是一支与以色列正面交锋的武装力量，所以它对以色列展开的袭击让以色列非常不适应，以色列在明处，而"法塔赫"则一直处于暗处，使得以色列毫无办法。

因此，出于削弱阿拉伯联盟的力量，同时消灭巴勒斯坦解放组织的目的，以色列决定发动第三次中东战争。1967年6月5日，以色列出动了全部空军，对埃及、叙利亚和约旦等阿拉伯国家发动了大规模的突然袭击。此时正是星期一的早晨，弥漫在尼罗河三角洲和苏伊士运河上空的云雾才刚刚散去。埃及空军基地里，一切还像往常一样，军官

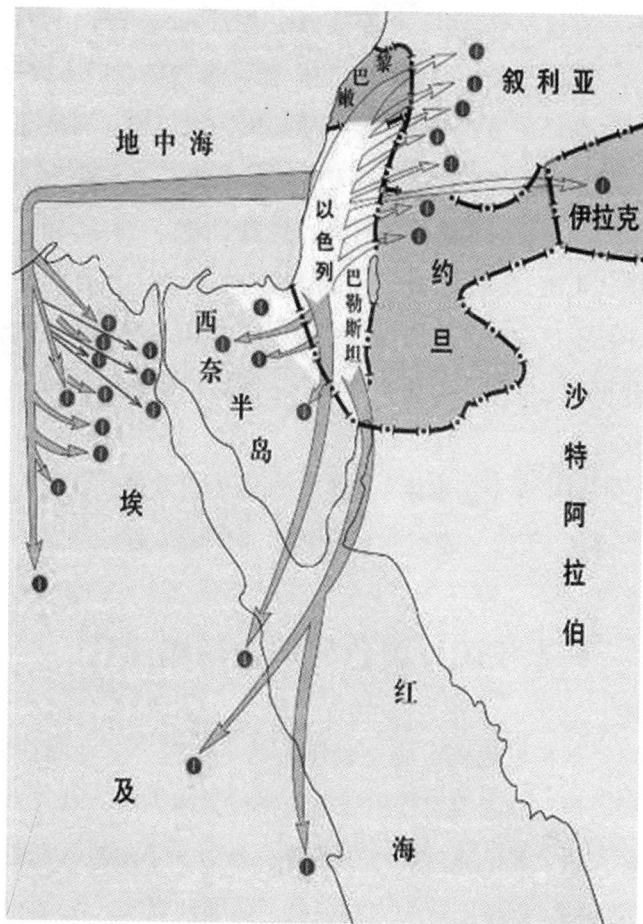
★以军空袭阿机场示意图

们正走在上班的路上，许多雷达值班室正在进行交接班。突然，警报声尖锐地响起，以色列空军的飞机闪电般袭来，埃及空军被打得措手不及，大批飞机还没有来得及起飞，就被摧毁在了地面上。

几乎倾巢而出的以色列空军在这一天对阿拉伯国家25个空军基地都发动了空袭。从早晨一直到18时，以色列空军对阿拉伯各国进行了四拨突袭，第一拨袭击了埃及10个机场，第二拨主要袭击埃及的轰炸机基地和混合机种的8个机场，第三拨攻击了约旦、叙利亚和伊拉克的空军基地，最后，在完成了对阿拉伯空军25个基地的攻击之后，17时15分到18时，开罗国际机场和另一个空军基地也遭到了严重破坏。在开战后的60个小时里，以色列就这样总共击毁了阿拉伯国家飞机451架，其中单是埃及就损失了336架飞机，叙利亚损失了60架飞机，约旦损失了29架，伊拉克损失了25架，黎巴嫩损失了1架。埃及95%的作战飞机都在以军的此次空袭中损失，整个埃及空军陷于瘫痪，而以色列只损失了26架飞机。

在这次空袭中，以军选择在星期一早上7时45分，也是煞费苦心。

以往战争中几次成功的偷袭，多选择在周末或星期日，而以色列却打破常规，选择在星期一。埃及军队总以为以色列在拂晓发动进攻，因此，在进行战争动员以来，每天拂晓，埃及空军都派出两架飞机进行巡逻。每天5时，有5分钟警报时间，这时雷达全部打开，到7时半左右解除警报。按埃军惯例，开罗时间9时正式上班，8时45分，正是交接班的时间，也是巡逻机着陆的时间，大多数军官正在上班途中，大约有15分钟的间隙可以利用。从气象情况看，开罗时间8时45分正是尼罗河三角洲和苏伊士运河雾气消散的时刻，能见度好，便于对地面实施攻击。

以军在空袭策略上精心谋划，但这不过是真正战争的开始，以色列的战机刚刚降落，坦克部队就朝着埃及阵地呼啸而来。

西奈沦陷：以色列坦克初露锋芒

就在以色列实施空袭以后的半小时，其地面部队5个师以坦克装甲车为前导，自加沙、阿里什和阿布奥格拉大举进攻。当时，埃军在西奈半岛有5个步兵师和两个装甲师，共约12万人，分别据守在各个战略要地上。但是以军的坦克来势汹汹，以猛烈的炮火对埃及军队展开强攻，埃及军队根本无力阻挡以军坦克的

★战场上的以色列军队

进攻，以军迅速占领了加沙地带，而后进入了西奈半岛的阿里什、阿布奥格拉等地。接着，以军的坦克先头部队马不停蹄，分三路进攻苏伊士运河地区：北路攻打坎塔腊，中路指向伊斯梅利亚，南路则对准了陶菲克港和苏伊士城。

埃军则希望能够尽快挽回败局，顽强地发动了两次反攻，但仍然无法撼动以军坦克的猛烈攻势。7日，北路以军攻抵坎塔腊附近；中路以军越过比尔吉夫贾法；南路以军进抵吉迪山和米特拉山口，埃军的退路至此被堵住了。埃军被迫封锁苏伊士运河，但是以军的坦克在西奈半岛上横冲直撞，埃军的装甲部队在以军面前就如同是行动缓慢的蜗牛，任意被以军的坦克炮火攻击。埃军的装甲部队一溃千里，而以军则趁机步步为营，到6月8日全歼了埃及在西奈半岛上的5个师，直抵苏伊士运河东岸。以军的坦克部队仅仅用了三天时间，就完全占据了西奈半岛。

在对埃及进攻后不久，以色列又发动了对约旦河西岸的进攻。约旦军队在约旦河西岸南北两个主要地段设置了防御阵地，北部防区以纳布卢斯、图姆卡尔姆和杰宁等城为主要依托，南部防区沿丘陵的山脊从腊马拉往南至耶路撒冷和希布伦一线布置。约军在以上阵地部署了8个步兵旅和2个装甲旅。以军向约旦河西岸发动进攻的部队有9个旅兵力，其中有3个装甲旅。进攻分两个阶段实施，第一阶段的目标是：占领杰宁地区，解除约旦炮火对以色列居民点和空军基地的威胁，攻占拉特伦到腊马拉的公路，第二阶段目标是占领包括耶路撒冷旧城在内的整个约旦河西岸。

以色列中部军区司令员纳尔斯基少将负责指挥进攻耶路撒冷及周围地区。他派阿里的第十机械化旅控制耶路撒冷走廊，切断该城与腊马拉之间的公路，古尔上校指挥的伞兵旅负责占领旧城。5日夜，以军先头部队坦克开始对耶路撒冷发动猛攻，古老的耶路撒冷城在坦克的炮火中战栗，以军的坦克部队机动性强，而且作战勇猛，总是能在进攻中投入大量兵力。6日晨，古尔伞兵旅越过曼德尔鲍姆门和警察学

★向耶路撒冷进发的以色列军队

校之间的地区。6日上午，以军夺取了耶路撒冷旧城至以色列占领的斯科普斯山之间的地区，古尔伞兵旅在山下占领阵地，并与山上取得了联系。7日，古尔伞兵旅开始向耶路撒冷城内进攻，此后不久，以军坦克开进耶路撒冷，并且很快占领该城。

在北部的纳布卢斯和杰宁方向，5日，以军坦克部队在空军的配合下，首先对杰宁以西的约军炮兵阵地发动了猛烈进攻。接着，库奇瓦指挥的以军装甲旅卡巴蒂亚，切断了杰宁与纳布卢斯和约旦河西岸其他大部分地区的联系。约军装甲部队就此发动反击，双方展开了一场坦克战。以军坦克和约军坦克发动了猛烈的攻势，但是约军的坦克最终败下阵来，机动性强的以军坦克经常会造成两三辆围攻一辆约军坦克的情形，约军即便在数量上处于优势，在战场上也很容易处于劣势，约军在性能和战术上的缺陷都暴露无遗。库奇瓦部队随后就突破了约军防线，并与一个步兵旅会合，继而分两路进攻杰宁，并占领该地。

6日，以军向东西两翼进攻纳布卢斯，并于当晚占领该城。7日，以军占领了耶路撒冷东区和约旦河西岸约旦管辖的全部地区。随后，联合国安理会通过了"立即实现停火"和"限期停火"决议，8日20时，约旦和以色列接受联合国停火决议。

战争怪圈：戈兰高地之争

尽管以色列在1967年6月8日同意了联合国安理会提出的停火决议，但是在9日，以色列军方的先头坦克部队就再次出动了，与前几次的小规模进攻不同，以色列这一次出动了几乎所有的坦克，此次大规模进攻的方向最终锁定戈兰高地。

戈兰高地位于叙利亚西南边境内，是一块由南向北逐渐隆起、略呈长方形的狭长山地，它居高临下，可以将以色列东北部平原尽收眼底。高地内的奈法赫和库奈特拉城是通往大马士革公路线的咽喉要地，战略地位十分重要。高地北部地形复杂，易守难攻；南部地势平坦开阔，便于坦克行动。

在发动进攻之前，叙利亚军方已经在戈兰高地东侧部署了6万人、坦克1 000辆、火炮600门、400门防空火器和100支防空导弹分队。第一梯队有3个步兵师，各师由两个步兵旅、1个装甲旅和1个机械化旅编成。每个步兵旅各配属有1个编有30辆坦克的营，而1个机械化旅则编1个坦克营和2个装甲步兵营。总共拥有540辆坦克的第七、第九和第五步兵师分别负责突破高地北部、中部和南部地段；总共拥有460辆坦克的第一和第三装甲师作为第二梯队，准备在第一梯队打开突破口后扩张战果，夺占戈兰高地。另外，叙军统帅部还掌握有3个装甲旅和1个机械化步兵旅等战略预备队，同时还可得到约旦、伊拉克等阿拉伯国家军队的支援。叙军坦克主要是T-54/55型，该坦克装有1门100毫米火炮，有1套红外夜视设备。另外，还有一部分当时先进的T-62型坦克。

叙军所面对的是以色列北部军区所属部队，军区司令是霍菲，他统辖着两个装甲师和1个机械化师。10月6日之前，为了对抗叙军可能发动的进攻，以军在戈兰高地部署了1.2万人、195辆坦克，统一受第三十六机械化师师长艾坦指挥。其防御部署是："戈兰尼"步兵旅的官兵以10～30人为单位分散配备在防御工事内固守，第一八八装甲旅的90辆坦克以排为单位部署在步兵防御工事的后方。第七装甲旅作为机动兵力配置在拉菲德地区。

多年来，以军已把整个高地改建成一个庞大的军事阵地网，前沿构筑了宽而深的防坦克壕，壕后构筑了17个支撑点和112个碉堡式阵地或地堡群，并设置了大量的反坦克地雷。为便于坦克机动，整修了高地内的道路网，并在最高峰赫尔蒙山顶上配置了有电子侦观设备的哨所。以军企图利用纵深节节顽抗，逐渐消耗叙军的战斗力，等待增援部队到达后再转入反攻。以军坦克主要是英制"百人队长"坦克。该坦克经以色列人改进后称为"肖特"（Shot）坦克，装有1门105毫米火炮。

10月6日14时，正当以军坦克手离开坦克，走到一旁去背诵赎罪日祈祷文的时候，叙军100多架米格-17战斗机呼啸而来，"百人队长"坦克首当其冲遭到袭击。同时，叙军近1 000多门火炮向以军整个防线进行了55分钟的猛烈轰击，霎时间，戈兰高地至此陷入一片火海之中。在20个防空导弹营和

★戈兰高地上的以色列军队

27个高炮连的掩护下，叙军的机械化部队首先占领了冲击出发地区。炮火准备刚一结束，600辆"T-54/55"坦克超越步兵线，分三路如潮水般地冲向戈兰高地。

此前因为以军的坦克进展顺利，以军从不把敌军的坦克部队放在眼里，而此时叙军来势凶猛，在气势和兵力上都远远超出了以军的预料，在库奈特拉以南近20公里的重要防御地段，以军只有4个支撑点和第一八八装甲旅第五十三营在防守。叙军的坦克部队进展神速，到16时30分左右，北部军区司令霍菲确信此时的局势已经非常紧迫，所以当机立断，命令以军第七装甲旅向北机动，负责防守库奈特拉以北的阵地；第一八八装甲旅收缩防区，负责库奈特拉以南的防御。如果说，以军坦克在西奈半岛的表现不过是牛刀小试的话，到此时，一场典型的、惨烈的山地坦克攻防战正是考验以军坦克作战能力最好的机会。

叙军坦克部队此时的士气高涨，以排山倒海之势冲向戈兰高地，誓要收复戈兰高地。叙利亚的坦克部队采用苏联军队在二战时的集群坦克"波浪式"进攻战术，战斗队形密集而有序，大摇大摆地宛如阅兵式训练一般。然而，时代在发展，实战证明这种20年前的战术已经完全不适合现在的战争，叙军的队形很快就出现了混乱。以军"百人队长"坦克105毫米火炮的俯仰角、最大射程、弹种及威力，均优于叙军T-54/55坦克。因此，叙军的坦克战术随即就被攻破，当叙军与以军相距2000米时，以军对叙军居高临下地发动射击，叙军的坦克一辆接一辆地被击中起火。

当然，最让叙军伤脑筋的是在通过防坦克壕时

★叙利亚装备的T-54/55坦克

所面临的险境。这种壕看
似简单，实则暗藏玄机。
按一般的构筑方法，掘出
的积土通常堆在壕的两
侧。但以军却一反常规，
将积土全部堆在己方一
侧，并垒成一道2米多高
的土堤。壕宽4~6米、深
4~9米，坦克根本没有办
法直接通过。而当叙军使
用推土机准备填平壕沟的
时候，因为土都在以军一
方，所以他们根本无土可
用；使用架桥坦克架设车
辙桥时，又因为壕的另一
侧有松软的土堤而使得桥
面呈前高后低状，上桥的

★名噪一时的戈兰壕

坦克摇摇晃晃，一不小心就会翻到壕里去。坦克在跨越2米多高的土堤时，总是
出现速度很慢、车体上昂的情况，底部薄弱的装甲更是容易暴露到外面。与此同
时，后面还不断有等待通过车辙桥的坦克开来，聚集在防坦克壕附近，这就为
以军坦克机动发射点和反坦克武器提供了绝好的射击时机。在这场激烈的迟滞
战斗中，以军1个坦克乘员在谈到与叙军的战斗时报告说：就像在射击场上打靶
一样。据称，4天的战斗中，在全线防坦克壕附近有250辆叙军坦克被打伤或者
着火，随处可见熊熊燃烧的叙军坦克。在战后，这种防坦克壕也被称为"戈兰
壕"，因而名噪一时。

"眼泪谷"血战：叙利亚败下阵来

　　战前，以军在高地北部布斯特尔高地和赫尔蒙山之间的山谷，选定了"诱歼
地域"，该地域南北长2公里、宽1.2公里，后来因战场惨不忍睹而被称为"眼
泪谷"。10月6日晚10时，叙军第七十八坦克旅向"眼泪谷"发起了进攻，以军

坦克兵在夜幕中惊奇地注视着T-54/55坦克红外线灯光形成的无数"猫眼"，在月光下缓慢地向前移动。为了获得最大杀伤效果，第七装甲旅旅长加尔命令部队等敌人抵近后再射击。当"猫眼"到达800米距离时，"百人队长"坦克突然开火，一辆接一辆的叙军坦克爆炸起火，火光把黑夜照得通明。

激战持续了5个小时。10月7日2时许，加尔接到报告：一支叙军坦克部队由南面沿公路驶来，企图包抄第七旅右翼，他立即命令在外围隐蔽待机的"老虎连"南下迎击。该连在公路两侧设下埋伏。当叙军坦克一辆接一辆鱼贯驶入伏击圈时，以军发起了疾风暴雨般的打击。45分钟后，叙军丢下20辆坦克残骸南撤。"老虎连"乘胜追击，在公路以南的地段又设下一个伏击圈。天将破晓之时，叙军卷土重来，没想到再一次掉入陷阱，又损失了25辆坦克。8时，叙军发起了第二次进攻，企图突入沿瓦塞特方向的赫尔蒙山麓的干河床。以军第七十七坦克营的33辆"百人队长"坦克与叙军整整一个坦克旅激战，双方从距离2 000米一直打到10米，完全是炮口对炮口的坦克白刃战。与此同时，以军第七十九坦克营遭到了叙军2个坦克营及其配属装甲步兵的进攻。战斗到13时结束，叙军撤退了，丢弃的几十辆坦克和装甲车辆在第七旅的前沿燃烧。

当晚10时，叙军第三装甲师加入战斗，装备有T-62型坦克的第八十一旅作为先头部队。由于以军缺乏夜视器材，叙军能比较从容地接近以军阵地前沿，双方在30~60米的距离上再次展开坦克肉搏战。叙军携带反坦克火箭筒的步兵绕到了以军坦克的后方射击，以军的许多坦克被火箭筒击毁，激烈的战斗一直持续到10月8日凌晨1时，双方遭受了极为惨重的损失。破晓时分，首先映入筋疲力尽的以军眼帘的是一片可怕的景象：130辆被击毁的叙军坦克以及大量装甲输送车散布在"眼泪谷"中。有的叙军坦克还被击毁在以军阵地后方。第七旅官兵第一次意识到他们所对抗的叙军部队的规模是如此之大。10月8日的整个白天，第七装甲旅都在与叙军第七机步师、装备有T-62型坦克的第三装甲师和"阿萨德"装甲旅激战。下午，叙军集中了3个坦克营在装甲步兵的伴随下向第七旅防区北段的赫尔蒙山地区进攻。在叙军炮兵精密标定出以军阵地后，第七旅的伤亡开始直线上升，坦克数量不断减少，而叙军的进攻一浪高过一浪。

10月8日夜间，叙军利用夜视器材的优势向布斯特尔高地中部发起进攻，战斗持续了3个小时。9日拂晓，第七旅的坦克部队几乎消耗殆尽。残部开始从斜坡阵地上后撤400米，放弃所倚仗的地形优势，准备与叙军作最后一搏。

就在第七旅后撤的同时，叙军炮兵开始延伸弹幕，先头装甲部队占领了以军原来的阵地前沿，残酷的坦克对决战再次展开。当叙军"阿萨得"装甲旅2个营迂回到以军第七旅后方约500米处的干涸河道时，第七十七营实施机动，彻底将其击溃。但中部地段的大约15辆"百人队长"坦克，成了叙利亚坦克洪流中的15座孤岛，他们在250～500米距离上与叙军激战。

以军每辆坦克在各自为战，乘员发现自己混杂在一群叙军坦克之中；叙军坦克也在高地上迷失了方向。

★T-62主战坦克

此时已是10月9日上午，这是第七旅的最后一战，叙军已经成了强弩之末。旅长加尔突然接到了被叙军包围并处于叙军进攻部队远后方的A-3支撑点的报告：叙军正在掉头撤退。此时，第七装甲旅的残存部队总共也就20辆坦克，加尔茫然地凝视着"眼泪谷"，大约260辆叙军坦克、数百辆装甲输送车和其他车辆的残骸散布在狭窄的战场上。远处尘土烟雾中，后撤的叙军纵队正逶迤而去。以军师长艾坦准将向第七旅全体官兵发话："你们拯救了以色列民族。"

以军第一八八装甲旅收缩防线，专门防守库奈特拉以南地区，防御正面为40公里，正好是叙军的主要突击方向。10月6日，叙军第九步兵师进攻受挫。7日晨，100多辆坦克绕过以军支撑点突入以军纵深8公里，不断扩大的叙军装甲部队如潮水般地涌进来。南部防区全部敞开，以军1个排要对付叙军1个营，第一八八旅开始崩溃。到午夜，只剩下15辆坦克还在战斗。随着夜幕降临，旅长肖哈姆和前进指挥所乘车撤离了拉菲德。他们试图查明情况，但很困难。翌日，在拉菲德附近，一辆淤陷在壕沟里的"T-62"型坦克正冒着浓烟，其实这种坦克有热烟幕施放装置，该装置通过驾驶员控制面板上的一个开关，将柴油喷入发热的发动机排气管，形成白色的不透明烟雾。坚持在车里的叙军坦克手就是用这种方法将自己伪装成被击毁的坦克的。此刻，正值第一八八旅旅长肖哈姆乘坦克经过此地，他在将头伸出炮塔外观察战场时，只是扫了一眼这一司空见惯的景象，突然，"T-62"型坦克的机枪响了起来，生于土耳其的38岁的肖哈姆当即被击毙，同他一起被打死的还有旅指挥所的3名校级军官。很快，第一八八旅全部被叙军歼灭。

10月8日，叙军第四十六装甲旅、第一装甲师600辆坦克投入高地南部战斗，进抵距以色列本土数公里的地区。叙军趁机收复了一些领土。9日，以军虽然耗尽了3个旅的兵力，但却赢得了不断蓄积后备兵力的宝贵时间，掩护主力第一四六、第二四〇装甲师迅速赶到了战场。

10月9日，约1 000辆坦克的以军装甲部队分3路发起反攻，叙军兵败如山倒，至10月10日，整个高地又重新落入以军手中。以军趁势沿通向大马士革的公路挺进，叙军虽在伊拉克、约旦等国军队支援下将以军攻势遏止，却又丢失600平方公里的土地。10月24日，叙以双方签署停火协定，第四次中东战争结束。此战，叙军损伤坦克1 150辆，以军损伤250辆。

战典回响

主战坦克登上历史舞台

主战坦克在战术武器系统中占有特殊位置。与其他武器相比，主战坦克对常规、化学和核武器的杀伤作用具有最强的稳定性。坦克的高机动性使它能快速利用火力和核打击的成果，及时集中部队为在主要方向上的部队创造决定性优势，而必要时为削弱敌人核武器和高精度武器的杀伤作用，可以疏散军队集团。

但是对近30年来的战争的过程与结果、包括坦克在内的各种武器作战使用条件与方法的深刻分析表明：坦克不但没有丧失其在现代战场上的作用，在近期也不会被其他武器系统所取代。只要近距离战斗作为作战行动的一部分不可避免，对主战坦克的需要就会存在。在陆军的装备系统中没有另外一种通用装备能确保部队突破敌人有准备的防御，扩大战果，组织牢固的防御，实施高机动作战行动。当然，对坦克及其作战使用方法要进一步改进。

大部分专家相信，坦克的能力远未耗尽。为了密集使用坦克，使其与步兵密切协同，用机动防空兵器对战斗队形进行严密的掩护，在用航空兵、导弹部队和火炮对敌人进行可靠的火力杀伤的情况下，坦克仍将是战场上最重要的武器，往往能在地面上完成最为复杂的作战任务。

在现代条件下，正是对坦克的娴熟使用在很大程度上决定了战斗和战役的进程与结果。可以清楚地看到陆地作战行动重心正在逐渐向坦克与反坦克武器的对抗转移。

在第二次世界大战以后的阿以"六五战争"（1967年）和"十月战争"（1973年）、印巴战争（1971年）、两伊战争（1980年~1988年）、索马里和埃塞俄比亚战争以及海湾战争中，坦克都扮演了决定性角色。当然，坦克与任何一种其他武器和军用技术装备一样，都不能单独完成陆军在现代战争中所面临的全部任务。航空兵、海军、导弹部队也是这样。甚至步兵这一最通用的兵种，在大规模战争中也不能独立取胜和生存。只有综合使用所有的武器装备并密切协同，才有希望取得胜利。

以主战坦克为范例将主要作战性能合理地结合在一起的优势促使陆军所有兵种逐步向采用装甲坦克底盘过渡。总体来说，这保证了具有更加一致的防护性和机动性，并减轻了诸兵种一体化的任务。后者在于组建编成中拥有能独立完成广泛作战任务的全部必要武器装备的部队甚至分队。在"六五战争"，也就是"第三次中东战争"的戈兰高地坦克战中，参战的以色列跟埃及、叙利亚军队总共投入了2 000辆坦克，平均每公里的战线上就布置了30辆，而这些坦克中，绝大多数是主战坦克。在戈兰高地的坦克对攻战中，双方共损失了1 000多辆坦克，史学家认为戈兰高地坦克战是一次主战坦克的大会战。实际上，戈兰高地坦克战标志着主战坦克真正走到了世界的主流战争舞台上，意味着主战坦克已经成为当时坦克发展的主要趋向。

　　主战坦克在现代作战中的作用与地位可以根据德国和美国陆军兵团中坦克的数量来判断。之前，德国联邦国防军的12个师中有6个坦克师，4个摩步师。每个坦克师有308辆坦克，每个摩步师有252辆坦克。而20世纪90年代初美国正规陆军的16个师中有6个机械化师、4个装甲坦克师。装甲坦克师和机械化师在组织编制上的区别仅在于作战营数量对比不同：装甲坦克师有6个坦克营和4个摩步营，而摩步师有5个坦克营和5个摩步营。

★ 沙场点兵 ★

人物：阿里埃勒·沙龙

阿里埃勒·沙龙，是利库德集团创建人之一，1928年2月26日生于特拉维夫·雅法附近的马拉勒村，1942年，加入了以色列建国前的军事组织"哈加纳"。1947年，出任"哈加纳"的教官，从此开始军旅生涯。

1967年，"六五战争"（即第三次中东战争）爆发，沙龙出任装甲师师长，并且亲自参与了攻取戈兰高地和阿吉勒哈的战斗，指挥以色列装甲部队经过艰苦的鏖战最终击败叙利亚坦克部队，取得了这次战争的胜利，因为在战斗中战功卓越，晋升为少将。

武器："百人队长"坦克

1943年，英国总参谋部要求坦克设计部门生产一种设计型号为A41的新型重"巡洋坦克"。面对一系列乏善可陈的坦克以及德国88毫米炮的威胁，陆军部提出了一系列设计意见，具体来说包括：增强坦克的耐用性和可靠性，最大重量控制在40吨，必须能够直接抵挡德国的88毫米炮的进攻。

坦克设计部提出了一个方案，即通过在第二个与第三个承重轮之间增加一个新的承重轮来延展彗星式坦克的悬挂系统。而"彗星"使用的"克里斯蒂"悬挂系统中的垂直弹簧线圈被更换为霍斯特曼悬挂系统的外部水平线圈。车身被重新设计，加上了焊接倾斜装甲。特别是其铸造与焊接混合的炮塔上加装了一门高速17磅炮和一门20毫米炮。坦克使用路宝公司制造的劳斯莱斯"流星"引擎。

但是在新项目开始后不久，就碰到了一个问题，在最大重量不超过40吨的前提下，制造出来的坦克是没有办法抵挡德军88毫米炮的打击的。英国总参谋部原先之所以定下40吨的指标，主要是基于当时的MK1型和MK2型坦克拖车最大负荷是40吨的考虑。总参谋部认为，因为拖车的原因而阻碍一项优秀的坦克研发项目是极不明智的。所以即便是在原先的40吨版本的坦克原型车已经造出来时，另一个更重型的版本也并没有就此停工。新的坦克方案拥有与最重型步兵坦克相同的装甲，但是同时拥有早期巡洋坦克那样的越野能力。这种坦克是第一种可以称为"全能"的坦克，研发人员就沿着这一思路继续下去，从而产生了后来的"通用坦克"。

原始版本的40吨型称为"百人队长"MK1型，其前部倾斜的装甲厚度为76毫米，比当时的步兵坦克"丘吉尔"薄，不过这种装甲板的大倾斜角使得其防弹性能非常理想。但是，这个设计理念和德国的豹式以及苏联的T-34系列非常相似。而炮塔拥有厚实的装甲，达到152毫米。加上优越的机动性，"百人队长"在测试中轻而易举地胜过彗星。不久，装甲增厚的新型号MK2型也随即诞生。该型号的前装甲达到118毫米厚，而侧面也由原来的38毫米增厚到51毫米，在很少量的MK1型生产出来后，即被MK2型取而代之。

1945年11月，MK2型全面投产。在位于利兹和威尔士的利兰公司和皇家军械署，以及埃尔思维克的威克斯公司的生产线上，800辆MK2型被生产出来。1946年，"百人队长"进入皇家第五坦克团服役。此后不久，皇家军械署完成了84毫米坦克炮的研究。由此引发了关于"百人队长"安装的那门20毫米机关炮存在的必要性的争论，最终，一挺BESA机关枪将其取代。新型的"百人队长"MK3型坦克为主炮安装了自动平稳系统，提高了主炮在运动中发射的精确性，作战能力得到了显著提升。1948年，MK3型坦克正式投产，之后MK3型迅速取代了MK2型和MK1型。相对前两个型号而言，MK3型改进了引擎，其性能更为强劲。

1953年，"百人队长"MK4型坦克设计完成，不久之后投入生产。

在这次战斗中，"百人队长"坦克作为叙利亚装甲部队的主战坦克参加了战斗，虽然其自身具备优良的性能，但由于叙利亚军队在战术上的失误从而导致了此次战争的失败。

✦ 战术：反坦克堑壕

在戈兰高地之争中，最有名的反坦克战术是"戈兰壕"，它是可堑壕的一种。反坦克战壕通常都挖得非常深、非常宽，并且壕内埋上地雷，通常反坦克壕都用来拖延装甲部队的行进速度。

坦克出现在第一次世界大战后期，那时没有像样的反坦克武器，步兵只能期望坦克因机械故障而停止，但那时的坦克越壕能力有限，只能越过普通的战壕，所以那时的士兵只要将战壕挖深挖宽一点，就足以牵制坦克部队的前进。反坦克堑壕在第二次世界大战期间得到了更广泛的利用，因为现代化机械的出现，第二次世界大战时的堑壕更具备规模化，深度和宽度也得到了进一步的增大。

苏德战争可谓二战史上最具决定性的战役，双方都投入了大量的武器装备，当然也不能缺少战壕。在著名的库尔斯克坦克战中，德军几乎投入了占当时全国一半的装甲部队，苏军也不甘示弱，将占全国一半的坦克集团军投入了进来，但是由于初期战况失利，导致损失了一大半的反坦克武器。在缺少反坦克武器的情况下，反坦克壕沟发挥出了重大作用，苏军纵横交错的反坦克壕沟令德军装甲部队像打城市战一样步步是险，稍有不慎就有翻车的危险。同样，德军为了钳制住苏联极为庞大的装甲部队，也挖了众多的反坦克壕沟，让不少T-34坦克遭到噩运。

在第二次世界大战以后，反坦克堑壕虽然不再像战时那样运用广泛，但是仍然不时出现在战争中，在"六五战争"的戈兰高地坦克战中，以军为了阻挡叙军的进攻，在早期对戈兰高地布防时，就已经挖掘了很多反坦克堑壕，纵横交错，让叙军的坦克经常翻车，还没有见到以军的装甲部队就已经报废。而叙军在己方的阵地前，也挖掘了很多反坦克堑壕。可以说，随着坦克在陆战中的作用的逐步提升，反坦克堑壕的作用也越来越重要，到现在，反坦克堑壕几乎成了战争中的常规装备。

美国为了保住在中东的石油命脉，纠集了北约集团的国家进攻伊拉克。在第一次海湾战争以后，遭遇重创的伊拉克此时根本无力应对强大的北约装甲部队，所以伊拉克军队在边界上挖了绵延数千公里的反坦克堑壕和坦克碉堡。美军为了破坏这些纵横交错的沟壑，出动了大约一半的空军对这些堑壕和碉堡进行地毯式轰炸，随后，美军又出动了庞大的装甲部队进行破坏。但是伊拉克军队仍然能够凭借庞大的反坦克堑壕网络对美军的装甲部队进行攻击，更为致命的是这些部队隐藏得极好，坦克碉堡的外形与沙漠差不多，不仔细观察根本看不出来，而且中东的沙子极细，常常将坦克发动机或者炮管堵住，伊军的反坦克壕沟和"飞毛腿"导弹更构成了无形的威胁。即便美军拥有无数先进的武器，但是在很长一段时间里，都对伊拉克军队的反坦克堑壕毫无办法。虽然在现代战争中，这种通过挖壕沟阻击坦克的做法看起来有些野蛮和原始，但毫无疑问，它仍然是对付装甲部队最行之有效的方法之一。

战典

THE CLASSIC WARS

陆战之王的直接对话

THE CLASSIC WARS

坦克战

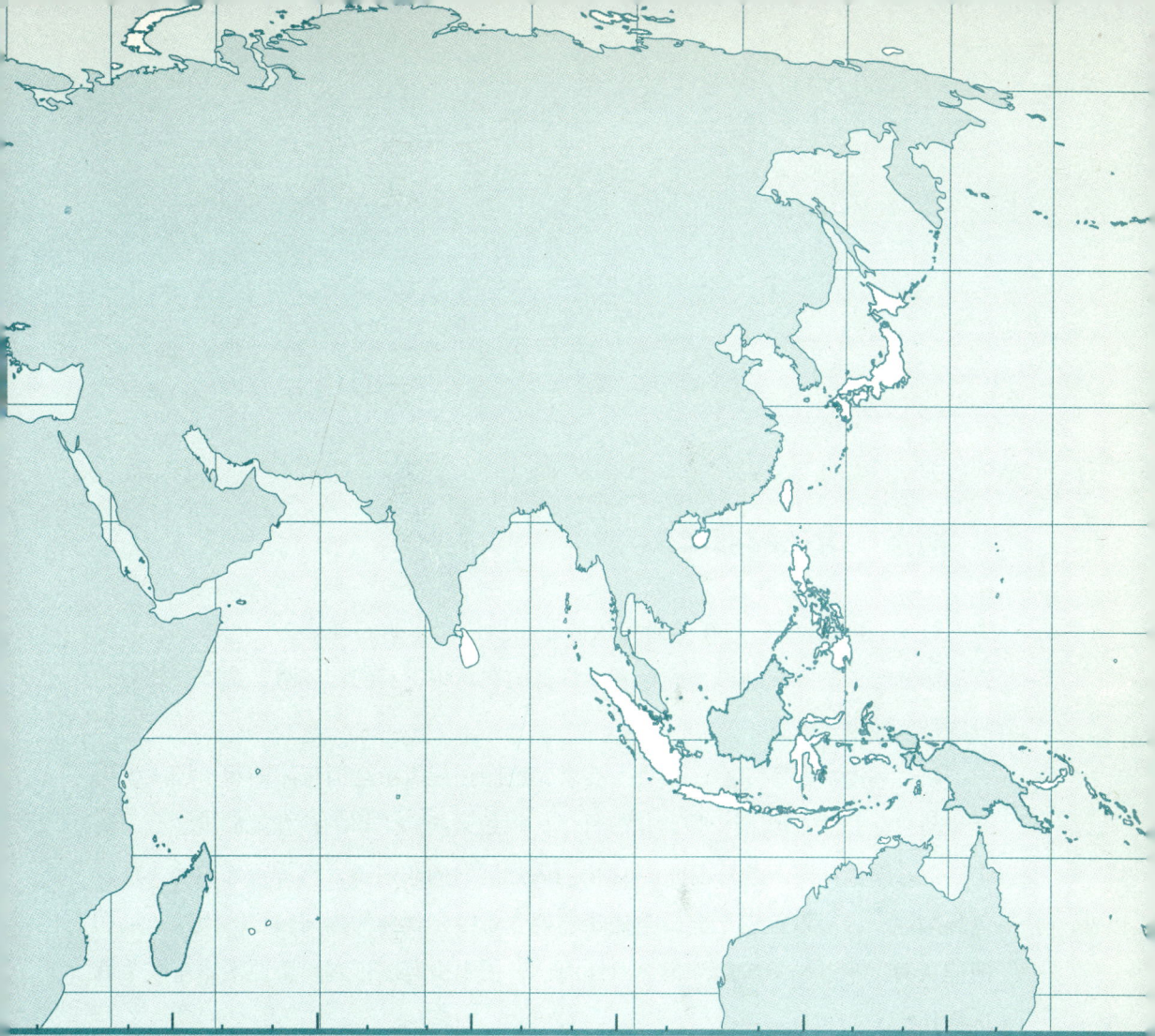

第十五章

"赎罪日战争" 坦克大战
——绿色橄榄枝下的闪击战

▲第三次中东战争结束之后，戈兰高地成为了新的中东冲突的导火索，为了能够收复失地，埃及和叙利亚等国进行了长达 6 年的军事准备。苏联、美国为了进一步控制中东国家，都竭力维持阿以之间"不战不和"的局面。就在各方都认为中东将要维持较长时间和平的时候，埃及和叙利亚两国在以色列的"赎罪日"这天突然发动进攻，用沉寂已久的"闪击战"战术打了以色列一个措手不及，第四次中东战争就这样突然爆发了。

前奏：戈兰高地之祸

1973年10月6日，在苏伊士运河东岸以色列军队的阵地上，一片沉静。尽管局势紧张，驻守在防线上的许多士兵有的在祈祷，有的在沐浴、洗衣，还有的没精打采地坐等天黑。

以色列士兵并不知道，埃及士兵事先已经在苏伊士运河东岸的水下埋入了两个炸药包，14时，这两个炸药包爆炸了，以色列防御工事的沙垒就此被炸开了两个缺口。隐蔽在河西沙丘后面2 000门大炮同时向东射击，炮弹铺天盖地飞往以色列阵地。许多以色列士兵口中还喃喃地念着经文就匆匆奔向自己的岗位，最初他们认为这不过是一次局部炮轰事件而已，根本没有意识到，第四次中东战争就这样开始了。

10月6日下午，按照原计划，200架埃及空军超音速飞机呼啸着越过苏伊士运河，对以色列军的阵地发动了猛烈空袭。这次袭击完全出人意料，也近乎大获全胜。20分钟之内，埃及飞机摧毁了以色列在西奈的指挥部、空军指挥部、防空和雷达干扰中心、导弹营、炮台等。估计90%的预定目标被击中，埃及仅仅损失了为数不多的飞机。以色列军遭到了严重创伤，军事通信系统被破坏，以至于他们的通信联络中断了好几天。

空袭后便是毁灭性的排炮轰击，这是第二次世界大战后最猛烈的一次炮击。然后，成千艘小型橡皮攻击艇载着埃及士兵，冒着危险强渡运河。第一批抵达东岸的士兵攻占了以色列的工事后，便给战友们放下绳梯。他们很快就占领了一些在工事后的以色列军阵地，进而掩护后来的登陆者。最先横渡运河的大部队是埃及第七旅。在开罗作战指挥大厅里，满怀喜悦的萨达特和他的军事指挥官们接到了这样的报告：埃及人的脚步又一次踏上了苏伊士运河东岸的土地！

随着埃军大炮的猛轰，埃军先头部队8 000人在海、空军的支援下，从运河北部的坎塔腊、中部的伊斯梅利亚、南部的大苦湖等处奋力强渡运河。他们乘橡皮艇和两栖车辆在弥漫的硝烟中奋勇冲向东岸，首先占领那被炸药包炸开的缺口。见状之后，负责守卫的以军士兵慌了手脚，赶忙去开启凝固汽油管道，想用大火阻挡埃及战士前进。不料按下电钮以后，连半点火星也没有。原来前一天晚上，埃军侦察兵已经偷渡过河，用水泥堵塞了管道喷口。埃及士兵登陆后，用爆破筒在以军阵地的铁丝网和地雷区中开辟通道，沿着临时架设的绳索

★埃及军队突破巴列夫防线

★埃及突破巴列夫防线场景图

和软梯，攀登上陡峭的河堤，再用炸药和推土机扩大缺口，不到10个小时就打开了60个可容坦克通过的缺口，架设了10座浮桥和50个门桥的渡场。于是，配备有坦克装甲车、火炮、地对空导弹等重装备的8万名埃军后续部队源源不断地通过运河，突破了巴列夫防线。

到10月7日8时止，渡河战斗已经告捷。

初战告捷的埃及军队士气更加高昂。为了解放祖国的领土，埃及士兵不顾个人安危，几乎人人都冒死向前。有的埃及士兵甚至把炸药包绑在身上跳上以军的坦克，伴随着一声巨响，和对方同归于尽；有的则用身躯堵住以军堡垒的机枪口，让战友们冲上去。10月8日，西奈第二大城东坎塔腊被埃及军队收复。9

★进入以色列境内的埃及装甲部队

日，以军装甲部队的3次猖狂反扑全部被埃及军队击溃，全歼以色列第一九〇装甲旅，并且活捉了该旅旅长。接着，埃军又攻占了富阿德港以南地区、伊斯梅利亚以东地区和陶菲克港湾地区。到了13日，盘踞在运河东岸最后一个据点的以军也被迫缴械投降。至此，埃及第二、第三军团5个师、1个旅全部过河，在前线北部、中部和南部打开了三条通向西奈腹部的通路，西奈半岛纵深10～15公里的地区全部在埃及军队的控制之下。

在埃军从正面突破运河的同时，还有数十支伞兵部队和特种突击部队乘直升机在以军后方着陆，破坏以军的交通通信联系、油田设施和攻占据点，并对沙姆沙伊赫进行了一次袭击。埃及海军则封锁了曼德海峡。

赎罪日之殇：以色列的选择

在防守运河的战斗中，以色列之所以遭到惨败，主要是骄傲轻敌。开战前10天；以色列曾向驻以色列的外国记者介绍情况。英国《泰晤士报》说，这一次讲话，对于以色列怎样错误地估计形势，提供了基本线索。以色列高级人士强调，他们认为"阿拉伯首脑们并没有准备好战争"。情况介绍人最后以极大的自信这样说道：以色列"无意作战"。

美国情报机构也得到同样的结论。9月30日，在基辛格的要求下，中央情报局和国务院自己的情报研究局向基辛格提出了它们对于阿拉伯调查的判断。在提交了相关资料之后，中央情报局和国务院自己的情报研究局的相关人员并没有作出任何判断，而且他们也没有像基辛格所说的那么乐观。情报研究局认为阿拉伯的行动"难作结论"。不过，该局在衡量了政治情况之后，虽然没有"乐观地"认为一定没有战争，却"怀疑"战争是否在不久之后出现。中央情报局的判断大致相同。埃及调兵被视为"不好的兆头"，可是以色列对阿拉伯意图的解释被当做决定性的，情报研究局毫无疑问在这方面也受到了以色列情报的影响。美国人说："我们的错误是接受了以色列对阿拉伯意图的解释。"但在衡量阿拉伯意图时，美国中央情报局也看准了一点：阿拉伯国家是针对联合国而来的，联合国大会新一届的会议刚刚开始。

阿拉伯各国外长和以色列外长都来到联合国大会，刚刚因"解决了"越南问题而准备接受诺贝尔

★阿拉伯国家的领导人埃及总统萨达特（左）、利比亚领导人卡扎菲（中）和叙利亚总统阿萨德（右）

奖的基辛格宣称，美国现在准备协助"实际进展"，着手解决中东问题。9月25日，他邀请阿拉伯各国使节共进午餐，正式向外界宣布将采取外交行动，通过9月底在纽约的一连串谈话，基辛格的确取得了不少成果。"阿拉伯人显得比过去轻松和自信，这是我长时间来所少见的。"一名联合国高级官员事后谈到这次会见时说道。以色列和阿拉伯各国外交部长秘书同意，11月，在基辛格的主持下会见，以制定"一套程序"走向实质性谈判。

但事后的发展已经证明，美国的情报分析人员受骗了。"阿拉伯国家对于外交显得十分有兴趣，以致虽然有大量军事调动的证据，我们受到了愚弄。"一名华盛顿情报人员后来说，"我们掌握了正确的事实，可是我们没有能够正确地分清主次先后。"看过情报机关的判断报告之后，基辛格也以为阿拉伯国家会给他的外交手段一次表演的机会。由于萨达特本来就主张军事和外交并进，也许基辛格与阿拉伯国家的一次最有力的接触——与埃及外交部长札雅特的接触，是萨达特极需要的最后一分钟接触，以便弄清万一军事失败了，可能遇到的问题大致是什么。

就以色列来说，开战以前的30个小时是最危险和最神秘的时刻。

关键问题在于是否打乱赎罪日的平静，征召预备役。另外，以色列的一些人一贯不相信阿拉伯人真正有能力发动一场大规模的进攻，更不相信阿拉伯人能够在战争中获得胜利。10月6日清晨4时，以色列情报机关才确信，阿拉伯国家将在当天对以色列发动一次袭击，估计进攻时间在日落以前。梅厄夫人在她的家里

召开内阁紧急会议，在此次会议上她仍然拒绝埃拉札尔提出的先下手对埃叙军队进行袭击的主张，最后只同意采取包括局部动员在内的必要措施。直到10月6日10时，以色列才发布紧急动员令，要军队开往前线。此时距离战争爆发只剩下4个小时的时间了。

埃及武装部队在10月6日全线成功地渡过苏伊士运河，8日摧毁以色列吹嘘为"不可逾越"的"巴列夫防线"，打破了以色列不可战胜的神话。与此同时，沙特、科威特、伊拉克、利比亚、阿尔及利亚等阿拉伯产油国家首次使用"石油武器"，非常成功地打击了美国以及其他支持以色列侵略的西方国家。

叙以开战：激战戈兰高地

在10月6日下午埃军向运河东岸发动进攻的同一时刻，叙利亚以3个师的兵力，在空军掩护下，在戈兰高地向以军阵地发动全面攻击。

通过1967年的六五战争，以色列侵占了戈兰高地，并且在那里构筑了坚固的防线，除了派出军队严守以外，甚至连那里的居民点都筑有地堡和战壕一类的工事，每个居民都受过严格的军事训练，可以说是"全民皆兵"。戈兰高地正面宽65公里，纵深20～30公里。以军沿停战线内侧构筑了宽6米、深4米的反坦克

★戈兰高地上的坦克大战

堑壕，在反坦克堑壕的后面又构筑了17个支撑点和112个碉堡式阵地或地堡群。这17个支撑点配备了10～30名士兵，在主要街路上的反坦克堑壕前后都埋设了反坦克地雷。与此同时，为了方便装甲部队机动，以军还对戈兰高地内的道路网进行了整修。另外，包括赫尔蒙山在内的各支撑点的通信、监视系统都配备了新型电子器材。

★以色列坦克攻入戈兰高地

1973年9月中旬，艾坦准将指挥的第一步兵旅和第二八八装甲旅负责着戈兰高地的守备任务，9个炮兵营进行支援。10月初，以军总参谋部为对抗叙军向戈兰正面集结的重兵，又增派第七装甲旅防守库奈特拉-纳法赫公路北侧地域；第一八八装甲旅负责防守南侧地域。10月6日清晨 ，艾坦准将指挥下的兵力达到了1.2万人，坦克有195辆。

叙军总参谋部制订的作战计划，深受苏联军事原则的影响。这个作战计划分为两个阶段：第一阶段作战的主要目标是消灭约旦河东岸戈兰高地的以军，并占领该高地；如果西奈战线战况进展顺利，便会渡过约旦河，占领东加利利地区。

在第一阶段的作战中，叙军企图从两翼实施钳形包围。在戈兰高地南北两个地段，叙军以第七步兵师从阿马台地段突破，然后经艾尔罗姆和瓦塞特向约旦河进攻。在戈兰高地南部，叙军以第五步兵师从拉菲德向阿里克桥方向实施进攻。两个师均以师的第一梯队打开突破口，以师的第二梯队扩大突破口。第九步兵师作为中部地区第一线师，担任钳制敌军和切断阵地内横向道路的任务。

而另一方面，以军也在积极部署己方的防御方案。以军的防御方案是固守戈兰高地北部地区，这是以军防御的重点。戈兰高地南部地势平坦、开阔，具有一定的纵深，以军企图利用纵深节节抵抗，逐渐消耗叙军的战斗力，等待增援部队到达后再转入反攻。以军的计划是，最初以两个旅担任迟滞敌人的任务，逐次投入5个旅，必要时增加到7个旅。反攻方向的翼侧依托赫尔蒙山系，从戈兰高地南部或北部转入反攻。

★赎罪日战争中的坦克战

10月6日14时5分，叙军以600门火炮进行了55分钟的火力准备后，第一线3个步兵师同时实施进攻。与此同时，第八十二突击营乘坐直升机袭击并夺取了以军设在赫尔蒙山的哨所。第五步兵师担任主攻任务，从拉菲德南侧实施突击；第七步兵师担任助攻任务，向库奈特拉以北地区实施突击；在第五师和第七师中间的第九步兵师，也向库奈特拉以北地区实施突击。形势发展很快，到了深夜，叙军突破了南段的防线。在战争开始前，以色列国防部长达扬将军曾作出预估，认为叙利亚人发动攻势时会把矛头指向北段，所以北方军司令部多分配一些坦克给当时驻扎在北段的阿维格多旅。但此时叙军进攻的主要方向指向了南段，舒哈姆装甲部队所配备的坦克数量虽然不是很多，但是此时也只能硬着头皮来进行牵制。

战后，当达扬将军回忆此次战争时，他说道："然而，戈兰高地的战斗同苏伊士运河的形势不一样，北方军区司令部的坦克是恰当地部署在指定的阵地上的。先头装甲部队在山坡上严阵以待，以猛烈的火力对付来犯者。前沿阵地的据点，除了在赫尔蒙山上的那一个以外，都及时得到了加强。我们的炮兵是按照我们的应急计划摆开阵势，以准确火力掩护着整个前线的。"

叙利亚军队在开始发动进攻以后，投入了500辆坦克，以色列北方军区司令部已部署好的177辆坦克在此时负责抗击。然而，叙利亚在午夜过后又增派了300辆坦克到前线，这样一来，叙军的坦克数量就达到800辆了。而此时以军北方军区司令部能够从预备役中抽调出来的增援力量，只是一支由12辆坦克组成的小分队。

第一天的深夜，在叙军突破以军防线以前，达扬将军退出内阁会议来到了地下的作战室。这个"应急总司令部"如同蜂房，但从技术的角度来看，它的效率很高，组织得很好。这里的工作人员从前线接收报告，在地图上作出标记。但如果从进行控制和指挥的角度来看，这个作战室和作战小组就远远不能符合要求

坦克战

THE CLASSIC WARS

陆战之王的直接对话

了。达扬说："战争的走向实际上掌握在前线指挥官手中，他们所关心的仅仅是如何使用他们全部力量去守卫住他们的前线，防止敌人突破，封锁一旦出现的突破口，坚守阵地，直到援兵到来。在这种形势下，总参谋部对指导战争所施加的影响是很小的。他们最好是不时地下到前线指挥部去，与那里的指挥官共同商量作出决定。"

10月7日，具有绝对数量优势的叙军装甲部队全线突破了戈兰高地南端的以军阵地，之后叙军派直升机运载突击队向高地西北角海拔2800米的谢赫山的最高峰发动空袭。在事先叙军已经派特工人员打入以军内部，摸清了峰顶堡垒的通道，从一个防守薄弱的备用铁门攻入，顺利地夺取了峰顶阵地。叙军至此已经收复了包括谢赫山在内的许多失地，最远处向前推进了35公里，并且包围了以色列控制的戈兰高地重镇库奈特拉，解放了周围的一些村庄。

为了配合埃及、叙利亚反击以色列，巴勒斯坦突击队有26 000人，在戈兰高地、加利利、加沙和以色列占领的其他地区，展开袭击活动。他们运用游击战术，袭击以军营房和集结区，摧毁雷达站、供应基地和仓库，伏击以军车队，破坏桥梁交通，严重威胁以军的后方，从而牵制了以军的力量，使以色列军队首尾难以兼顾。

★准备战斗的以色列坦克部队

★前进中的以色列坦克部队

开战之初以军在各条战线节节失利，这让达扬将军寝食难安，他急忙从"应急总司令部"来到空军作战室。空军司令向达扬汇报了他在第二天的作战计划。他准备在早晨袭击南部战线的目标，主要是导弹发射场和机场，这将使他以后在运河两岸反击埃及部队时获得更大的行动自由。总参谋长也认为在把叙军导弹连打哑以前，对渡口进行袭击没有多大意义。

但是，达扬对此却持有不同的意见。他对以色列空军能否成功摧毁敌军的导弹发射场没有把握，而且在以军空军行动的时候，埃及人将会把增援的大量装甲部队运往东岸。所以，达扬将军认为此时空军与其冒着极大的风险去轰炸导弹发射场，不如先尽一切力量组织埃及人将更多的坦克送到西奈，虽然这么做也有一定的风险，但显然要比摧毁导弹发射场有价值。因为要是以军的空军无法摧毁导弹发射场，而此时埃及人又会将更多的坦克运过河，毫无疑问，以军的行动将会完全失败，而空军此后行动的自由仍将受到更多的限制。

但是，国防部长只拥有在政治上的权力，在战争中最终的决定权，还是把握在总参谋长和空军司令的手里。总参谋长最终决定在拂晓时派遣空军对导弹发射场进行空袭，发动空袭的时间是凌晨2时，此时距离战争开始已经过去了12个小时，达扬虽然对总参谋长的计划感到担忧，但是也无济于事。

两个小时以后，在办公室小睡的达扬被叫醒了，因为此时北线的形势已经变得非常严重。一支叙利亚部队突破了以军在库奈特拉以南8英里的侯赛尼亚地区的防线，此时正在向着从戈兰高地到加利利海的几条倾斜的公路前进。预备役队伍是匆忙之间组织起来的，他们一窝蜂似的去守卫坡道和堵截叙军。以色列北方军区司令霍芬急忙下令农业定居点的男人即刻撤退，人们赶在天还没有亮之前携带物资后撤，好在他们的妻儿已经在赎罪日就撤走了，行动还不至于很缓慢。

达扬立刻坐上直升机前往以军的北线阵地，飞机沿着海岸朝北飞，然后折向东去。直升机一飞出特拉维夫-雅法，他似乎就已经听到了从戈兰高地上传来的炮弹的爆炸声。戈兰高地的纵深总共不超过15英里。叙利亚军队一旦到达通向约旦河的斜坡，那么以军将很难将他们击退，而此时叙利亚军队又拥有着大量的武器和人力，而以色列军队则不得不面对同时在埃及战线作战的境况。很明显，即便是要派出所有的力量，以军也必须不惜一切代价地在突破口附近堵住叙利亚人，否则后果将不堪设想。

达扬在6时之前飞抵北方军区司令部的前线指挥所。前线指挥官急忙向他报告，以军在戈兰高地南段的防线已经全线崩溃，叙利亚人此时已经战胜了巴拉克旅，通过了戈兰高地的南部，推进到与约旦河几乎只有一半路程距离的地点。以色列的后备部队此时已经完成了动员，正在和增援的坦克一起向交战地点开来，但是因为路程所限，在中午以前还不可能与叙军相遇和交战。

达扬将军意识到现在能够阻挡叙军前进的唯一力量只有空军，必须让空军立刻投入行动，在这个时候不能浪费哪怕是一秒的时间。北方军区司令向他解释，以军的坦克此时正在和叙利亚人的装甲部队短兵相接，完全混在了一起，以军的飞机如果展开空袭，很可能会伤及己方的军队。但此时已经刻不容缓，达扬要求北方军区司令马上下令给坦克乘员，要他们或是离开坦克，或是关上舱盖。

★以色列坦克部队

"我们的空军必须袭击敌人的装甲部队，而且不是按照规定的条文行事。"达扬坚定地说。接着，达扬就亲自拨通了空军司令佩莱德的电话，告诉他必须马上派遣自己的飞机投入战斗，以阻挡已经突破了以军防线的叙利亚坦克。此时，在以军增援的装甲部队赶到阵地之前，他的飞机是唯一可以阻挡敌人前进的力量。最后，达扬语气沉重地告诉佩莱德，"否则，我们将就此失去戈兰高地的南部。"对于达扬的这个决定，在战后也被证明是非常关键的，它对稳定当时的战局、迟滞叙军的进攻起到了非常重要的作用。在放下电话之后，佩莱德急忙下达命令，以军的飞机在夜色中纷纷升空，开赴戈兰高地的南部对叙利亚的装甲部队进行轰炸。

10月7日的清晨，以色列北方军区司令部开始把在前几个小时里零星投入战斗的各个旅集合起来，并把各个地区的防卫责任交给了各个师长去分担。拉纳尔少将负责戈兰高地的南部地区，埃坦少将则负责北部。但是到了当天13时，在以军纳法赫营地围墙周围突然出现了叙利亚人的坦克。纳法赫营地位于库奈特拉西南，距离约旦河上的一座桥仅有6英里的路程，过了这座桥就可以通向加利利北部以色列的村庄和农业居民点。当以军指挥官发现了在营地附近的叙利亚人以后，急忙派出了几个小分队，经过一番激战，叙利亚人被迫撤出了营地。但是，叙军随后又找到了一个缺口，他们通过那里依然可以直达桥边。舒哈姆上校拼死阻击，同时向总部求助，希望派来更强的增援部队。战斗进行得异常激烈，他和他的副司令先后阵亡。但是，负责阻击的以军终于等到了增援部队，叙利亚部队在傍晚时被挡在了阵地前方。在24小时内骤然出现在戈兰高地这一地区的第二次严重危机，就此被化解了。

达扬认为，以军之所以能够扭转形势，主要有两个因素：一是空军，他们不间歇地轰炸和袭击叙军；二是预备役装甲旅的努力，当时他们分成几个小分队正从加利利的基地开往前线。这些部队看到叙利亚军队迎着他们朝约旦河推进，便迅速设置障碍物和路障，阻挡叙军前进的道路。北方军区司令部加强了这支新到的部队，他们挫败了叙利亚部队的突破行动。夜里，以军利用短暂的时间进行了修整，准备进行反击。

但是战争进行到第三天，也就是10月9日，以军依然处于被动的局面。当时，以军第七装甲旅试图阻击穿越他们防线的敌军，在极为不利的条件下已经连续抗击了3个昼夜，一直打到精疲力竭。到了这一天，敌军估计到他们的体力和精力将要枯竭，所以进行了前所未有的猛烈进攻，他们集中力量要打开去库奈

★战场上的以色列坦克部队

特拉的通道。到中午的时候第七旅已经是危在旦夕，当时他们已经没有了后备力量，坦克几乎全部被打坏，即便是还能继续作战的坦克，弹药也所剩无几。

第七装甲旅阿维格多上校看到大势已去，随即告知埃坦上将，他已经无力阻挡敌军的前进了。而埃坦上将也几乎放弃了此次抗击，但是就在这个时候，约西中校发来了一封电报，说他的部队刚刚占领库奈特拉正西北角布斯特尔地区的一个重要山脊，叙利亚后卫部队正在折回去并开始退却。这个消息立刻让已经疲惫不堪的以色列前线部队精神为之一振，"他们阵脚乱了，"埃坦上将对阿维格多上校说，"我们再坚持几分钟就胜利了。"第七旅的官兵在听到这个消息以后，随即打起了精神，利用已经为数不多的坦克和弹药与敌军展开周旋，不一会儿，叙利亚军先头部队的坦克果然开始撤退。

但是，在战争爆发的时候，以色列军官约西中校其实正在喜马拉雅山和他新婚的妻子艾纳特度蜜月。就在以色列国防军进入戒备的那天，约西正和艾纳特开着"本田"摩托车在深山密林里游玩。第二天，旅馆的服务员偶然谈起了以色列的局势，于是约西急忙去收听广播，确认了以色列局势紧张的消息。约西随即给位于加德满都的以色列大使馆打去电话，得知战争已在两条战线上爆发了。约西和艾纳特马上订了第二天飞离尼泊尔的第一架班机，他们经过新德里和孟买，到达雅典，随后从那里乘坐以色列航空公司的飞机回到以色列。

在路上他得知，他的部队被派往北线，而叙利亚人此时已经突破了那里，他的司令官舒哈姆已经阵亡。随后，统帅部通知他，他将前往那里担负起剩余部队的指挥官职务。两个小时以后，他已经身着戎装到北方军区司令部作战室报到，听取军区司令对战况作简要的介绍。随后，约西中校马不停蹄地赶赴装甲部队的前进基地。

约西在前进基地看到了他的部队的士兵们正在修理被打破的坦克。10月9日上午8时，约西和他的坦克准备就绪。他用无线电同埃坦上将取得联系，埃坦命他立刻赶赴第七旅的战区，接受阿维格多的指挥。通话时阿维格多通过无线电联络网也在听着，他叫约西中校立即到布斯特尔山脊去，那里即将落入叙利亚人的手中。

战地救援：惨烈的坦克大战

于是，叙以双方开始了一场激烈的高地争夺战，争夺战的胜负关键取决于谁将率先抵达山顶，叙利亚军队从东面向上爬，而约西的军队则从西面向上爬。在向上爬的过程中，约西的11辆坦克同叙利亚军队的60多辆坦克接连发生交火，双方的坦克时而会在斜坡上相遇。

从力量上的对比来看，约西的装甲部队根本不可能是叙利亚装甲部队的对手，平均一辆以军坦克当时就必须要面对五六辆叙利亚军队坦克的围击。但是，地形和技战术起到了非常重要的作用，因为当时是处于斜坡上而不是开阔地，所以叙利亚军队在数量上的优势并不能够完全展现。其次，以军坦克的战斗素养要明显高出很多，所以，以军坦克首先以高度的机动与叙军坦克展开周旋。同时，约西要求自己的炮手们必须提高命中率，因为敌军在数量上高出己方，如果不能够进行有效的攻击，己方就会陷于被动。于是，约西装甲部队的坦克开始在高速机动中对叙军的坦克发动进攻，叙军在机动中总是难以追踪到以军坦克，而以军坦克一旦有机会就会进行高效率的攻击。这样，叙利亚的坦克一辆接一辆地燃烧起来，以军很快就夺回了布斯特尔山脊。

"当我在北方军区司令部得知这些情况后，我想同约西取得联系，向他表示敬意。"达扬回忆说，"但因战事情况复杂，只是在3天之后，我才在海法一家医院里向他致意。他是在这前一天深入叙利亚境内进攻特勒沙姆斯时再次受的伤，这次伤得很重。"

经过一天的激烈战斗之后，以军摧毁了山脚下的叙利亚坦克。虽然经过这一战约西手边只剩下了8辆坦克，但他还是决定一鼓作气冲上特勒沙姆斯山顶。不过他很快发现自己的判断失误。虽然叙利亚在山脚下已经没有什么坦克，但是一支配备着反坦克导弹的、筑壕固守的叙利亚步兵队伍突进到了山顶。约西的坦克很快就被两枚反坦克导弹击中了，等他苏醒过来才知道自己躺在地上，而他的坦克正在身边燃烧着，他的左腿被炸得粉碎，骨头都从肉里穿了出来。其他没有被导弹击中的以军坦克已经全部撤退，只有一个人选择留在了约西的身边，那就是他的坦克驾驶员兹维卡。真像是奇迹一样，导弹飞过来，兹维卡竟然没有受伤，随后他就把约西拖到了安全的地方。

约西虽然身负重伤，但并没有完全失去知觉。当坦克的火焰终于熄灭，开始冒起烟，他让兹维卡立刻去抢救那台可以用手工操作的无线电收发报机。当兹维卡将发报机从坦克里抢救出来时发现，它居然没有损坏。兹维卡使用这台发报机和指挥部取得联系之后，便把话筒放在了约西的嘴边："我是约西，我丢了一条腿。我在坦克旁边，快来救我。"在与总部通话之后，约西一直催促兹维卡离开他去逃命，但都被兹维卡拒绝了。兹维卡把他拖到一个被叙利亚人弃置不用的战壕中，从坦克里取来一罐水，并通过无线电从军医那里得到指点，用止血带扎住约西被炸碎的大腿的动脉。3个小时后，抢救组来到他们的身边。

在这次赎罪日战争中，敌对的双方都进行了大规模的动员。埃及和叙利亚的广大人民掀起了支援前线的热潮。在埃及，许多青年更是踊跃报名上前线参加战斗，成千上万的人志愿为前线受伤的官兵献血。在叙利亚，由工人、农民、学生等组成的民防部队，活跃在首都大马士革和全国各地。他们一面坚持生产和工作，一面积极参加修筑工事，带着武器准备随时投入战斗。甚至很多少年也志愿参加民防部队，当敌人的飞机发动空袭时，他们马上就会赶到现场抢救伤员，或是去捕捉被击落的空中飞行员。

在埃及、叙利亚军民和巴勒斯坦游击队的沉重打击下，以色列为了改变两线作战的不利局面，企图先稳住叙以战线，解除对以色列的威胁，然后集中力量对付埃及。从10月9日起，以色列在叙以前线集中了15个旅的兵力和1 000辆坦克，在空军主力的掩护下，对叙军进行疯狂反扑。经过激烈的战斗，10日黄昏，以军突破叙军阵地。次日，沿公路向大马士革进犯。到13日，以军已经进犯到离大马士革34公里的萨萨附近。这时，以色列国防部长达扬公开向外界表示会在24小时内攻下大马士革。但是，叙军并没有就此一蹶不振，在伊拉克、约旦、沙特阿拉伯和摩洛哥等国装甲部队和炮兵部队的有力支援下，叙军展开了激烈的阻击战，制止了以军的推进，粉碎了以色列企图侵占大马士革的计划。

在10月上旬戈兰高地及周边的战役中，叙利亚损失坦克1 150辆，伤亡3 500人，被俘350人。以色列损失坦克250辆，伤亡3 225人，被俘65人。

西奈决战：埃以坦克大对决

到了10月13日星期六下午，部署在吉迪、米特拉两山口以西地区的以色列军队，可以看到沿着运河河岸，掀起一片烟尘，从苏伊士市向北移动。埃及进攻的中心看来是在湖泊地带。这场坦克大战，比起1942年10月在开罗200英里外进行的"阿拉曼战役"的坦克数目还要多，据西方通信社报道，埃以双方出动的坦克在2 000辆以上。

从10月14日起，以色列依靠美国源源不断的军火补充，在西奈前线集结大量兵力，组成3个旅群，对埃及军队展开正面攻击。在第四次中东战争中，坦克战是地面战斗的主要形式。14日早晨，埃以双方在运河东岸进行了一次大规模的坦克会战，双方投入的坦克数量超过了1 600辆。

为了迎击以色列的进攻，10月14日的拂晓，埃及军队的进攻开始了。在进攻之前，先由炮兵进行了90分钟的火力准备，但这一切都在以色列方面的意料之中，埃及军方的火力准备恰好暴露了其火力的具体方位，使得以色列坦克手找到了他们一直在寻找的目标。

在火力准备结束之后，埃及装甲部队就纷纷开赴以埃前线，数千辆湮没在戈兰高地的坦克残骸已经成为过去，新的坦克战将再次在西奈半岛上演。三天以来，部队和坦克通过浮桥不断地开到运河东岸。据军事观察家估计，在这段时间里大概又有500辆坦克渡过苏伊士运河开到西奈半岛，埃及在以埃前线的坦克数量增加到了1000辆以上。与此同时，以色列坦克也通过西奈半岛的各个出口向西驶来，因为叙利亚当时已经被以色列打得节节败退，所以以色列也开始将很多坦克投入到西奈半岛的以埃战线上来。

天色还没有亮的时候，埃及坦克部队就已经从己方的阵地出发了，并将在拂晓发动进攻。随着东边逐渐显现出日头的轮廓，以色列坦克的黑影被晨曦映染，而此时万里荒漠上尘埃翻滚，埃及坦克轰然而至。从高空看下去，大地上如同有成群的钢铁甲虫在翻滚着，它们以每小时20英里的速度在烟雾中穿梭，钢铁履带隆隆作响，有的走到了危险地带，所以慢了下来。驾驶员吃力地调换排挡，炮手紧张地等待着随时到来的战争指令，而侦察员则眼睛眨也不眨地注视着四周的状况。忽然，一声炮声响彻天际，那是指挥坦克发现以色列坦克踪影时发射的冷炮，于是，激战就此开始了。炮弹开始呼啸着冲向坦克的装甲钢板，被炸得瘫痪的坦克燃起熊熊大火，阵阵油烟卷着沙尘冲天而起，驾驶员们从一辆辆被打坏的坦克中跳出。就在一辆辆坦克报废的同时，更多的坦克从废墟上开过去，向着前方发射出炮弹。

一名以色列坦克指挥官在战后回忆说："在10分钟内，我们击毁了20辆坦克。当埃及第一批攻击坦克穿过一个谷地，爬上我们南边的一个高地时，我们的部队在高地上与之作战。经过双方一个多小时的厮杀，我们把他们首批进攻的坦克消灭了。"

但是，战争中的沉寂总是非常短暂的，随后不久，埃及方面就再次开始了炮轰，随后是更为凝固的沉寂。接着，大地再度震颤，新一批的埃及坦克开赴阵地，这次有145辆坦克发起了第二轮的进攻。以军的坦克还没有喘口气，就不得不再次出动，在消灭了埃及军队的坦克之后，他们又对埃及的炮兵进行了轰击。

在10月14日这一天，以军共击毁了250辆埃军坦克，其中大部分是在开始阶段的战斗中击毁的。到了当地时间上午7时，以色列军事发言人声称，攻击已被"遏止"。

在坦克大战的第二天，也就是10月15日，以色列根据美国间谍卫星和高空侦察机提供的情报，向埃及第二、第三军团防卫薄弱的防线接合部派出一支装甲先遣队。他们身穿埃军制服，口操阿拉伯语，乔装成前线调防的埃军，驾驶着在"六五战争"中缴获的13辆T-54、T-55型坦克，在著名将领沙龙的率领下从大苦湖以北地区偷渡运河，突入西岸，隐蔽在德维斯瓦果园中。第二天，以色列增调后续部队，扩大突破口。但是在戈兰高地上，以军却面临窘境，在这一天，叙利亚、约旦、伊拉克和沙持阿拉伯的4支部队，在纳赛吉地区发动了大规模进攻，在戈兰高

★被遗弃在道路旁的坦克

地双方进行了激烈争夺。这次大规模进攻一直持续到了19日，从而使以军深入埃军背后进攻的部队不得不有所收敛。

10月17日，以军在渡河地点建立桥头堡，并架起浮桥。西岸的以军从18日起对埃军阵地发动猛攻，破坏埃军交通线和通信，摧毁埃军许多防空导弹发射场和炮兵阵地，使埃军在运河中段的防空火力配系陷于瘫痪，从而掌握了这一地区的制空权。埃军紧急调动后备部队进行围歼，河东阵地上的埃军大炮也调头猛烈轰击。以色列这支装甲先遣部队遭受重大伤亡。但是，以军继续大力增援，到19日晚上，突入运河西岸的以色列部队已增加到4个坦克旅、1个机械化旅和1个伞兵旅。

10月22日10时，以军夺回了赫尔蒙山哨所。这个哨所是以色列的"眼睛"，是无论付出多大牺牲也要夺回的地方。而在同时，沙龙因为连战连捷而有些得意忘形，他叫嚣着"杀到开罗去"，带着自己的机械化部队向着开罗逼近。但此时的埃军早已经在开罗附近布置好了防御体系，国防部长达扬在得知情况之后，连下三道手谕才将这位沙场猛将拦在了去往开罗的路上。也就是在这一天，以色列和约旦接受了联合国的停战协议。叙利亚也在第二天，即10月23日接受了这个协议。至此，战斗正式宣布结束。

战典回响

闪击战的复活

自从第二次世界大战结束之后，德军和它所奉行的"闪击战"曾长期远离世界战场，或许，是德军的失败让人对"闪击战"完全失去了信心。坦克的机动性似乎只能作为局部战争的一种常规手段，没有人再去思考怎样利用它影响战争的归属。随着美、苏两个超级大国博弈的不断升级，参与战争的人们似乎也越来越相信，唯有大规模的集团化坦克，才是赢得坦克战的不二法门。

而一切都伴随着1973年10月6日苏伊士运河的一声爆炸发生了变化，历史在这一刻时光倒流，似乎再次回到了那个久远的年代。埃及军队隐蔽在河西沙丘后面，2 000门大炮同时突然向东射击，紧接着，200架埃及空军超音速飞机呼啸着越过苏伊士运河，对以色列军的阵地发动了猛烈空袭。这一切，是多么似曾相识，数十年前，古德里安不就是这样驾驶着他的钢铁巨擘在波兰疆界上挥师突进，拉开了"闪击战"时代的宏大序幕吗？

在讲到第二次世界大战德国的战术时，任何人都避不开德国人的"闪击战"战术，"闪击战"其实就是充分利用飞机、坦克的快速机动优势，以突然袭击的方式制敌取胜。它往往是先利用飞机猛烈轰炸敌方重要战略设施的通信中心，把敌人的飞机炸毁在机场，取得制空权，并使敌人的指挥系统瘫痪。现在回过头来看埃及军队所使用的战术，完全具备了"闪击战"的特点，正是因为埃及等国对"闪击战"的使用，使得阿拉伯国家军队在战争之初就占据了主动，10月8日成功摧毁了"巴列夫防线"，打破了以色列不可战胜的神话。在战争开始的很长一段时间，以色列都处在非常被动的情势下，这要归功于"闪击战"的出色效果。

埃及对"闪击战"的重新使用，使这种在世界战争史上失踪了很长时间的战争模式再次出现在了战场上。但是，因为埃及军队无论是在武器性能还是战斗素养上，都和以色列存在着不小的差距，加上美国对以色列及时的支持和苏联对埃及的背信弃义，使得埃及最终失去了战争开始时的优势，最后甚至一度处于劣势，也没有完全发挥出"闪击战"的强大威力。

归根结底，第四次中东战争是历次中东战争中阿拉伯军队表现最好的一次，也取得了一定战果。但是双方经过这一战都认清了对方的实力，从而也影响了以后各国的外交政策。

★沙场点兵★

人物：摩西·达扬

摩西·达扬，1915年5月20日出生于巴勒斯坦加利利湖南岸的达加尼亚基布兹，父母都是俄国的犹太移民。早年于耶路撒冷的希伯来大学和坎伯利参谋学院学习军事。

1936年，加入英国在巴勒斯坦地区的警察部队。同年，兼任"哈加纳"的军事教官，亲自编撰了《野战指南》教材。但在一次战斗中，左眼不慎被弹片击中，导致失明，从此便有了"独眼将军"的称号。

1948年5月14日，受命组建第八十九突击营，任营长，作战中深得古德里安的赏识，战功显赫。停战后先后出任以色列国防军南部军区司令、北部军区司令、总参谋部作战部长、参谋长。1949年，被提拔为少将，时年仅34岁，成为以色列军队中最年轻的将军。

第二次中东战争后退役，后赴越南战场考察。从越南回国后，得知埃及正在向西奈增兵，叙利亚军队也在积极布防。随后，被任命为国防部长。在第四次中东战争中，亲自前往前线指挥作战，虽然最终指挥以色列军队反败为胜，但是因为付出的代价惨重，最终引咎辞职，退出军界。之后应邀在贝京政府内担任了两年外交部长。为埃及和以色列签署《戴维营协议》并最终缔结和平条约，做了许多具体工作。

1981年10月16日，死于心脏病猝发，享年66岁。

武器："T-54"坦克

"T-54"坦克车体为焊接结构，驾驶舱在车体前部左边，战斗舱在车体中部，发动机和传动装置在车体尾部。驾驶员有1个向上抬起并向左旋转开启的舱盖，舱前有2个潜望镜，其中的1个可换成红外潜望镜。车首装有与前上装甲垂直的防浪板，当坦克涉水行驶时可防止水浪溅至驾驶员潜望镜。驾驶员右边的车体前部空间为弹药架、电瓶及燃料箱。驾驶员后面的车体底甲板上开有向车内开启的安全门。

"T-54"坦克的炮塔为铸造结构，顶装甲是用2块d形钢板对焊在一起再焊制炮塔顶部的，炮塔位于车体中部。车长在炮塔内左边，炮长在车长前下方，装填手在炮塔内右边。主要武器是1门100毫米线膛坦克炮。该坦克炮有1个水平滑动的炮栓，炮身长5.608米，重1948千克，最大射程为16 000米，平均射速为4发/分。火控系统比较简单。辅助武器包括2挺7.62毫米机枪和1挺12.7毫米机枪。7.62毫米并列机枪安装在火炮右侧，同型号和同口径的另1挺7.62毫米航向机枪固定在车体前上装甲板上，由驾驶员利用变速操纵杆上的按钮控制射击，安装在装填手舱盖外的12.7毫米高射机枪用于对空射击。

T-54坦克装有1台横置在车体后部的b2型4冲程12V60度的水冷柴油机，功率为382千瓦。其采用电动机驱动为主要启动方式，压缩空气启动是寒冷气候条件下的辅助启动方式。

为了增加坦克的行程，除了在车内设前组和中组燃油箱外，还在车体外面设有外组燃油箱；在车体右侧翼子板上设有4个扁平油箱。

该坦克的传动装置由齿轮传动箱、主离合器、变速箱、风扇联动装置、行星转向机和侧传动装置组成。该传动装置的固定轴式机械变速箱具有结构简单、容易制造等优点，然而性能较差。它可以为车辆提供5个前进挡和1个倒挡，最大车速为50公里/小时。另外，在这种坦克上还采用了扭杆悬挂装置。车体每侧有5个双轮缘挂胶负重轮、1个前置诱导轮、1个后置主动轮，在第1和第5负重轮位置处装有旋转式液压减震器，诱导轴曲臂上装有蜗轮蜗杆式履带调整器，以调节履带张紧度。采用全金属单销式履带。

在赎罪日战争中，苏联向埃军提供的军用坦克主要是"T-54"，也有一些"T-55"，而实际上这种型号的坦克在第三次中东战争（即"六五战争"）中就开始使用了。在1973年10月15日，以色列军方派出装扮成埃军并突击到埃军后方的装甲先遣队驾驶的，大多数也是这种"T-54"坦克。

✵ 战术：反坦克火箭筒战术

反坦克火箭筒，是一种发射弹的便携式反坦克武器，主要发射火箭破甲弹，也可以发射火箭榴弹或其他火箭弹，用于近距离打击装甲目标、杀伤人员和摧毁工事等。火箭筒一般由两名士兵或单兵使用，多采用肩扛式发射，也可以跪射或卧射。在形形色色的反坦克武器中，火箭筒由于其诞生年代早、破甲效能高，加之体积小、重量轻、使用方便，一直被各国陆军当做反坦克的重要武器之一。

在西奈战线的坦克战中，因为埃及一度在战事中处于被动局面，苏联又在关键时刻停止向埃及提供必要的武器设备，使得埃军在坦克战中处于劣势。

为了能够打击以军坦克，埃军随即开始大规模使用反坦克火箭筒，同时积极研究行之有效的反坦克火箭筒战术，用以有效摧毁以军的坦克。所以，从战后来看，埃军所发明的反坦克火箭筒战术，都是根据西奈半岛特殊的沙丘地形设计的，具有非常实用的效果。在战争最紧要的关头，在缺少必要武器装备的时候，埃及军民正是依靠这种有些"简陋"的武器和战术，坚强地与以军的坦克部队进行周旋，并且最终阻止了以色列军队在苏伊士运河西岸的进攻，赢得了反侵略战争的最后胜利。

在西奈战线坦克战中，当以色列第一九〇装甲旅的坦克向西奈沙丘群快速推进时，埃及步兵在沙丘上隐蔽得并不巧妙，以色列指挥官和坦克乘员，在很远的地方就发现与沙丘色彩异样的黑点，然而，他们过分大意，把这些黑点当做了树根。

待到他们辨清是人时，已经来不及了，仅仅3分钟，拥有85辆坦克的第一九〇装甲旅就全军覆没。原来，埃及军队早已在此部署了43具AT-3"萨格尔"步兵反坦克导弹及RPG-7反坦克火箭筒。难怪，外国军事家把1973年10月6日这天称为"坦克败给步兵之日"。

西奈沙漠反坦克战，大大提高了反坦克火箭筒的地位。对此，美刊进行了专门报道："戈兰高地战斗中，叙利亚步兵隐蔽在石墙后面，用火箭筒给以军装甲部队重大打击。""在西奈半岛作战初期，埃及步兵在'萨格尔'反坦克导弹部队的支援下，采用了与叙利亚步兵同样的战术，击毁了以军不少坦克。再次证明，反坦克火箭筒在隐蔽的步兵手中，是对付敌装甲突击最有效的反坦克武器"。

战典

THE CLASSIC WARS

陆战之王的直接对话
THE CLASSIC WARS

坦克战

第十六章

海湾战争中的坦克战
——"沙漠军刀"行动

▲自从第二次世界大战硝烟散尽之后，世界战争史上就再绝少出现大规模的陆地作战，坦克这种陆战霸王显示其真正威力的机会越来越少。直到海湾战争的出现，美军为了对付他们最为棘手的敌人萨达姆·侯赛因，对伊拉克发动了大规模战役，在此次战斗中，美军最精锐的部队几乎悉数登场，这其中当然少不了坦克的身影，在"沙漠军刀"行动中，坦克成为了联军深入伊拉克腹地的开路先锋。

前奏：伊拉克和科威特之间的伤疤

在第二次世界大战之后，中东局势就一直受到外界的关注，宗教和种族的差别是在这里燃起战火的原因。到20世纪80年代末，长达8年的两伊战争硝烟刚刚散尽，阿拉伯半岛和伊朗高原的人们刚刚过上安静的日子，战争的暗流已经在这里涌动。

★伊拉克入侵科威特

★联合国就伊拉克入侵科威特问题展开磋商

1990年8月2日，伊拉克10万大军毫无征兆地越过伊科边界，向科威特发起了突然进攻，军事实力本来就非常薄弱的科威特毫无准备，伊拉克军队仅用10个小时就占领了科威特，由此引爆了震惊世界的海湾危机。

随后，联合国安理会紧急召开会议，国际社会纷纷呼吁伊拉克撤兵，但此时伊拉克的领导人是不可一世的萨达姆·侯赛因。对于国际社会和联合国的呼声，萨达姆毫不理会，仍然我行我素。在持续的6个半月里，国际社会的和平努力最终没有换来任何成效。

伊拉克入侵科威特，对于美国来说实在是无法容忍的事情。众所周知，科威特对美国来说有着非常重要的意义，对于这个位于中东的重要能源国家，美国历来都非常重视。

时任美国总统布什在听闻科威特遭到伊拉克入侵的消息以后，立时震怒，他吩咐美军作好战前准备，然后紧急召集国会议员。美国的军政要人们都知道科威特对于美国的作用和价值，深知此事事关重大，他们于8月4日早晨纷纷赶到戴维营，商讨怎样解决伊拉克问题。其实随着萨达姆不断向科威特增兵，商讨已经毫无意义，官兵们早已经作好了出征的准备。经过一天的讨论，终于敲定了一项名为"沙漠盾牌"的行动计划，并借助该计划向海湾地区紧急增兵，阻止伊拉克进一步入侵沙特，同时通过军事打击迫使伊拉克撤出科威特。

★"战斧"巡航导弹发射升空

1991年1月17日，第一颗"战斧"巡航导弹从停靠在海湾的美国战舰上发出，落在伊拉克首都巴格达并发生爆炸，至此，海湾战争的序幕终于拉开。以美国为首的多国部队随即对伊拉克实施了长达38天的战略轰炸和战术空袭，造成伊拉克的军事机器严重瘫痪，并摧毁了伊军前线部队50%以上的力量。

在这种情况下，美国决心发起地面决战来彻底摧毁萨达姆的军队，将伊拉克军队赶出科威特。到2月中旬，多国部队共集结了约60万地面部队，包括3700辆坦克、3000辆装甲车，大中口径火炮、1600门火箭炮。直接参加地面作战的攻击部队约有45万人，他们来自美国、英国、法国、埃及、叙利亚、沙特、科威特、阿曼、阿联酋、卡塔尔和巴林等国家。

主力自然是美国，其他国家除英国、法国各派出了约一个师外，阿拉伯国家的军队主要是作为象征性力量来参战的。多国部队总指挥为美国中央总部司令施瓦茨科普夫将军，他负责指挥此次作战。

进攻前夜：交战双方摩拳擦掌

"沙漠军刀"的地面作战计划是施瓦茨科普夫将军根据他多年研究的"空地一体战"构想和亲自指挥巴拿马登陆作战的经验拟订的。其主要内容是：以大规模的登陆佯攻和部分兵力从沙科边界正面突破，牵制伊军主力，并向科威特城及其以北地区推进；集中装甲部队主力，与快速突击部队配合，从伊军防御的侧翼向巴士拉方向实施大纵深迂回，与正面推进的部队呈两面夹击之势，包围并歼灭伊军主力。

为实施"沙漠军刀"计划，多国部队沿沙伊、沙科边界从左至右（由西向东）部署了3个进攻集团。左翼为西攻击集团，部署在沙伊边界中段。编成内有勒克中将指挥的美第十八军的第一〇一空降师、第八十二空降师、第二十四机械化步兵师、第三装甲骑兵团及法国第六轻型装甲师。其任务是向伊拉克的腹地——幼发拉底河河谷大纵深穿插迂回，切断科威特地区伊军的交通线，配合中央攻击集团围歼伊军共和国卫队；中间为中央攻击集团，部署在沙伊边界东段。编成内有弗兰克斯中将指挥的美第七军的第一步兵师、第一骑兵师，第一装甲师、第三装甲师、第一机械化步兵师和第二装甲骑兵团，以及英军的第一装甲师。其任务是担任战役主攻，计划向伊南部地区迂回，对巴士拉以南地区实施主要突击，在东、西攻击集团的配合下，围歼部署在该地区的伊军精锐——共和国卫队；右翼为东攻击集团，部署在沙科边界西段。编成内有布默中将指挥的美海军第一陆战远征部队统辖下的陆战第一师和陆战第二师，以及阿拉伯诸国参战部队。其任务是收复科威特，吸引伊军注意力，并由南向北挤压伊军。此外，在科威特沿海海域还部署有30余艘两栖攻击舰船，搭载随舰陆战队员1.8万人，作好抢滩登陆的准备，以牵制伊军。

这种部署，体现了施瓦茨科普夫的

★伊拉克军队

大范围迂回进攻的思想，攻击的正面和纵深均500公里。这位德国移民的后裔，有着日尔曼民族的风格和传统，其"空地一体战"和"沙漠军刀"也让人想起当年德国的"闪击战"及其席卷法兰西的"挥镰行动"。施瓦茨科普夫声称在进攻萨达姆的军队时，"我们要无所不在，在他们头上、脚底、左右、前后、下面、里面，在任何地方！"

★"沙漠军刀"行动中的美军主战坦克

伊拉克总统萨达姆为守住已被他宣布为伊拉克的一个省的科威特，在科威特境内和伊拉克领土的南端共部署了41个师54万余人，配备坦克3 000多辆、装甲车2 800辆和火炮2 000门。这些兵力以伊拉克南部重镇巴士拉为圆心，按科威特、伊沙边境"中立区"和西部城镇塞勒曼3个方向呈扇形分布，科威特为主要方向。在这3个方向上，伊军基本上是由南往北，呈三线梯次配置。第一线，沿伊沙、伊科边界和科威特东

★海湾战场上的坦克战

海岸展开19个师；第二线位于第一线之后约55公里，共展开约15个师；第三线在伊科边界一带及巴士拉至纳西里耶一线，共展开7个师，其中的5个共和国卫队师驻扎在巴士拉以南地区。这种南北朝向的梯次部署，使伊军的防御重心完全放在了科威特境内，西部兵力空虚，而这正是多国部队的主攻方向。

沙漠军刀的核心便是传说中的"左勾拳行动"，在正式发起地面战之前，美军成功地将第一陆战远征部队两个师约6万余人从最初部署的沿海地域向西机动了160多公里，占领了沙科边界的攻击出发阵地；与此同时，陆军第七军、第十八空降军也完成了西调。两军从最初部署地域分别向西隐蔽机动了270公里和470公里，并占领了最后的攻击出发阵地，为实施"左勾拳行动"、寻歼伊军主力——共和国卫队，以及实施纵深作战完成了进攻前的一切准备。至此，通过战前的变更部署，美军地面部队重兵集团的调整已完成。

军刀出鞘："M1A1"震撼沙漠

2月24日凌晨4时，攻击开始。

首先发起攻击的是东线攻击集团的美海军陆战第一师，他们在155毫米榴弹炮的掩护下，由"M-60"坦克和"眼镜蛇"直升机打头阵，在黑夜里跨过边界攻入科威特，近万名陆战队士兵乘坐装甲运兵车和其他车辆随后跟进，迅速突破了伊军第1道和第2道防线。5时30分，在陆战第一师左翼的陆战第二师也发起了进攻，在A-6攻击机和"眼镜蛇"直升机的强大火力支援下，该师于挺进途中击溃了伊军第七和第十四步兵师，深入科威特境内32公里，俘虏伊军8 000名。

在东线攻击集团发起进攻的同时，西线攻击集团也于凌晨4时投入了战斗。该集团左翼的法军第六轻装甲师和美军第八十二空降师于前进途中击败伊军第四十五机械化步兵师的抵抗，俘虏2 500名伊军后向北长驱直入，

★战壕中的多国部队士兵

下午夺取了距边界145公里的预定攻击目标塞勒曼机场，建立了整个进攻战役的左翼屏障。上午7时，西集团中路的美第一〇一空降师接着发起攻击。300多架"阿帕奇"、"眼镜蛇"和"黑鹰"式直升机群排成6路，紧贴沙漠呼啸着插向伊军防线纵深。8时20分，机群到达边界以北113公里处的预定降落点，2 000名士兵冲出机舱，迅速击溃了守卫在这里的伊军第四十九步兵师的1个营，建立起了一个代号为"眼镜蛇"的前方作战基地。

下午，该师突击分队从"眼镜蛇"基地出发继续向北进攻，黄昏时分飞抵272公里处的幼发拉底河河谷，在伊拉克南部通向巴格达的8号公路上设置了警戒线。第一〇一空降师因拥有庞大的直升机群可快速运载兵力兵器，所以是地面战开始当天深入伊军防线最远的美军部队。15时，西集团右翼的美军第二十四机械化步兵师在麦卡弗里师长的率领下也投入了进攻，一路未遇到强有力的抵抗。第二十四机械化步兵师以每小时40～48公里的速度向北推进，午夜时分已抵达120公里的纵深地域。

担任主攻的中央攻击集团原计划于2月25日凌晨开始行动。但施瓦茨科普夫于24日中午便接到东西两翼集团频频传来的捷报，于是决定让美第七军提前展开进攻。24日15时，担任中央主攻的美第七军以第二装甲骑兵团为先导，第一机械化步兵师、第一和第三装甲师随后跟进，向北发起猛攻。至24日当晚，美第七军所辖的各师均深入伊拉克境内20～35公里。

★多国部队深入伊拉克境内

2月25日，多国部队继续推进。东集团主力美海军陆战一师和二师在推进到科威特城西北方向一个代号为"冰糖盘"的地方时，遭到了伊军第三装甲师和第一机械化步兵师的抵抗。厚密的乌云和被伊军点燃的油井散发出的滚滚黑烟使能见度只有数米。美军利用先进的光学瞄准仪，透过层层黑幕搜索目标，把伊军坦克的"黑影"牢牢地套在瞄准镜里，计算机瞬间算出一串射击诸元，炮手果断发炮，使伊军的坦克连连中弹，其车体碎片伴着浓烟和烈焰腾空而起。打掉伊军的坦克群后，这两个美军陆战师的"M1A1"和"M-60"坦克立即冲到对方步兵阵地前沿，利用高速机枪和火焰喷射器把躲在建筑物和堑壕里的伊军全部肃清，进而夺取了"冰糖盘"，并于25日当晚进至距科威特城16公里处。

装甲对决：反坦克武器成为焦点

中央攻击集团主力美第七军由于风暴和大雨的阻碍，进展较慢。施瓦茨科普夫为此打电话给该军军长弗兰克斯中将，严厉地说："我们的每个地方都把那些混蛋伊拉克军打得落花流水，就你那里进展缓慢。快点加把劲！恐怕没有多少时间让我们打了。"

26日上午11时30分萨达姆在巴格达再次发表了他撤军的声明。在萨达姆发表讲话之前，驻科伊军就已开始撤退。讲话广播之后，撤退规模迅速扩大。伊军

★海湾战争中的美军坦克部队

士兵、官员、移民驾驶着各式各样的军用和民用车辆奔向伊科之间的6号公路，仓皇北逃。一路溃逃的大军，一眼望不到头，在光秃秃毫无遮掩的沙漠公路上，犹如受伤的"巨蟒"，成了"沙漠军刀"下的"俎上之肉"。

施瓦茨科普夫闻后立即下令："在伊拉克人逃跑的过程中消灭他们！"于是，美国空军的飞机和海军舰载机蜂拥而至，沿着公路作超低空俯冲攻击，火箭弹、炸弹如雨点般落下，公路上的伊拉克军用和民用车队人仰马翻，连珠似的起火爆炸。美陆军第二装甲师"老虎旅"在拿下穆特拉山口高地后也加入了攻击行列，他们居高临下对公路进行猛烈炮击。伊拉克人惨遭

★伊拉克"死亡公路"

截击，被炸坏和被丢弃的车辆布满公路，每隔50米就有一堆冒烟的车辆残骸，排下来竟达36公里！6号公路因此被称为"死亡公路"。

与此同时，施瓦茨科普夫继续督促弗兰克斯中将的美第七军加快前进步伐。26日黄昏，他打电话给弗兰克斯："看在上帝的份儿上，朝东进攻，去打共和国卫队！"此时，在弗兰克斯中将麾下集结了一支庞大的装甲部队，包括美军的第一、第三装甲师，第一机械化步兵师、第一骑兵师和英国的第一装甲师。

在弗兰克斯中将的指挥下，美第七军所属各师彻夜攻击伊拉克共和国卫队。

★被击毁的伊拉克坦克

不出所料，作为伊军精锐的几个共和国卫队师在巴士拉附近进行了顽强抵抗。但弗兰克斯拥有压倒性的优势，经过激烈战斗，伊共和国卫队"光辉"师全军覆没。另两个"麦地拉"师和"汉穆拉比"师，在美军的突然来袭下企图退回巴士拉。但美第七军装甲部队猛烈追击，在夜色中，美第一、第三装甲师首先截住了"麦地拉"师。双方的坦克在近距离激战了数小时，交战地区的天空被炮火和炮弹爆炸的强光照得通亮。起先，"麦地拉"师非常顽强，但渐渐便失去了抵抗力。美军除了在数量上占优势外，坦克的性能也超过了对方。另外还有热成像瞄准仪，可以在黑夜中准确地发扬火力优势。当天色放亮时，美军的火炮、攻击直升机和A-10攻击机向"麦地拉"师发起了最后的围歼。伊军残存的一些坦克在绝望中试图逃走，但很快被全部击毁。

在"麦地拉"师遭围歼的同时，美军的"阿帕奇"攻击直升机也正在攻击另一支共和国卫队"汉穆拉比"师。"麦地拉"师最终被全歼时，"汉穆拉比"师也于不久后被全部消灭了。伊军的第十、第十二装甲师则在美第一机械步兵化师的追击下，仓皇逃窜，但终究赛不过随即飞来的"阿帕奇"直升机群。结果，在"阿帕奇"猛烈射出的火箭弹和反坦克导弹的打击下，这两个师的数百辆坦克和装甲车很快成为一堆堆冒烟的废铁。

百时闪击：伊拉克举手投降

27日6时23分，科威特军的"殉难者"旅率先开进了自己的首都，他们在肃清了少数伊军残余后，于9时11分在市中心的国际和平广场升起了科威特国旗，宣告伊拉克对科威特将近7个月的占领正式结束。按捺不住胜利喜悦的施瓦茨科普夫，于当天13时在自己的指挥部举行了一个记者招待会。开战以来，他第一次放松了他那严肃而冷峻的表情，侃侃而谈。他眉飞色舞地介绍了多国部队特别是美军的战绩，嘲弄萨达姆除了独裁之外"什么都不是，连军人都不配"。他还向记者们声称，他要把战斗继续进行下去，"我们部队所要做的就是继续进攻，把共和国卫队全部消灭光……只要他们还能继续战斗，我们就将奉陪到底。"

但是，由于当天晚些时候伊拉克政府再次通知联合国安理会，准备无条件接受安理会关于海湾危机所有的12项决议，并答应向科威特支付战争赔款，释放人质和战俘等，所以，美国已失去把战争再进行下去的任何理由。尤其是"死亡公路"上，美军利用其先进的武器装备狂轰滥炸正在撤退的伊军，令一队队、一群群伊拉克士兵不得不扯起身边所有的任何白色标志物，跪在公路上向空中哀求招手。这些悲惨的画面被随直升机拍摄的美国记者记录下来后，曾作为炫耀而向外界播放，岂料却遭到了许多国际舆论的谴责。

因此，基于全盘的考虑，美国总统布什于美国东部时间2月27日晚9时，在白宫发表电视广播讲话，宣布科威特已被解放，伊拉克军队已被击

★向美军投降的伊拉克士兵

败，经与盟国磋商，从美国东部时间2月28日零时（格林尼治时间2月28日凌晨5时）起，多国部队暂停一切进攻性军事行动。至此，一场仅打了整整100小时的海湾战争地面战终于降下了帷幕。

　　这场百时闪击战的战果，据多国部队方面宣布的数字，他们在地面战役中共歼灭伊军40个师（有的资料说是38个师），击毙、击伤伊军8.5～10万人，俘虏6.3万人；击毁、缴获伊军坦克约2000辆、装甲车1160辆、大中口径火炮740门；占领伊南部领土2.6万平方公里。多国部队阵亡70余人，其中美军56人（含遭"飞毛腿"导弹袭击死亡者）、英军9人、法军2人，受伤百余人；8辆M1A1型坦克受损、其中4辆完全毁坏；损失飞机3架、直升机1架。

坦克战

THE CLASSIC WARS

陆战之王的直接对话

战典回响

战争的高技术时代已经到来

海湾战争前的一些局部战争中，高技术战争已初露端倪。如越战中美国对越南军事雷达实施的干扰，苏尔特湾战争中美国对利比亚防空设施的干扰等都是高科技战争的实际运用，但就使用的广泛程度而言，那几场战争无法同海湾战争相提并论。在海湾战争中，多国部队尤其是美军使用的高技术兵器几乎包括陆海空的各个方面，其中主要有军用卫星、全球定位系统、精确制导弹药、夜视器材、新型坦克、隐型飞机、巡航导弹、防空导弹系统、电子战武器、军用计算机、C3I系统等等。高技术兵器的使用，使战争出现了许多前所未有的情况。

就战争的基本特征来说，与以往的战争相比，海湾战争最突出的特点是：武器装备建立在高度密集的技术基础上；在打击方式上注重打击的精确性；整个战争的范围与过程被视为一个完整的系统，突出战争的协同性和时间性。

上述情况绝非出自偶然。20世纪60年代，人类迎来了科技革命蓬勃兴起的时代。在此基础上，军事领域也开始发生变化。海湾战争展示了高精尖技术条件下作战样式的变化，不仅改变着战争最本质的特征，也促进着作战样式的发展和进步。从海湾战争来说，最突出的有以下几点：

1. 空中作战成为一种独立的作战模式

在历时38天的空中作战中，以美军为首的多国部队出动了各种用途的飞机，分别执行空袭、侦察、电子战、护航、加油、运输、观察等任务，对伊军的指挥中心、防空体系、重兵集团等进行了全方位、全天候的空袭，完成了战略空袭、夺取战区制空权、消弱伊军地面部队和支援地面作战等4个阶段的任务。

2. 机动作战成为进攻的基本方式

在海湾战争中，美军在克服工事构筑良好、纵深梯次配置的防御时，使用的不再是传统的突破方式，而是首先从地面和空中对敌实施双重包围，通过地面部队的高速推进和空中兵力投送，在敌后方形成积极活动的正面，直接攻击敌主力部队。

3. 远程火力战是主要的战争手段

在以往战争中，近距离开火、短兵相接甚至白刃格斗是双方交战的主要手段。但在海湾战争中，这种情况非常少见。以美军为首的多国部队，充分发挥高技术兵器远距离精确打击的性能，主要进行远距离火力战。

4. 电子战是不能缺少的作战方式

预警、指挥、控制、通信和情报是现代战争的重要手段。一旦丧失了这些，就从根本上失去了战场主动权。在海湾战争中，电子战可以夺取敌人的预警、指挥、控制、通信和情报，获得战场的制电磁权，从而使电子战成为战场上一种必不可少的作战方式。

以上战争特点是以往大规模战争中很少见到的，高科技在战争中的广泛运用，大大提高了战争的技术含量和战争效率，海湾战争彻底颠覆了传统意义上的战争在人们心中的地位，一个新的战争时代已经到来。

★ 沙场点兵 ★

人物：施瓦茨科普夫

诺曼·施瓦茨科普夫1934年8月22日生于美国新泽西州特伦顿市，1951年，进入西点军校学习。1956年，从西点军校毕业，先是出任第一○一师空降师任少尉排长，后调柏林旅并晋升中尉。

海湾战争爆发时为美国陆军四星上将，任美国中央司令部总司令。

1990年8月2日，海湾战争爆发，制订出了阻止伊拉克进入沙特阿拉伯的"90-1002"作战计划。同年，出任美军海湾部队总司令、多国部队总司令。

1991年1月17日，发动了代号为"沙漠行动"的作战行动，指挥多国部队的装甲部队对伊军的精锐装甲部队共和国卫队展开攻击，并重创共和国卫队，几乎将共和国卫队全军覆没，赢得了"海湾战争"地面战斗的最终胜利，外界将美军对伊军发动的地面攻势称为"百时闪击"。同年，在"海湾战争"结束以后，选择从美军退役，定居佛罗里达州，与家人过起了宁静的生活。

武器：M1A1坦克

M1A1坦克的全称为M1A1艾布拉姆斯坦克，是第二次世界大战后的第三代主战坦克，1985年开始在美军服役。美国M1A1主战坦克是M1系列坦克的第二种改进型，其前身是M1和IPM1坦克，现在已经成为美国陆军主力坦克。

M1A1战斗全重57吨，可以搭载4名乘员。最大速度为66.8公里/小时，在有准备时可涉1.98米深的水。车内由前至后分为驾驶、战斗和动力传动3个部分。主要武器是一门120毫米滑膛炮，发射尾翼稳定脱壳穿甲弹和多用途破甲弹，弹药基数40发。辅助武器是一挺12.7毫米高射机枪和两挺7.62毫米机枪，弹药基数分别为1 000发和11 400发。火控与观瞄装置是用火控计算原理，具有较高的行进间射击精度。

车体和炮塔采用了复合装甲，提高了对动能弹和化学能弹的防护能力。在同等装甲重量下，复合装甲防破甲弹能力是均质钢装甲的3~5倍。在抗击脱壳穿甲弹的时候，相当于600毫米钢甲，在抗击空心装药破甲弹时，相当于1 300毫米钢甲。车内乘员室、弹药室、燃油室之间用隔板防护，主要是为了防止弹药或燃油爆燃时危及乘员。位于炮塔尾舱的弹药室上方装有防爆炸排放板，一旦该部分弹药中弹后爆炸，排放板会被率先打开，从而使爆炸能量向外释放，起到保护车内乘员与设备安全的作用。车上还装备着自动灭火抑爆装置，可以在3毫秒内检测，并在200毫秒内将火源完全扑灭。集体三防装置位于车内，能够产生高于外界大气压的超压，防止核、生、化有害物质进入车内，炮塔上还装有烟幕榴弹发射器，必要时能够施放伪装烟幕。在海湾战争中，伊军的坦克包括"T-54"、"T-55"、"T-62"等，这些坦克的火力并不能够完全击溃M1A1的防护。

120毫米坦克炮在2 000~3 600米距离内可首发命中目标。行进间可命中3 000米距离内的静止目标，直射距离1 800米，可在2 800米距离上击穿三层北约重型靶板，使用M829A1弹种，可在穿透1.5米厚沙堤后击毁苏式"T-72"坦克。在海湾战争期间，伊拉克曾经从苏联购入一批"T-72M"坦克，而这种坦克在M1A1坦克的火力面前形同虚设。

另外，M1A1坦克反应时间为6.2秒，还拥有优异的夜视设备性能，无论在何种气象条件下，有效观察距离都可以保持在1 000米以上，最大夜视距离可以达到2 000米，在夜战中，伊军从苏联购入的"T-72M"坦克根本无法躲避美军坦克火力的进攻，使得M1A1坦克在海湾战争的地面战斗中起到了举足轻重的作用。

✦ 战术："三非"作战理论

海湾战争不仅影响了世界的政治局势，也影响了整个世界军事界，并且直接影响了整个军事技术和军事思想领域的发展，所导致的一系列变革性影响，后来被统称为"新军事变革"。在作战思想方面最具代表性的理念，就是被称为"三非"的三种军事作战理念：非接触作战、非对称作战和非线性作战。

所谓非接触作战，主要被定义为交战双方兵力在不直接接触条件下的作战，在战争中强调使用高技术远程火力对敌方军队的间接打击作用，在脱离和避免与敌军直接短兵相接的情况下杀伤敌方有生力量的作战思路。在海湾战争的地面战斗当中，美军最大限度地发挥了己方M1A1主战坦克的火炮射程优势，始终处于伊军"T-72"坦克的火炮射程之外进行开火射击，使得伊军坦克部队只能被动挨打。在作战中，一般在远程火力投送方面拥有绝对或者相对优势的一方，都会使用非接触作战的策略。采取这种策略的一方，不仅能够在作战时杀伤敌方，同时还能最大限度地减少己方的兵力伤亡与损失。

非对称作战，主要表现为双方使用不同类型部队或不同作战力量的作战行动，以区别于同一兵种或者同一作战力量之间交手的"对称作战"。如果说对称作战中，决定制胜的因素主要是指挥的水平、兵力的多寡和兵器技术的优劣的话；在非对称作战当中，则更加强调运用军种和兵种的技术优势以及不同兵种之间"相生相克"的特点。在海湾战争中，美军采用了很多"非对称作战"的手法，比如以作战飞机和武装直升机对伊军的地面部队实施打击，以巡航导弹对伊军军队集结地区实施打击，以海军航空兵对伊军反舰导弹阵地实施打击，以特种部队和电子战对伊军常规军事力量进行破坏等。通过非对称作战方式，能够将己方的优势尽可能地得到发挥，从而在作战当中做到扬长避短，在军事上取得优势。

而非线性作战，则区别于以前作战双方战线分明（比如阵地战中的战壕）的特点，交战双方将不再具有明显的战线划分。战争甚至连明显的前线和后方界线都将模糊，成为真正的立体化战争。在非线性作战当中，一城一地的得失将不如以前重要，采用这一策略的军队将最大限度发挥己方在机动方面的优势，以最快速度破坏对方的作战中枢，以全力争取速战速决为目标。在海湾战争中，在代号为"沙漠军刀"的地面作战行动中，美军采用了代号"左勾拳"的非线性作战策略。使用少数兵力和航空兵牵制住在科威特境内的伊军主力，而美军主力地面部队则取道沙特，迂回到伊军力量薄弱的右翼，从伊军后方发起攻势，从而"避实击虚"地在地面作战一开始便掌握主动，并最终取得了地面作战的胜利。

Afterword 后记

陆地是人类最早的战场，从蛮荒的远古时代一直到现在，人们从没有放弃过在地面上决定胜负。从冷兵器时代一直到现在，陆地上的战争一直都是最为惨烈的。从刀剑的短兵相接，到长矛弓弩的骑兵作战，到后来，人们发明了火铳和铁炮，发明了导弹和坦克。或许，你总是记起在大地之上赢得胜利与荣耀的那些姓氏、那些武器和那些传说及残酷的故事。可是，大地是我们的生土，我们在大地上出生，踩踏着大地成长，然后，犹如战争中歌唱的那样：母亲养育了我们，我们却将动荡还给了她。

挥舞着弯刀的骑士和嘶鸣的战马，已经伴随着古老的时代远去，坦克的履带正在大地上碾压，战争永远不会像生命那样走向凋零，生命的凋零反而会助长它的残酷和暴烈。"舞榭歌台，风流总被雨打风吹去"，声名伴随着生命的戛然而止而成为云泥，但是战争依然被后来的狂热者们追崇，坦克的交战并没有减少战争的血腥，只是抽出战刀的人，变成了控制着炮口的人，砍杀也变成了轰炸。

战争是残酷的，阅读战争同样是一件残酷的事情。作为现代战争的重要组成部分，坦克战如今已经成为了现代战争中最主要的组成部分，甚至决定着陆地战争的胜负。在你所阅读的这本书里，你将会通过这种现代战争中最惨烈的战争形式，见证现代陆地战争的发展。但是，作为写作这本书的人，我并不只是想你在掩卷之后，仍然沉醉在战争英雄的史诗与颂歌中。我们是否该思考一下，人类靠着大地完成生息和繁衍，却为什么偏偏要把战火燃烧在它的身体上？

主要参考书目

1. 于重宇主编，《二战十大著名战役》，哈尔滨出版社，2005年1月

2.（英）邓肯·安德森等著，李清站译，《第二次世界大战七大战役》，中国人民大学出版社，2004年6月

3. 胡德坤主编，韩永利副主编，《第二次世界大战与世界历史进程》，武汉大学出版社，2002年10月

4.（英）丘吉尔著，康文凯等译，《丘吉尔文集：二战回忆录》，江苏人民出版社，2000年10月

5.（德）古德里安著，钮先钟译《闪击英雄》，陕西师大出版社，2005年3月

6. 赖小刚著，《第二次世界大战兵种作战系列：坦克战》，新星出版社，2005年8月

7.（瑞典）克赖斯托·乔根森，（英）克里斯·曼著，孔鑫译，《较量：坦克战的战略、战术和战例》，军事谊文出版社，2010年1月

8. 钟振才编著，《陆战之王：坦克与装甲车辆100问》，国防工业出版社，2007年1月